충남형 혁신학교 송남초 이야기

# 함께 꽃피는 혁신학교

충남형 혁신학교 송남초 이야기

# 함께 꽃피는 혁신학교

초판 1쇄 발행 2020년 8월 15일
초판 2쇄 발행 2020년 12월 31일

지은이 송남교육공동체
펴낸이 김승희
펴낸곳 도서출판 살림터

기획 정광일
편집 조현주
북디자인 꼬리별

인쇄·제본 (주)신화프린팅
종이 월드페이퍼(주)

주소 서울시 양천구 목동동로 293, 22층 2215-1호
전화 02-3141-6553
팩스 02-3141-6555
출판등록 2008년 3월 18일 제313-1990-12호
이메일 gwang80@hanmail.net
블로그 http://blog.naver.com/dkffk1020

ISBN 979-11-5930-153-7 03370

이 도서의 국립중앙도서관 출판예정도서목록(CIP)은
서지정보유통지원시스템 홈페이지(http://seoji.nl.go.kr)와
국가자료공동목록시스템(http://www.nl.go.kr/kolisnet)에서 이용하실 수 있습니다.
(CIP제어번호: CIP2020032202)

충남형 혁신학교 송남초 이야기

# 함께 꽃피는 혁신학교

송남교육공동체 지음

살림터

사람은 하루아침에 변하지 않는다
세상도 하루아침에 좋아지지 않는다
우리는 다만 조금씩 조금씩 꾸준히
작은 일을 끈질긴 사랑으로 밀어갈 뿐이다

-박노해, 〈조금씩 조금씩 꾸준히〉 중에서

조금은 더딘 발걸음에 답답해도 가는 방향이 맞는다면, 혼자 내딛는 걸음이 아니라 누군가와 함께 의지하며 걷는 걸음이라면, 더딘 걸음이라도 언젠가는 우리가 정한 목적지에 도달할 수 있다고 믿습니다. 할 수 있을까? 가능할까? 온 마을이 학교, 상상 속 행복한 학교를 송남초등학교는 현실로 만들고 있습니다.

2014년부터 지금까지 교육감직을 수행하며, 가장 핵심적으로 추진하고 있는 정책은 학생의 성장과 변화를 위한 학교혁신입니다. 학교는 공부하는 곳, 즐거운 곳, 학생들이 주체적으로 수업에 참여하고, 진정한 배움과 성장이 일어나는 곳이어야 한다고 생각합니다. 조금은 특별하고 유별나 보였던 송남초등학교의 노력은, 우리 충남교육이 가고자 하는 학교혁신으로 가는 길, 마을과 학교가 하나로 아이들을 위해 마을교육공동체로 나아가는 길에, 앞선 걸음으로 길잡이를 해 준 충남교육의 등대이고 자산입니다.

충남 혁신학교의 선두주자로 6년간 운영했던 혁신학교 운영 사례를 정리해 책으로 출판한다는 반가운 소식을 들었습니다. 송남초를 오고 싶고, 머물고 싶고, 자랑하고 싶은 학교로 만들며, 힘겹지만 아이들의 행복을 위해 기꺼이 헌신하고 노력했던 송남교육공동체 이야기 『함께 꽃피는 혁신학교』 출간을 진심으로 축하드리며, 그 길에 함께해 주신 선생님, 학부모님, 지역 주민 여러분께 고마운 마음을 전합니다.

걸어온 길을 잘 살피면 앞으로 갈 길이 보인다고 합니다. 이 책에 담긴 송남초의 소중한 기록은 충남교육의 변화이고, 앞으로 우리가 가야 할 미래 학교의 모습입니다. '코로나 19'라는 신종감염병으로 전대미문의 위기 상황을 겪고 있는 요즘, 그동안 만들어 온 민주적인 학교 문화와 자발적인 선생님들의 노력으로 위기를 슬기롭게 헤쳐 나가고 있으며, 학생·학부모와의 소통으로 학교의 필요성을 더욱 느끼게 하고 있는 모습이 바로 송남초의 저력입니다.

아름답게 꽃피우고 있는 송남초 이야기를 많은 분들이 함께 읽고 공감하며 '우리 학교도 이렇게 한번 해 볼까?' 하는 도전과 희망의 마음을 갖게 된다면 더할 나위 없이 기쁠 것입니다.

충청남도교육감 김지철

송악 마을은 광덕산에서 발원한 맑은 개울물인 외암천이 마을을
휘감아 흐르고, 친환경 농법으로 반딧불이·메뚜기가 공존하는 마을.
'해유' 마당을 중심으로 마을 골목길에서 펼쳐지는 송악마을예술제
'놀장'이 열리는 마을. 살아 숨 쉬는 문화행사와 더불어, 수익금은 장
학 사업을 통해 교육복지에 기여하는 마을. '코로나 19' 바이러스가
전국으로 퍼지자 마스크를 제작하여 마을 어르신들께 공급할 수 있
는 품이 넓은 마을. 씨줄과 날줄로 온 마을이 관계를 형성하고, 행동
하는 민주시민들이 살아가는 마을. 이웃 간의 정을 나눌 수 있는 농
촌 마을의 아름다움이 넘쳐나는 곳입니다.

학년·학급을 중심으로 엄마·아빠 모임은 건강한 교육생태계를 유
지하는 큰 힘이 되고, 교육지원단 활동, 마을도서관인 '솔향글누리도
서관'을 통한 소통의 공간에서 나오는 다양한 목소리들은 학교교육과
정에 그대로 스며들어 '마을교육과정'을 만들고 실천하는 학교, 제가
알고 있던 것보다 훨씬 더 역동적이며, 긍정적이고, 변화무쌍한 모습
을 보면서 저는 '마을교육공동체'라는 커다란 흐름에 발을 내딛고 있
습니다.

송남초등학교는 더불어 행복한 오늘을 위해 '송악 마을교육공동체'

와 함께 교육과정을 운영하며, 참삶의 터전이 되는 교육공동체로 자리를 잡아 가고 있습니다. 학생, 교사, 학부모, 마을이 협력의 토대 위에 교육과정 운영의 자율성과 학생자치를 실현하고 있으며, 아이들은 삶에서 배우고, 그 배움은 다시 삶으로 연결되는 참학력(참교육)이 실현되고 있습니다. 이런 행복이 넘치는 학교에 함께하게 되어 저 또한 즐거운 마음으로 하루하루를 보내고 있습니다.

그동안의 다양한 활동들은 그 성과가 당장 눈앞에 보이지 않고 화려한 미사여구가 없을지라도, 우리 아이들의 삶에 차곡차곡 쌓이고 있다고 믿습니다. 마을의 넉넉한 품 안에서 아이들이 건강한 시민으로 자라는 것, 그것이 '마을교육공동체'의 지향점이 아닐까요?

이제 그동안 함께한 교육 주체들과 사막의 오아시스처럼 길손들의 벗이 되어 마르지 않는 옹달샘으로 채우고 싶습니다. 아이들이 창의적으로 생각하고, 즐겁게 뛰어놀며, 지혜와 함께 가치를 배우는 행복한 삶의 놀이터. 아침에 학교에 즐겁게 등교하고, 건강한 삶을 즐기는 학교로 계속 이어 나가겠습니다.

그동안 걸어온 철학과 방향을 지원하고 존중하며, '학교 속의 마을, 마을 속의 학교'라는 '마을교육공동체'를 만들어 낸 건강한 학부모와 마을 주민들, 학교의 모습은 무너져 가는 전국의 시골 학교 현실을 개선할 중요한 모델이라고 생각하며 발전, 확산시켜 가겠습니다.

지식을 늘리는 교육과정이 아닌, 우리의 삶을 가치롭게 하는 살아 있는 교육과정 운영, 내가 살고 있는 마을의 자치역량을 키워 더불어 사는 삶을 강화하고, 머리가 아닌 몸으로 실천하는 삶의 활동을 이어 가겠습니다.

송악 마을과 연계한 '마을교육공동체'의 확산을 위해 정기적인 자치 모임을 강화하고, 교육 주체들과 함께하는 협의체를 구성하여 지속가능한 학교, 마을의 담론을 이어 가겠습니다.

혁신학교인 송남초등학교의 건강한 성과를 토대로 '민주 자치학교'로의 발전을 공동체와 함께 도모하겠습니다. 학교 구성원이 바뀌더라도 추구하는 가치는 이어 가고 보존하는 지속가능한 학교, '민주 자치학교'로 우뚝 설 수 있도록 집단지성의 힘을 키우겠습니다.

**민주성을 더욱 강화하여 '민주 자치학교'의 디딤돌을 놓겠습니다.**

학교는 학생들에게 행복한 미래의 삶을 맛보게 하는 교육과 환경을 만들어 주어야 하며, 학생은 물론 교직원들에게 민주적 의사결정과 자치능력, 다른 사람과의 소통 방법을 익히고 실천하는 삶을 사는 곳이어야 합니다. 민주적인 교직원회의를 통해 의사결정을 하고, 선생님들의 자율권을 최대한 보장해 주어 자발적인 교육혁신이 이루어지도록 하겠습니다. 다양한 사람과 소통하는 일은 쉽지 않겠지만 이곳 송악 마을은 그간 닦아 놓은 네트워크를 활용하면 충분히 가능합니다. 학급, 학년, 학교, 학부모 모임과 교육지원단(생태, 도서, 놀이, 연수), 아빠 모임 등을 통해 민주적인 소통 문화를 일상화하는 일에 학교도 함께 하겠습니다.

**학교자치 생활화의 실천으로 민주시민 역량을 강화하겠습니다.**

무학년제의 자치모둠 활동과 자치일꾼(자치회 임원)을 통해 배려와 나눔, 책임을 생활화하고 있습니다. 한 달에 한 번 이루어지는 자치회의뿐 아니라 '다함께캠프', '리더십캠프' 등 고학년들의 책임 있는 활동들은 6년의 과정으로 자연스럽게 저학년의 배움으로 다가갑니다. 2019학년도부터 새로 시작한 '띠제도' 도입을 통해 공동 훈육, 회복적 생활교육을 실천하고 확산하여, 행동하는 민주시민을 어릴 적부터 키워 가고 있습니다. 이러한 노력을 강화하여 학생들의 건강한 자치역량과 민주시민역량을 더욱더 발전시켜 나가겠습니다.

**마을교육공동체를 더욱 공고하게 이어 가겠습니다.**

마을의 소통 공간인 '해유'에 들어서면 '(사)송악동네사람들'과 '반딧불이 지역아동센터', 아이들이 서각으로 만들어 놓은 '마을이 학교다'라는 글귀가 첫눈에 들어옵니다. 이 글귀가 마을교육공동체의 시작이고 종착점이라 생각합니다. 이를 실천하기 위해 '송악 마을교육네트워크'가 만들어지고 초·중학교, 지역사회와 함께 아이들이 행복한 송악, 고향처럼 살고 싶은 송악을 만들기 위해 노력해 왔습니다. 협력, 상생, 자율, 창의적 교육을 위한 지역자원체계를 구축함으로써 지역의 새로운 교육 희망이 될 수 있도록 더욱 활성화하고, 초·중 3개교의 공동 교육과정을 확대하여 자연스럽게 마을이 함께 만날 수 있는 장을 더욱 넓혀서, 마을교육과정의 실천을 통해 교육 의제들을 발굴한다면, 공고한 마을교육공동체로 더욱 발전할 것입니다.

'한 아이를 키우는 데 온 마을이 필요하다'는 말처럼, 씨줄과 날줄이라는 올들이 서로 겹쳐 천을 이루고 예쁜 옷을 만들 듯, 마을의 건강한 모임들이 교육생태계를 살아 있게 합니다.

송남초등학교의 변화는 이미 오래전에 시작되었습니다. 변화로의 여행을 시작한 처음의 마음을 소중히 여기며, 송남초등학교와 송악마을

공동체가 지금껏 일구어 온 문화를 더욱 발전시켜야 할 때입니다. 더나은 배움과 돌봄의 환경으로 만드는 '학교 속 마을, 마을 속 학교'를 통해 인정하기, 기다리기, 도전하기, 함께하기, 돌아보기를 실천하는 송남초등학교의 아름다운 꿈을 그려 봅니다.

이 책은 4부로 이루어졌습니다. 1부 '행복한 학교, 뿌리를 내리다'는 소통과 참여로 함께하는 송남초등학교의 전반적인 학교문화를 소개했습니다. 2부 '교육과정, 줄기를 곧게 세우다(도종환 시에서 따옴)'는 송남초등학교의 교육과정, 수업, 평가, 기록(소통)에 대한 내용입니다. 3부 '교육과정, 꽃을 피우다'는 송남초등학교에서 이루어지는 여러 가지 교육활동 모습을 담았습니다. 4부 '여럿이 함께 가면 험한 길도 즐겁다(신영복 글에서 따옴)'는 학생, 학부모, 마을교사, 지역 주민 등 학교에 대한 교육공동체 구성원의 생각을 담았습니다.

이 책의 글들은 교원, 학생, 학부모, 마을 주민이 '함께' 썼습니다. 각자의 경험을 바탕으로 자연스럽게 사례를 담아 보자고 했으나, 의도대로 되지 않은 부분도 있습니다. 여럿이 쓰다 보니 전체적인 흐름이나 일관성 면에서 아쉬움도 있습니다. 그러나 구성원 모두가 '함께' 했다는 것에 더 큰 의미가 있다고 생각합니다.

그동안 한 번도 경험해 보지 못한 '코로나 19' 상황에서 민주적인 학교문화, 교직원 사이의 협력 구조, 학교와 학부모(마을)의 소통·신뢰 관계 등 송남초등학교의 장점은 현재의 어려움을 슬기롭게 헤쳐나가는 데 큰 힘으로 작동합니다. 실제로 원격 수업 준비와 운영, 학생·학부모 소통, 안전한 등교 개학 준비를 하고, 개학 후에는 교육과정을 안정적으로 운영하고 있습니다.

그런데 체험과 활동 중심의 수업, 협력활동 등을 많이 하는 교육과정은 사람 사이의 접촉을 제한하는 상황을 맞아, 교사들을 더 어렵게 하고 있습니다. 송남초등학교의 학교문화, 교육과정 운영 등이 '코로나19'와 같은 상황에서 어떤 의미와 시사점을 줄지 생각하며 책을 읽는 것도 좋겠습니다.

　이 책에 있는 사례들은 '송남초등학교'의 이야기입니다. 다 좋은 것도 아니고, 정답도 아닙니다. 따라 할 필요도 없습니다. 그냥 참고로 삼아 각 학교나 교사의 특성에 맞게 받아들일 것은 받아들이고, 버릴 것은 버리면 됩니다. 끝으로 이 책이 책을 읽는 분들에게 조금이라도 도움이 되었으면 좋겠습니다.

　'표지 그림 백계영. 대담 김태곤, 임대봉. 글쓴이 교장 윤희정, 교감 정하종, 교사 강성원, 김구현, 김수진, 김진희, 박웅, 박진호, 복준수, 서은주, 양정인, 원종희, 이권옥, 이정림, 임미현, 조경삼, 허금주, 학부모 김현미, 박용희, 이상욱, 마을교사 윤혜영, 전 운영위원장 이택규, 졸업생 강종운, 이연학'을 대신하여

2020년 7월
송남초등학교장 이세중

차례

# 4부  여럿이 함께 가면 험한 길도 즐겁다

# 1부

# 행복한 학교,
# 뿌리를 내리다

1장

송남초등학교가 걸어온 길

# 대담:
# 송남초등학교 10여 년의 발자취

송남초등학교는 송남초등학교만의 문화가 있다. 이 문화는 한순간에 만들어진 것이 아니라 10여 년에 걸쳐 만들어졌다. 보통의 평범한 공립 초등학교에서 다른 학교와 구별되는 송남초등학교만의 독특함을 갖추기 시작한 것은 언제부터일까? 그 계기는 무엇일까? 그 과정에 어려움은 없었을까?

궁금함을 알아보기 위해 2010학년도부터 2015학년도까지 송남초등학교에 근무하고, 현재 마을에 살고 계신 김태곤 장학사님, 2006년부터 송악 마을에 살고 있으며, 2013학년도부터 2017학년도까지 송남초등학교에 근무한 임대봉 선생님과 이야기를 나눴다.

## 마을(학부모), 학교를 두드리다

**임대봉** 송악 지역은 친환경 농업을 하는 곳으로 알려져서, 뜻을 가지고 귀농·귀촌하는 인구가 늘어났습니다. 그분들 중에는 작은 학교 운동가, 학교혁신에 관심 있는 분들도 계셨습니다. 마을 사람들은 자녀를 학교에 보내면서 학교가 변하기를, 마을이나 학부모들과 편하게 소통하기를 원했습니다. 직접 농사지은 친환경 쌀을 학교 급식에 무상으로 제공하겠다는 제안도 하고, 학교 교육 활동에도 참여하고 싶어 했습니다. 하지만 학교에서는 문을 열지 않았습니다. 심지어 학교 참여를 원하는 학부모와 그렇지 않은 학부모 사이를 갈라놓으려는 시도도 있었습니다.

당시 저는 경기도 평택에 근무하며 출퇴근을 했습니다. 퇴근하고 돌아오면 밤 9시 정도 되는데, 학교에 대해 억울하고 답답한 마음을 호소하기 위해 그때까지 기다리던 학부모도 계셨습니다. 그러면서 천안에 근무하던 김태곤 선생님이 송남초등학교로 오셨고, 그때부터 학교가 조금씩 열리기 시작하며 마을과 소통하기 시작했습니다. 학교 안에서 문을 잠그고, 왜 지역사회와 학부모가 학교를 공격하느냐는 인식이 팽배했던 때 안에서 계속 이야기하고, 감당하고, 헌신한 김태곤 선생님의 노력으로 학교와 마을의 연결고리가 생긴 것입니다.

**김태곤** 처음 송악에 왔을 때, 송악 마을은 '역동성을 갖고 있다. 어떤 계기만 주어지면 바람이 가득한 풍선을 바늘로 찌르는 것처럼 폭발할 수 있겠다. 열정적이고, 간절히 뭔가를 원하고 있으며, 마을의 공동체성이 높고, 준비된 사람들, 교육을 생각하는 사람들, 생각이 건강한 사람들이 많다'고 생각했습니다.

그런데 학교 선생님들은 역동적인 마을을 받아들이는 데 자신이 없는 것으로 보였습니다. 많은 것을 바꿔야 한다는 부담감이 커서 오히려 문을 걸어 잠그는 게 아닌가 하는 생각이 들었습니다. 그러면서 쉽지 않겠다, 학교는 학교대로, 마을은 마을대로 가야겠다는 생각도 했습니다.

하지만 마을과 학교를 이대로 둘 수는 없었습니다. 마을과 학교를 어떻게 연결할 수 있을까? 먼저 시도한 것은 도서관에서 지역민, 학부모, 학교 밖 사람들과 공부하는 '교육영상 모임'을 하는 것이었습니다. '교육영상 모임'은 지역민, 학부모, 교사, 외부 교사 등과의 중요한 소통 창구 역할을 했으며, 그 공간을 계속 확장하려고 노력했습니다. 이번 주에 학교에 대한 고민을 이야기하면, 다음 모임에서는 관련 교사들과 함께 모여 답변해 주며 서로 연결되도록 했습니다.

또 체육 업무를 맡아 교육공동체 모두가 참여하는 한마당을 시도했습니다. 학교와 마을이 만나는 마당, 교사도, 학부모도, 학생도, 모두 주인이 되는 곳이었으면 좋겠다는 생각으로, 기존의 운동회는 그만하고 좀 바꿔 보자, 부모님도 참여하고 지역도 참여하는, 그걸 계기로 마을과 학교를 연결하는 기회를 만들고자 했습니다. 잔치 같은, 풍성한 한마당이 되었으면 하는 마음이었습니다.

이 한마당을 교사들은 수용했지만, 교장 선생님은 반대하셨습니다. 그래서 "부모님들은 참여하고자 하는데 학교는 안 된다고 하니, 한번 해 보고 잘 안 되면 다시 돌리면 되지 않느냐?"고 말씀드렸습니다. 결국 교사, 학부모, 지역 주민들로 준비위원회를 구성하고, 떡메치기, 색소실험 등 여러 가지 부스를 만들어서 아이들이 부스 활동을 하게 했습니다. 참여 인원이 많았고, 쌀이나 필요한 준비물을 지역에서 지원했고, 어린이날처럼 즐거운 분위기였습니다. 마지막에 진행한 강강술래는 학부모와 5~6학년 학생들이 함께 앞잡이와 뒤잡이를 해서 모두가 함께하는 한마당의 의미를 드높였습니다. 한마당이 끝나고 모두 함께 모여 뒤풀이도 하며,

마을과 학교가 좀 더 가까워지는 계기가 됐습니다. 이것으로 탄력을 받아 마을의 생태지도, 쑥 캐서 쑥버무리를 하는 것, 지역사회와 함께하는 도서관, 봉수산 생태교육까지 촬영하여 KBS TV에도 나왔습니다.

## 마을(학부모), 학교와 소통하다

**임대봉** 교사와 학부모가 만나는 방법으로 '교육영상 모임'을 하자고 제안했습니다. '교사나 부모들이나 책을 읽고 올 시간이 없으니, 두 시간 정도 영상을 보고 이야기를 나누어 보자.' 학부모와 교사가 함께하는 '교육영상 모임'을 추진했고, 김태곤 선생님이 꾸준히 참여했습니다. 학교 이야기를 듣고 싶은데 공식 채널은 없을 때, 그 모임이 공식 채널 기능을 했습니다.

　아이들에 대해 디테일한 이야기를 나누며, '학교에서 우리 아이가 이렇게 살고 있구나!' 안심하면서, '어떻게 학교를 도와줄 수 있을까?'라는 마음을 끌어내기 시작했습니다. 그리고 '학교가 왜? 어느 방향으로'라는 학교가 가려는 길에 대한 의견을 꺼내고, 학부모와 넓은 의미의 송남 교육철학(모든 아이를 위한 것이 결국 내 아이를 위한 것이 된다는)을 이야기했습니다.

**김태곤** 영상 모임은 마을과 학교가 만나는 소통 창구이고, 공부하는 곳, 아이들을 위한 토론의 장이었습니다. 예를 들어, 학습과 학력에 대한 논쟁이 벌어진 적이 있습니다. 송남에서 말하는 '학력'은 무엇이냐? 학교에 던진 질문, 그렇다면 송남에서 말하는 학력은 무엇인지 정의해 보자, 제안에 따라 학급별 토의, 학년별 토의, 전체 학부모-교사 총회를 거쳐 "송남의 학력은 '학습력'이다"라고 처음으로 규정했습니다. 이러한 논쟁이 발전하여 '송남 10대 핵심 역량'이 나온 것입니다.

임대봉  당시에 별도 회의 체계는 없었는데, 김태곤 선생님이 교사와 학부모가 함께하는 연석회의를 만들었습니다. 왜 학부모와 모여 이야기해야 하느냐는 저항도 있었지만, 한두 해 거치면서 '필요하구나'라고 변하기 시작했습니다. 그 연석회의에서 학부모에게 강력하게 요구한 것은 '민원이 아닌 제안을 해야 한다, 개별로 학교에 요구하지 마라, 개인이면 민원이지만 공동체를 통해 이야기하면 제안이다'라는 것이었습니다.

그랬더니 민원이 줄었습니다. 그 후에는 학년에서 받아 연석회의 때 공식적으로 제안하고, 학교는 그걸 수용하고, 공동체 안에서 안건으로 협의하여 실천하니 무게감도 다르고, 실행하여 바꿀 것은 바꾸고, 학부모가 학교에 어떻게 요구하고 개입해야 하는지에 대해 배우는 과정이었습니다. 그렇게 신뢰를 쌓으며 성장하게 되었고, 학부모들도 '내 아이보다 우리 아이'라는 생각을 하게 되었습니다.

김태곤  처음 연석회의 때 교사들은 참여하지 않았고, 저만 참여해서 전달하는 방식이었습니다. 공부모임을 같이하던 강○○ 선생님이 결합했고, 그다음 해부터 회의 의제에 따라 '누구누구 참여해야 한다'라고 하면서 점차 참여율이 높아졌습니다. 교장 선생님도 연석회의에 참석하셨습니다.

민원이 들어오는 것을 밑으로부터 시스템을 만들어, 학급 대표

자치회의, 학년에서 해결이 안 되면 연석회의로 가져와 문제를 해결했습니다. 그러면서 자동적으로 학부모들과 학급 모임을 하게 되었습니다. 처음에는 학년, 학급 단위에서 교육과정 설명회를 하는 식으로 하다가 그 횟수가 늘었습니다. 저는 매달 학부모 모임을 했는데, 관찰, 소통, 평가, 기록한 것을 가지고 학부모들과 이야기를 나누었습니다. 두 달에 한 번 하는 교사, 석 달에 한 번 하는 교사, 저마다 다르게 운영하다가 학교 전체적으로 1년에 4회 하는 다모임으로 안착됐습니다.

## 학교, 한 걸음씩 나아가다

### 전문적학습공동체

임대봉  학교 밖 '교사학습공동체'로 '화요 공부모임'을 만들었습니다. 장소는 송남초등학교로 하고, 외부에도 열어 놓았습니다. 그것이 지금 '교사학습공동체'의 초기 모습입니다. 자발성이 있는 교사들과 함께 다양한 주제로 공부를 했습니다. 그때 함께한 교사가 김○○ 선생님이고, 김 선생님이 송남초로 오면서 많은 역할을 했습니다. 교사 '화요 공부모임'은 '목요 공부모임'으로 확장되면서 외부의 교사, 내부의 교사가 결합되었습니다. 이후 아산지역 교사 공부모임으로 성장하였고, 아산지역에서 혁신학교, 혁신지구 운동의 중심이 되게 됩니다.

지속가능한 혁신학교와 혁신지구 모델을 고민하면서 우리는 함께 공부하고 토론하며 어느 학교든 모여서 가고, 그 학교에서 지속적인 학습공동체 모델을 만들어 왔습니다. 송남초가 네트워크의 중심이며 세상과 소통하는 학교를 지향했기 때문에 가능한 일이라고 생각합니다.

**김태곤**  초기에 학교 내부에서는 같이 공부하자는 제안을 받아들이지 않았습니다. 그래서 합의한 것은 각자가 자신의 요구에 따라 학교 밖에서 하는 공부라도 열심히 하자, '프레네, 느린 공부, 인문학 공부모임, 화요 공부모임' 등을 각자 하자.

**임대봉**  언젠가 '교사학습공동체'에서 함께 읽을 책을 선정하는데, 각자 책을 내놓고 많은 사람이 고르는 것으로 하자고 했습니다. 그런데 『핀란드 슬로우 라이프』 책이 선정되었습니다. 너무 가벼운 책이 아닌가 걱정했는데, 함께 이야기를 하다 보니 의미 있고, 진지한 이야기들이 오갔습니다.

**김태곤**  처음에는 김○○ 교사가 이○○ 교사에게 "선생님의 수업을 보고 싶어요, 선생님의 놀이 수업을 보고 싶어요", "선생님 저는 고학년 사회과 수업이 어려운데 어떻게 하시나요?", "사서 선생님과 팀티칭으로 하는 도서관 활용 수업이 궁금해요", "프로젝트 학습 중간 발표회나 디베이트 토론 수업 볼 수 있을까요?"라고 서로에게 요청하는 공개수업, "제 수업의 30분쯤에 들어오세요"라고 짧게 보여 주는 수업 공개 문화가 만들어져 갔습니다. 교과전담 시간이면 선생님들은 다른 교사들과 팀티칭을 하거나, 요청하여 다른 학년 수업을 참관하는 문화가 자연스러워졌습니다.

**임대봉**  '신규에게 공개수업을 시키는 문화는 없어야 한다. 선배 교사부터 보여야 한다'고 해서, 저와 김태곤 선생님이 2~3년을 공개했습니다. 그러면서 수업 공개를 늘려 갔습니다.

김태곤 '교실을 열어야 한다'고 주장하는 교사와 '왜 교실을 열어야 하느냐'고 주장하는 교사 간 논쟁이 자주 있었습니다. '교실을 열어야 한다'는 교사가 소수라 늘 자신이 없었는데, 어느 날 그 선생님이 "선생님들의 수업을 보면서 교사들이 성장한다는 것을 보았다, 교사들이 실천을 서로 나누지 않으면, 그 좋은 것을 어찌 알겠느냐?"며 강하게 이야기를 했습니다. '어떤 수업이 더 나은 것은 없다, 관점을 갖고 수업을 이야기하자, 수업이란 무엇인가에 대한 논의, 학생들이 어떻게 배우는가? 뒤에서 지켜보는 참관이 아닌, 지켜본다가 아닌, 같이 해 보자.' 교실을 열고 수업을 공개하며 함께 배우는 문화가 만들어졌습니다.

임대봉 '손우정' 교수와 함께한 '배움의 공동체' 연수, 교사 리더십 연수, 집단상담을 하며 상처를 드러내고, 놀이 연수를 하면서 친해지고⋯. 함께 배우며 성장했습니다. 모두가 합의해서 실천하는 문화는 작거나 깊이가 적을 수 있어도 무엇보다 소중한 축적이 되었습니다.

## 학교장 리더십

김태곤 교장 선생님과 의견이 맞지 않을 때도 있었습니다. 20:80이라고, 겨울방학 후반쯤에 '교사학습공동체'에서 결정한 사항 80개를 보장해 주면 교장 선생님이 원하는 20개를 들어 드리겠다고 했습니다. 그리고 실제로 그렇게 했습니다. 수평적 리더십은 학교장이든 교사학습공동체든 공통으로 지향해야 할 민주주의입니다.

　전교생 '다함께캠프'를 할 때, 새벽에 비를 맞으며 흐트러진 아이들 텐트를 고치며 망치질하는 교사들을 보고, "그래, 너희들을 믿겠다. 너희들에게는 아이들밖에 없구나!"라고 말씀하시는 일도 있었습니다.

임대봉 교장 선생님들의 과거 경험이나 경륜을 부정하는 것은 아닙니다. 다만 세상이 변하는 것에 맞춰 방식을 바꿔야 하는데, 바꾸려 하지 않고 교장 선생님의 과거를 부정하는 것처럼 오해하시고 힘겨루기를 하는 경우가 있습니다. 당시 송남초등학교 선생님들은 유연한 방식, 상처를 덜 받는 방식으로 교장 선생님께 다가갔습니다.

전환기 교장 선생님의 가슴앓이. 권위를 세우다가 → 열정적인 교사를 보고, 교사를 제대로 바라보시다가 → 간섭을 하지 않고, 지켜만 보는 것까지. '같이 해 보자'까지는 안 되고, 교육자로서, 매일 아침마다 체험이 많은 송남 아이들을 위해, 선생님들 오늘도 기쁘게 아이들과 지냈으면 좋겠다고, 기도를 하신 교장 선생님도 계셨습니다.

김태곤 교장회의에 다녀오시면, "왜 이렇게 권위가 없느냐, 거기가 뭔 학교냐", 다른 교장 선생님들과 장학사한테 이런 말을 들었다고, 서운해하시는 교장 선생님과 같이 술을 먹은 적도 자주 있었습니다. 그 교장 선생님이 "교장이 죽어야 학교가 산다, 교장은 선생님들을 섬겨야 한다"라고 말씀하신 게 기억이 납니다. 어느 순간, 이 이야기가 번져 나가면서 '학교장이 추구하는 겸손의 리더십, 밀알 리더십'이라는 말이 돌고 돌았습니다.

**교육과정 세우기**

김태곤 '왜 교육과정은 그대로인가? 한번 바꾸어 보자'고 제안을 했습니다. 선생님들도 교육과정을 슬림화하고 새롭게 하는 데 동의했습니다. 그래서 "'왜?'라는 질문을 던지자, 무조건 '왜?'라고 질문을 달자, 모든 상황에 '왜?'를 붙여 보자"고 합의했습니다. '왜?'라는 질문에 명확히 답하기 어려운 것은 과감히 없앴습니다.

5월쯤에 한마당을 마치고, 송악 전체의 강점을 가질 수 있는 키워드를 찾아보기도 했습니다. 그 결과 독서(사서 활용, 도서관 활용), 문화예술(예술꽃 씨앗학교), 지역 생태, 1인 1악기, 스키캠프, 산 탐사, 생태 수업 등의 키워드를 찾았습니다.

일반적인 학교, 간섭하지 않고, 내 교실, 내 아이들, 그런 학교였습니다. 다만, 다른 학교와 달리 생태교육, 문화교육, 독서교육을 하자는 마음은 있었습니다. 밖에서의 요구가 분명 있는데, 뭔가는 해야겠다는 생각이 있어서, 그것만은 가지고 가자고 했고, 특히 독서가 강력하게 추진되었습니다. 도서관이 마을의 도서관이었고 사서 선생님이 계셔서 사랑방, 징검다리 역할을 했기 때문입니다.

그때도 학부모를 만나기 싫어서 도서관에 가지 않는 교사가 있었습니다. 마을과 소통하는 것을 불편해하는 교사, 교실에서 나오지 않는 교사, 나대로 한다는 교사, 나는 건드리지 말라는 교사.

학교에 들어오면 '따로 또 같이', 선생님들의 것은 가져간다, 또한 각자 가는 부분은 가고, 학교 전체적으로 가는 부분은 함께 간다는 합의가 있었습니다. 처음 합의에 의해 만든 학교교육과정에서 학년 위계를 세웠습니다. 생태 수업은 숲 생태, 텃밭 생태, 수서 생태, 논 생태, 원예 치유, 학년별 위계를 잡아 나갔습니다. 음악은 저학년 전통 타악기, 중학년 현악기, 고학년 관악기, 문화예술은 저학년 연극놀이, 중학년 시나리오와 대본 쓰기, 5학년 연극,

6학년 영화 만들기 등이 그것입니다.

임대봉 아이가 6년을 보냈을 때, 뭘 했느냐? 이 진주 저 진주가 아니라 구슬을 꿰어서 졸업하는, 위계가 있는 교육과정을 지향했습니다. 졸업할 때 아산에 있는 6개의 산을 올랐다, 몇 개의 악기를 다룰 줄 안다, 취미로 할 수 있는 계절 스포츠를 익혔다, '따로 또 같이', 개별의, 고유의 나름을 존중하면서, 학생들 입장에서, 전체 커리큘럼이 중요하고, 아이 입장에서 교육과정을 바라보고자 했습니다.

학교 구성원들이 개별화되면 안 된다. 제안은 다른 형태로 갈 수 있지만, 기조는 그대로 유지해야지, 없애지 않는다. 예를 들어 '학예발표회'를 없앨 때, 내가 편하자고, 할 일이 줄어들어서, 그런 이유가 아니라 문화예술의 욕구를 살리고, 소수의 아이만 돋보이는 것을 없애는 대신, 모두가 돋보이는 학급발표회, 나눔주간, 방과후 발표회, 버스킹, 문화예술에 대한 표현의 장은 많아지는 방향으로 가야 한다. 이런 합의가 있었습니다.

## 생활교육, 학생자치

임대봉 시골은 문제점이 집약되어 있는 가족이 많습니다. 초기 송남초등학교 또한 그랬습니다. 사고 치는 아이들, 도벽 있는 아이들, 폭력적인 아이들 등을 돌보는 게 중요했습니다. 그래서 돌봄과 치유의 교육과정이 나왔습니다. 작은 학교라서 보건 교사도, 상담 교사도 없는 상황에서 애정이 있는 교사들이 버티고, 아이들이 늘어나고, 아이들은 같이 키워야 한다며 도서관에서 사서가 늦게까지, 8시까지 돌봐 주곤 했습니다.

김태곤  모든 교사가 동일한 훈육을 해야 한다, 협력 훈육을 해야 한다고 생각했습니다. 송남 10대 핵심역량이 학습과 생활을 이야기하는데, 생활교육의 축이 되어, 모든 교사가 일관되게 10대 핵심역량을 이야기했습니다. 아이들의 생활을 지원하는 것이 먼저, 정서를 안정시키는 것이 우선이라 생각하고 함께했습니다. 어느 한 반에서 일어난 왕따 문제도 그 반만의 문제가 아니라 교사 전체가 공동 논의하는 시스템이 되고, 학부모님이 찾아와도 모두가 일관된 메시지를 전달하는 것으로 했습니다.

부모들이 해야 할 일도 학부모 규약으로 만들었습니다. 학부모 규약은 말이 나온 후 2년 뒤에야 완성되었습니다.

임대봉  5학년 원예 치유, 4학년 상담, 1학년 숲 치유, 글쓰기와 영화, 연극, 표현의 기회 등 교육과정 자체에 돌봄과 치유를 포함시켰습니다. 또 생활교육 매뉴얼을 만들어 지켜 나갔습니다(예를 들어, 만약 아이가 뛴다면 ① 이름을 부른다, ② 눈을 맞춘다, ③ '무슨 일 때문이야?'라고 묻는다. … ).

김태곤  학교와 마을의 지역아동센터 '반딧불이'가 같은 목소리, 철학 기조가 일관되게, '반딧불이'와 학교가 교류하며 맞닿아 함께 갔습니다('반딧불이'에 다니는 아이들은 모두 송남의 아이들임). 학교에서 쓰는 10대 핵심역량, 생활 약속을 '반딧불이'에서도 똑같이 적용했습니다.

임대봉  자치, 리더십, 고학년이 저학년을 돌보는 것을 시도했습니다. 6학년을 준비하는 5학년은 '리더십캠프'를 만들고, 학생 리더십, 우리도 6학년이 되면 저렇게 리더십을 갖춰야 해, 권위적인 선배 리더십이 아니라 돌보면서 자치를 가져가는, 동생들을 위해 기여하고 케어하는 리더십이 굉장히 중요한 자치라고 생각했습니다.

자치회의에서 결정된 것은 무조건 실행시킨다는 원칙이 있었습니다. "쓰레기통을 만들어 주세요." "좋다, 만들자." 만들어 줬는데 지역 주민들이 쓰레기를 마구 버려 지저분해지자, 이 문제점을 어떻게 해야 하나? 자치회의에 제안하고 해결하는 구조. 아이들이 제안한 것을 꼭 실현해 주려고 교사들이 노력했다는 것, 학교에서의 자치력은 '아이들의 말을 어른들이 얼마나 들어주나'입니다. 노력해 봤지만 이건 어렵다, 이건 가능하다, 요구 사항에 대해 설명하고, 동의를 구하고, 협조를 구하는, 교직원들이 아이들에게 그렇게 했습니다.

김태곤 교직원회의에서, 동아리를 동아리답게 해 보자는 이야기, 아이들이 동아리를 만들고, 아이들이 교사를 선택하는 것으로 해 보면 어떨까? 주체의식이 좋아진 학생들, 우리 송남초등학교라면 이렇게 해 볼 수 있지 않을까요? 그래 좋다, 해 보자. 처음에는 너무 많은 동아리가 나와 인원 제한을 하기도 하고, 조정도 하고, 발표회도 아이들이 부스에 나와 체험시키는 축제 형식으로 하고, 그렇게 지금의 동아리 활동으로 이어졌습니다.

## 혁신학교

김태곤 혁신학교 전에 충남도청에서 '행복공감학교' 사업을 했습니다. '화요 공부모임'을 할 때 '행복공감학교'를 지지하는 흐름을 만들자 해서 '행복공감학교'를 신청했는데, 두 번 떨어졌습니다. 이장님, 교수님 등이 참여하는 '송악 희망교육네트워크', 지역 주민과 교사들을 대상으로 혁신학교와 교육의 패러다임이 바뀌어야 한다는 강좌 개설, 혁신학교 신청 전에도 이미 어느 정도는 혁신학교 역량을 갖추고 있었습니다. 우리는 이것을 '자발적 혁신학교 만들기 운동'이라 불렀습니다.

**임대봉** 학교의 자율성 보장, 지속가능한 학교를 이야기할 때 예산이 문제가 되면 안 된다, 연구학교처럼 운영하면 지속가능하지 않다, 혁신학교를 신청해야 자율학교가 된다, 교육과정에 숨통이 트일 수 있다, 여러 가지 이야기를 나누고, 큰 반대 없이 혁신학교를 신청했습니다.


## 밖에서, 송남을 바라보다

**김태곤** 안정적으로 송남이 가지려고 했던 철학은, '세상과 교류한다, 지속가능한 모델을 만든다, 네트워크 중심의 역할로서 송남을 만든다'였습니다. 지속가능하고, 네트워크 중심이고, 혁신학교 역할로 언제든지 학교를 열고, "10년 후에 되지 않겠어?" 했던, 당시 상상한 것이 지금 되어 가고 있습니다.

**임대봉** 지금까지 학교장 리더십은 본인이 애씀에도 불구하고 시대에 멈춰 있던 분, 관망하는 리더십, 소통하려는 리더십이었다면 앞으로는 지역사회까지 적극적으로 소통하며, 민주성을 바탕으로 (교사들에게, 교육에 대해, 학부모와 지역사회에 대해) 적극적으로 제안하는 리더십을 보여 줄 필요가 있다고 생각합니다.

**김태곤** 3, 3, 4법칙(3년의 준비기, 3년의 안정기, 4년의 전통화) 첫 3년은 (연석회의, 학부모 다모임, 도서관 후원회 등) 장치를 만들었고,

다음 3년은 모두가 배우는 공동체, 예술꽃 씨앗학교, 교육과정의 틀을 다지고, 다음 4년은 혁신학교, 새로운 구성원으로 한 단계 업그레이드되는 과정이 아니었나 생각합니다. 앞으로 혁신학교 2기, 공모교장, 온라인 수업, 더욱 발전하고, 성장하고, 상상을 채워 가길 바랍니다.

임대봉  슈퍼 교사가 있으면 안 된다고 생각합니다. 송남초는 어떤 교사라도 와서 '이 정도라면 나도 할 수 있어, 아~ 이 학교는 이렇게 하는구나!'라고, 누구라도 할 수 있는, 슈퍼 티처가 아닌 나름 히어로가 가득한 학교, 각자 잘하는 것이 발현되는 학교였으면 좋겠습니다.

자발성과 주체의식은 '이곳에 나의 온기가 얼마나 묻어 있는가?'에서 나온다고 생각합니다. 교사들이 내 학교라고 생각하는 것, '이곳은 내 학교고, 잘될 거야'라고 생각하는 교사가 많다면, 송남은 지속가능한 학교로 가고 있는 것입니다. 교사의 협력이 기본이고, 학생의 선택을 존중하고, 공동체가 합의하고 함께 실천하는 학교문화가 계속되길 바랍니다.

# 2장

# 학교장 리더십

# 송남초
# 교장으로 살기

## 2015년 8월 12일

2015년 8월 12일은 2015년 9월 1일 자 교장 발령[1]이 나던 날이다. 갑자기 내 휴대폰이 바빠지기 시작했다.

"아휴~ 어쩌냐? 너 송남초등학교로 발령이 났네."

평소에 친하게 지냈던 사람부터 별로 가깝게 지내지도 않은 사람까지 계속 전화를 했다. 교장 발령을 축하해 주는 것이 아니라 거의 위로의 말을 하는 것이었다. 심지어는 송남초등학교 교직원과 학부모님들이 여자 교장이 부임해 온다는 이유로 부임 반대 현수막을 내걸고, 도교육청에 항의 방문까지 갔다는 말까지 들려왔다.

처음엔 담담하게 받아들였는데, 이런저런 소리를 계속 듣다 보니 자존심도 상하고, 오기도 생기고, 만감이 밀려와 밤잠을 설쳤다. 그러다가 깨달은 것은 어쨌거나 발령은 났고, 피할 수는 없고, 그렇다면 즐겨야지.

우선 그동안 들은 내용 때문에 가졌던 선입견을 버리고, 교장의 의

---

1. 이 글을 쓴 윤희정 교장 선생님은 2015년 9월 1일부터 2019년 8월 31일까지 송남초등학교에 근무하셨다.

무를 다하기 위해 먼저 해야 할 일이 무엇인지 고민했다. 그래서 교감 선생님께 교육과정을 업무 메일로 보내 달라고 했더니, 교육과정은 물론 1학기에 실천했던 사업과 회의록 등을 가지고 내가 근무하는 학교로 찾아오셨다.

교육과정을 꼼꼼하게 살펴보니 다양하면서도 꾸밈없고, 살아 있는 생생한 교육과정이었다. 난 서서히 마음이 놓이고, 오히려 걱정이 기대로 바뀌었다. 다음은 학교요람을 통해 직원 현황을 살펴보았다. '그동안 들렸던 온갖 소문 따위는 잊어버리자. 그냥 내가 직접 겪어 보자'는 심정으로 우선 이름과 업무만 외우고 부임했다.

그렇게 난 송남초등학교 교장이 되었다.


## 송남초등학교 이해하기

송남초등학교는 혁신학교다. 그런데 난 혁신교육이나 혁신학교에 대한 이해도 부족했고, 호의적이지도 않았다. 그래도 이왕에 혁신학교의 교장이 되었으니 내가 적응하는 게 맞는 거 같아 부지런히 공부를 시작했다. 관련 도서를 읽고, 연수에도 적극 참여하였다. 그러면서 내린 결론은 '아~ 바로 이거구나. 내가 하고 싶었던 교육이구나. 미래 사회를 살아가야 하는 우리 아이들에게 필요한 역량을 길러 주는 교육이구나.' 하는 확신이 들었다.

부임 후 며칠 동안 겪어 본 교직원들은 오로지 아이들 교육에 열과 성을 다할 뿐 어떤 의도성도 없었다. 또 관리자는 거의 배제하고 학교를 운영하려고 해서 교장, 교감은 허수아비이고, 무한 책임만 져야 한다는 말도 그냥 무성하게 난 소문일 뿐이었다. 그래서 난 선생님들이 열심히 하는 만큼 뒤에서 응원하고 지원해야겠다는 생각과, 자질구레한 일은 믿고 기다리며 지켜봐야겠다는 생각을 했다. 또 말을 많이 하는 것보다 많이 듣기 위해 노력했다.

## 아이들 이해하기

교장은 모름지기 학생들의 개성을 알아봐 주고 어떤 경우든 잠재성을 발견해 주며, 끊임없이 변화에 발맞추며 학교를 이끌어 가기 위해 노력해야 한다고 한다. 또, 아이들을 돕는 방법을 찾고 싶다면 아이들을 주의 깊게 관찰하라고도 했다. 그래서 나 스스로 과제를 제시하고 실천하였다. 송남초등학교는 초등 230여 명, 유치원 17명으로 전교생 250명 정도 되는데, 난 1주일 안에 아이들 이름을 외우는 것을 목표로 아이들을 관찰하였다. 교장실에 놀러 오는 아이들은 물론이고, 도서관과 운동장 등을 찾아다니며 계속 익혔더니, 2주일 정도 지나니까 몇 명만 오락가락하고 다 외워졌다.

아침 등교 시간 '아침맞이'를 할 때 한 명 한 명 이름을 부르며 맞으니 나도 기분이 좋고, 인사를 받은 아이들도 기뻐하였다. 아이들을 인정하는 것의 시작은 이름을 불러 주는 것부터인 것 같다. 그리고 교장실을 아이들과의 소통 장소로 열어 놓았다. 아이들의 특성, 가정환경, 재능, 고민 등에 관심을 갖고 대화를 나누다 보니 어느새 교장실은 아이들의 놀이터이며 소통의 장이 되었다.

## 지역사회 이해하기

내가 송남초등학교에 근무하는 한 송남초등학교는 물론 이 지역에 대한 이해가 필요했다. 마침 '송악마을 이야기'라는 다섯 권짜리 송악을 소개한 책이 있다기에 구해서 시간 있을 때마다 읽었다. 송악은 그냥 마을이 아니었다. 어느 마을이나 다 사연이 있고 역사가 있겠지만, 송악 마을은 일제 강점기부터 한국전쟁이 있던 시대의 아픔이 있고, 문화예술인은 물론 귀촌자들도 많은 마을에다 광덕산과 설화산, 외암 민속마을, 송악저수지 등 아름다운 자연이 잘 어우러진 마을이었다. 아는 만큼 보인다더니 아는 만큼 애정이 생겼다. 마을축제, 마을 집들이가 있다고 하면 쑥스럽지만 함께했고, 마을 분들과 친해지기 위해 많이 돌아다녔다.

## 학교 공동체 문화에 물들기

혁신학교 하면 우선 떠오르는 것이 민주적 협의문화이다. 모든 교육과정 운영은 공동체의 합의가 이루어진 후에 운영되는 것인데 처음엔 참으로 지루했다. 사소한 건으로 몇십 분이 흘러가기도 하고, 꼭 협의를 거치지 않고 운영할 수 있는 것까지도 협의하면서 시간 낭비를 하는 건 아닌가 하는 생각도 들었지만, 적응을 하고 나니 협의를 거쳐 운영하는 것이 결과적으로 훨씬 효율적임을 알았다.

발령받고 첫 안전점검의 날은 실장님과 학교 구석구석을 돌아보았다. 그러다 건물 밖 게시판이 눈에 거슬려 내 맘대로 보기 좋은 아크

릴판으로 교체했다. 그러면 다 좋아할 줄 알았는데 반응이 영 아니었다. 그 게시판은 아이들이 자유롭게 이용하는 것임을 나중에 알게 되었고, 한동안 아이들이 아주 불편하게 사용하다가 최근에 모두의 의견을 들어 교체했다. 학교의 문화를 몰랐던 나의 첫 번째 시행착오였다. 교장이라도 실수는 인정하고, 다른 사람을 존중하고 배려하며, 작은 일이라도 함께 참여하는 학교문화 형성에 앞장서는 것이 교장으로서의 혁신임을 알았다.

## 교육과정의 다양화, 특성화를 위한 지원

다른 학교 선생님들이 하는 질문 중에 송남초등학교는 체험학습 위주의 교육과정 운영으로 학생들의 학력이 떨어지는 것이 아니냐는 질문을 많이 한다. 맞기도 하고 아니기도 하다. 송남초등학교는 학생 중심 교육과정 운영을 위해 동학년 선생님끼리, 때로는 학년 연계를 하면서, 전 학년 선생님들이 교육과정 재구성을 위해 엄청난 고민과 노력을 한다. 물론 체험학습이 많긴 하지만 학생들의 사고력과 자기주도적 학습력을 키워 주기 위한 다양한 방법들을 시도하고 있을 뿐 아니라 학력 저하도 절대 간과하지 않는다.

우연히 발견한 어떤 학생의 수학익힘책을 보고 놀란 적이 있다. 선생님의 개별 지도 흔적과 학생이 깨달아 간 흔적이 고스란히 남아 있는 것을 보고, 아이 한 명 한 명에게 들이는 정성이 얼마나 대단한지를 알았다. 물론 현재의 시스템으로 시험을 보면 학력이 다소 떨어지긴 하겠지만, 미래 사회에 적응하는 역량을 평가한다면 월등하게 우수

할 것이라고 믿고, 계속 응원하며 지원했다.

송남초등학교는 학생들의 생활통지표 양식을 통일하지 않고 학년별로 구안하여 활용한다. 학년별 특성에 맞게 창의적으로 구안하여 작성한 것을 보고 놀라움을 넘어 존경심이 생겼다. 교과별, 단원별 성취기준 도달 정도, 창의적 체험활동, 교과 재구성에 따른 자기평가, 친구평가, 교사평가까지 다양하게 이루어졌으며 학부모들이 아이의 학교생활을 눈에서 보고 있듯이 기록하였다(1인 15쪽을 기록한 학년도 있음).

담임선생님들 말로는 이렇게 신나게 교육과정에 전념할 수 있는 것은 '교육지원팀'에서 행정업무와 교무업무를 맡아 해 주어 선생님을 아이들에게 돌려준 덕이며, 관리자들이 믿고 지원해 준 덕이라고 했다. 무엇보다 중요한 것은 교직원들의 자발성을 이끌어 내고, 또 자발적으로 하는 일을 믿고 응원하는 것이 교장으로서 할 일인 것이다. 설사 시행착오를 겪더라도….


## 학부모와 지역사회의 학교 교육활동 참여 응원하기


송남초등학교는 학부모와 지역사회의 학교 교육활동 참여가 활발한 학교이다. '도서지원단, 놀이지원단, 생태지원단, 아빠모임, 교통봉사지원단'까지 모두 자발적으로 이루어지는데, 매우 체계적으로 운영되고 있다. 학교의 행사 지원이나 교육과정 운영 지원, 방과후 시간 지원은 물론 아침 결식 학생 지원이나 마을축제, 학교환경 개선까지 함께한다. 물론, 학교 근처에 사는 선생님들의 지원과 수고로움이 합쳐져 시너지 효과가 있긴 해도 학교장으로서 내가 하는 일은 별로 없었다.

교사·학부모 공동성장 연수 시 교장도 연수자로 한 자리를 채워 앉아 있고, 열심히 하시는 분들에게 웃는 얼굴로 감사의 인사만 한다. 순수한 뜻이 훼손될까 식사 대접하는 것도 조심스러울 정도이다.

## 예산 편성 및 집행에도 혁신을

2015년 11월쯤 한 선생님이 회계 시스템을 바꾸어 보자고 했다. 설명을 들어 보니 무리수가 없는 건 아니지만 해 볼 만한 방법이었다. 문제는 행정실과의 문제였다. 그래서 실장님에게 선생님들의 제안을 받아들일 방법을 모색해 보라고 했다. 하지만 마침 인사이동이 있어서 새로운 실장님이 오게 되었고, 오자마자 좀 황당해하긴 했지만 원만하게 잘 해결되어 현재 새로운 시스템으로 운영하고 있다. 물론 시행착오와 번거로운 점도 있지만, 새로운 것을 시도하고자 할 때 무조건 반대하기보다는 방법을 찾아보도록 물꼬를 터 주는 것 또한 교장의 역할인 것 같다.

## 나의 강점을 활용한 리더십으로

시대가 바뀌면 요구되는 리더십도 바뀌기 마련이다. 학교도 과거에는 수직적이고 권위적인 리더십으로 학교를 이끌어 갔다면, 요즈음은 수평적이고 민주적인 리더십으로 함께 가는 학교문화를 만들어 가는 경우가 많다. 그러기 위해서는 사람마다 지니고 있는 강점을 잘 활용해야 한다. 내 강점은 사람을 좋아하고, 관계를 잘 맺는 친화력이라고 생각한다. 항상 웃는 얼굴로 진정성 있게 다가가고, 진심으로 대하면 무엇이든 원만하게 이루어지는 것 같다.

선생님들이 아이들을 기다려 주듯 교장도 선생님들이나 교직원들을 기다려 주고, 지금 가는 길이 맞다고 응원해 주고, 그들이 하는 말에 귀 기울이는 감성의 리더십을 발휘할 필요가 있다. 또 내가 교사 시절의 어려움을 되새겨 보고, 관리자의 어떤 점 때문에 힘들었었는지를 돌아보며, 지시·명령하는 관리자가 아닌 함께 고민하고 함께 아파하고 함께 기뻐하도록 만나서 소통하고, 신뢰하며 지낸다면 어떤 고난도 헤쳐 나가지 않을까?

## 더 멋진 학교로 성장하길 응원하며

학교교육의 질은 학교 경영 책임자인 학교장의 능력에 좌우된다고 한다. 하지만 아무리 좋은 것도 교육공동체의 합의와 이해, 긍정적인 실천 의지가 동반되지 않으면 좋은 성과를 거두기가 어렵다. 따라서 학교장은 늘 열려 있는 사고와 배움, 실천을 일상화하고, 모든 학생과 교직원, 지역사회를 인격과 지성으로 품어 만족을 넘어 감동을 줄 때 교육공동체는 행복해지고, 그래야 학교는 발전하고 성장함을 깨달았다.

어떤 때는 '내가 교장으로서 이렇게 하고 있는 것이 맞나?' 하는 의심이 들 때도 있고, 자신이 없을 때도 있어 갈등을 했었다. 그런데 어떤 선생님의 말에 난 큰 힘을 얻었다.

"우리 학교는 교사인 내가 왜 이 일을 해야 하나 하는 회의감이 드는 일은 없어요."

즉, 교육의 본질에 충실할 수 있고, 오로지 아이들을 위해 하는 일에만 매달릴 수 있어서 행복하다는 것이다. 그렇게 될 수 있었던 것은 교장인 내가 잘해서가 아니라 모든 교육공동체가 선택한 것이고 난 그 선택을 존중하고, 믿고, 기다리고, 지원해 주었을 뿐이었다고 생각한다.

처음 교장 발령이 났던 2015년을 생각하면 웃음이 나온다. 주변의 소리에 의심부터 했던 나도 참 어리석었다는 생각이 들고, 주변에서 뭐라고 하든 소신을 갖고 아이들 교육에만 정진해 온 송남초등학교 교직원, 학부모, 지역민, 그 속에서 건강하게 성장하는 아이들에게 감사함을 전한다. 앞으로 더 건강한 문화 속에서 우리 아이들이 행복하게 성장하여 마을의 주인으로서 자긍심을 갖고 살아가길 기대하고 응원한다.

# 3장

# 민주적인 학교문화

# 모두의 생각을 모아,
# 민주적인 협의문화

　민주적인 학교문화는 교육 공동체 모두가 행복한 학교를 만드는 밑바탕이다. 민주적인 학교문화는 교사들의 자발성을 이끌어 내고, 학생들을 민주시민으로 성장시키며, 학부모와 학교의 신뢰 관계를 튼튼하게 한다.

　민주적인 학교문화는 민주적인 협의문화에서 시작한다. 송남초등학교는 일부 몇 사람이 결정하고 지시하는 방식이 아니라 모두가 함께 이야기하고, 결정하며, 실천하는 문화가 자리 잡혀 있다.

## 교직원회의

　송남초등학교에서는 '구글드라이브'를 많이 사용한다. '구글드라이브'는 송남초등학교 교직원 누구나 들어가 공유(전달)하거나 이야기(안건 제안)하고 싶은 것을 쓰고, 수정할 수 있다. 교직원들은 회의 자료를 출력하여 회의에 참여한다. 지난번 '회의 결과'와 '공유 및 전달 사항'은 간단하게 살펴보고, '이번 주 회의 사항'에 대해 이야기를 나눈다. 각 담당별로 전달 사항을 말하고 교감, 교장 순으로 말을 하는 회의 방식은 사라진 지 오래다.

누구든지 제안하고 싶은 게 있으면 제안 사항에 기록하고, 함께 이야기를 나눈다. '학교 공간 재구조화' 수업을 해 보자는 누군가의 제안을 5학년에서 받아들여 '5학년 학교 공간 재구조화' 수업이 이루어졌다. '송남초등학교 이야기'를 책으로 출판해 보자는 제안이 없었다면 이 책은 세상에 나오지 못했을 것이다. '무학년제 학급'을 해 보자는 누군가의 제안은 많은 이야기 속에 결론을 내리지 못하고, 앞으로의 과제로 남았다.

송남초등학교의 크고 작은 모든 일은 교직원 협의를 통해 결정한다. 어떤 일이 있을 때 전 교직원이 충분한 이야기를 나누다 보면, 모두 그 일의 전 과정을 이해하게 된다. 여러 명의 생각을 모으기 때문에 최선의 방법을 찾는 데 도움이 되고, 함께 결정하기 때문에 자발적 실천도 이끌어 낸다. 또한 담당자가 계획서를 만들고, 교감, 교장 검토하고, 기안하고, 세부 담당자 정해서 일을 처리하는 절차를 생략할 수 있다. 실제 송남초등학교에서는 대면 결재를 최소화하고, 어떤 행사를 할 때 세부 담당자를 미리 정하지 않는다. 그래도 교직원들은 알아서 필요한 일을 찾아서 한다.

의견을 나눌 때 교장, 교감도 학교 구성원 중 한 명으로 참여한다. 교장의 생각이라고 특별히 대우받는 것은 없다. 교직원들은 자유롭게 자신의 의견을 말하고, 결정하며, 회의 결과를 존중한다. 그리고 함께 실천한다.

정해진 회의 시간 외에도 수시로 협의가 이루어진다. 중간놀이 시간이나 점심시간, 방과 후 시간에 학년(군)별, 또는 전체 교직원이 모여 이야기를 나눈다. 학교 행사, 학생 생활교육, 학교 공간에 대한 이야기 등 가볍게 나누는 이야기 속에 좋은 방안이 나올 때가 많다.

언제든 자신의 의견을 편하게 말할 수 있는 분위기, 다른 사람의 의견을 존중하고 받아들이는 동료와 교감, 교장. 내가 말한 것이 실제 이루어지는 경험. 이는 교직원들을 스스로 움직이게 한다. 또한 서로 믿고 배려하는 수평적인 조직 문화, 민주적인 학교문화를 만드는 마중물이 된다.


## 학생·학부모 의견 수렴

2018년 2학기, 빈 교실 한 칸(교실 이름 '가온누리', 다목적실)을 새롭게 고쳤다. 그 교실을 어떻게 고칠지 학급별로 학생들의 의견을 들었다.

"노래방 기계를 설치해 주세요."

"미러볼도 달아 주세요."

학교에서는 학생들의 다양한 의견을 반영하여 '가온누리' 교실을 고쳤다. 학생들은 각 학급의 의견을 모아 '가온누리' 사용 규칙을 스스로 만들었다. 쓰다 보니 예상하지 못한 문제가 생기고, 학생들은 다시 의견을 모아 사용 규칙을 새로 고쳤다.

2019년 9월, 새롭게 '학생자치실'을 만들었다. 이때도 학생들의 의견을 먼저 들었다. 급식실 가는 길, 유치원 교실 벽면에는 커다란 칠판이 있는데, 이곳에 학생들의 의견을 자유롭게 쓰도록 했다. '전교자치일꾼'들의 협의도 수차례 이루어졌다. 여러 가지 의견을 충분히 반영하여 '학생자치실'이 만들어지고, 회의나 토론, 독서, 쉼 공간의 역할을 하고 있다.

학교 건물과 운동장 사이 화단에 1960~1970년대 만들어진 동상이 있다. 하나는 '로댕의 생각하는 사람', 하나는 '체력은 국력이다'라는 문구가 새겨져 있는 소년상이다. 교사들 사이에서 이 동상이 오래되고, 학교와 화단에 어울리지 않는다고 없애자는 의견이 나왔다.

"선생님들은 철거를 하자는 의견이 대부분이네요."

"그런데 우리 반 아이들이 새롭게 색칠을 하자고 하네요."

결국 전체 학생들의 의견을 물었고, 없애지 않기로 결정했다.

'학교 공간 혁신'에 대한 이야기가 나오고, 교육부나 충청남도교육청에서 예산 지원에 대한 계획이 알려졌다. 학교 공간을 어떻게 바꾸면 좋을지 '학교 공간 재구조화'에 대해 교사, 학생의 의견(학교 공간 프로젝트 수업)과 학부모의 의견을 모았다. 학부모 의견은 교사·학부모 공동성장 연수 시간에 의견을 써서 붙이게 하고, 온라인 의견 조사도 실시하였다.

수목공사 예산을 지원받아 '학교 숲'을 만들 때는 어떤 나무를 심으면 좋을지, '동굴 아지트'를 어떻게 만들지 등에 대해 학부모 '생태지원단'의 의견을 들었고, 나온 의견을 반영하여 학교 숲을 만들었다.

학년 말 교육과정 설문을 통해서도 여러 가지 의견을 수렴한다. 설문 결과는 교사·학부모 공동성장 연수나 학부모 총회 때 함께 공유하고, 개선 방안을 찾는다.

"스키캠프가 재미있다고는 하는데, 스키는 재미없다고 하네요. 5학년이 내년에 6학년이 되면 애들에게 캠프 구상을 해 볼 기회를 주는 건 어떨까요?"

"예술꽃 지원이 종료되면 아이들의 활동이 위축되는 건 아닌지 걱정스럽습니다. 다른 대안을 찾아서라도 계속되길 기원해 봅니다."

"학부모는 교문 안으로 들어오면 안 된다 생각합니다. 학교는 정반대로 학부모를 자꾸 끌어들이고 있습니다. 취지는 알겠으나, 첫째, 학부모가 학교에 올 수 있는 학부모와 그렇지 못한 학부모 간에 차별이 생깁니다…."

이 외에도 학부모 지원단(생태, 놀이, 도서), 아빠모임, 학부모 연석회의 등을 통해 수시로 학부모 의견을 듣고, 학교 운영에 반영한다. 학교 운영, 교육과정을 운영하면서 학생들의 의견도 수시로 듣는다.

송남초등학교에서는 학교의 중요한 일을 결정할 때 가능하면 공동체 구성원 모두의 의견을 모으고자 애쓰고 있다. 여러 사람의 의견을 듣다 보면 더 좋은 결과를 얻는다.

# 수업과 생활교육에 전념,
# 업무 줄이기

법률에 따르면, 교사가 할 일은 '법령에서 정하는 바에 따라 학생을 교육'[2]하는 것이다. 학급 담임교사는 학급 학생들의 '교육활동과 그와 관련된 상담 및 생활지도' 등을 맡아 한다[3]고 되어 있다. 바로 교사의 고유 업무는 학생을 교육하는 것이다.

그런데 현재 학교는 학생 교육뿐만 아니라 행정업무도 같이 할 수밖에 없는 구조이다. 심지어 학교현장에는 '업무 처리를 잘하는 교사가 유능한 교사다', '수업은 못해도 업무는 정해진 기한을 맞춰야 한다'는 말처럼 업무를 더 중요시하는 분위기도 여전하다.

업무 과중이나 업무 우선주의 때문에 학생 교육이 뒤로 밀리는 일은 분명 잘못된 것이다. 교육활동과 직접 관련 없는 행정업무는 교사들이 하지 않게 해야 한다. 어쩔 수 없이 교사가 업무를 나누어 해야 한다면 '최소화'해야 한다. 그리고 본래 할 일인 '학생 교육'에 전념할 수 있게 해야 한다.

---

2. 「초·중등교육법」 제20조.
3. 「초·중등교육법 시행령」 제36조의 5.

# 교육지원팀

2014학년도부터 송남초등학교의 교원들은 '교사는 수업과 학생 생활교육에 전념해야 한다'는 기본 원칙에 뜻을 같이하고, 학교 업무를 줄이기 위해 깊이 있는 이야기를 시작하였다. 그리고 송남초등학교의 '업무나눔'에 대한 나름의 원칙을 정했다. 이 원칙은 크게 바뀌지 않고 지금까지 이어지고 있다.

'업무나눔' 원칙

| | 교육지원팀(업무전담팀) | 교육과정운영팀 |
|---|---|---|
| 구성 | • 교감(팀장) 1명<br>• 보직교사 2명(교과전담)<br>• 교무행정실무원 1명 | • 담임교사 |
| 원칙 | • 주당 수업시수는 8시간을 함<br>• 교무연구는 전입 후 2년 이상 지난 교사 가운데 희망자<br>• 생활체육은 전입 후 1년 이상 지난 교사 가운데 희망자 | • 본인이 하고 싶은 학년을 왜 해야 하는지 입장을 밝히고 모두의 동의를 얻어야 함<br>• 전입 교사에게 낯선 학교문화와 학교교육과정을 안내하고, 학년 교육과정을 함께 운영하기 위해, 학년당 1명 이상은 기존 근무 교사를 배치함 |
| 할일 | • 보결 수업과 출장 협조<br>• 수학여행, 시·도 답사, 산 탐사 등 현장체험학습 지원<br>• 학생 교육과 밀접한 관련이 있는 업무는 학급 담임이 맡아 기획, 운영, 실천하되 공문은 지원팀에서 함<br>• 그 밖의 행정업무는 지원팀에서 처리함 | • 교육과정, 수업, 평가, 학생 생활교육, 상담 등 학생 교육에 전념함<br>• 학생 교육과 밀접한 관련이 있는 업무를 기획, 운영, 실천함. 예: 학생자치, 동아리, 교사학습공동체 등<br>• 학기 중에는 수업과 평가를 중심으로 학년별 또는 전체 공동연구와 실천, 실천 후 반성을 지속하여, 꾸준히 만들어 가는 교육과정을 운영 |

'교육지원팀'은 학교 밖 공문과 행정업무를 모두 처리한다. 따라서 담임교사는 행정업무를 하지 않고, 학년(급)의 교육과정 운영과 학생 생활교육에 집중한다. 담임이면서 보직교사인 두 명이 진로·인성·상

담, 혁신학교 업무를 맡고 있으나 행정업무 처리는 '교육지원팀'과 함께 한다.

'교무행정실무원'은 단순 업무 지원뿐만 아니라 정보, 방과후학교, 교육비 지원 같은 고유 업무를 담당한다. 보통 학교의 업무부장이 할 일을 하는 셈이다. 비교적 큰 업무지만 매년 반복하다 보니 업무 전문성이 생겨 능숙하게 처리한다.

'교육지원팀'의 교육 지원은 행정업무 처리에 그치지 않는다.

"다음 주 화요일 역사 답사는 네 모둠이 움직여서, 두 분이 더 필요해요. 지원팀에서 같이 가실 수 있으세요?"

역사 답사, 산 탐사, 생태 수업, 스키캠프 등 학년(급) 교육활동을 지원한다. 보결 배당도 지원팀 먼저 배정한다.

"○○선생님이 갑자기 사정이 있으셔서 연가를 내셨어요. 지원팀에서 두 시간씩 나눠서 보결 들어갈게요."

'교육지원팀' 네 명이 그 많은 업무를 처리하고, 교육활동을 지원하는 것은 사실 쉽지 않은 일이다. 담임교사도 교과전담 시간이 적은 만큼 많은 수업시간을 감당해야 한다. 그런데도 '교육지원팀' 운영에 대한 만족도가 높다. 담임교사는 업무를 안 하는 만큼 학생 교육에 집중하면서 교사 본연의 일을 한다는 만족감과 보람이 크다고 이야기한다. 지원팀 또한 교사들이 본연의 일을 할 수 있도록 지원하는 것에 만족감과 보람이 크다고 이야기한다.

업무가 없다고 학생 교육에 전념할까? 전념한다! 온몸과 마음을 다해 최선을 다한다. 시간이 날 때마다 머리를 맞대고 수업 준비와 생활교육을 상의하는 같은 학년 교사들을 쉽게 볼 수 있다. 너무 많은 업무를 하려니 허술하게 대충 하지는 않을까? 허술하게 대충 하지 않는다! 역시 최선을 다한다.

행정, 교육활동 지원 업무가 어려울까? 담임교사 역할이 어려울까? 둘 다 쉽지 않지만, 내 생각에는 담임 역할이 더 어렵다고 생각한다. 할 일도 많지만, 사람과 사람의 '관계'처럼 어려운 일도 없기 때문이다. 담임교사로 지치고 힘들다 느낄 때, 그동안 해 오던 일과는 다른, 어찌 보면 정신적 스트레스를 덜 받을 수 있는 행정업무만 하는 것이 도움이 되지 않을까? 혼자 생각해 본다.

학년 말에 전 교원이 모여 다음 학년도 지원팀과 학년을 정한다. 한 번에 조정이 안 되어 두 번 모이기도 하고, 확정했다가 다시 바꾼 적도 있다. 쉽지 않지만 양보하고 배려하며, 합의를 해 나간다.


## 업무 줄이기

'교육지원팀' 운영 외에 업무를 줄일 수 있는 방법을 찾아 실천하고 있다.

12월에 교육과정 평가와 다음 학년도 업무나눔을 마무리한다. 1월 초까지 학년도를 끝내면 겨울방학은 온전히 쉼과 충전의 시간으로 보낸다. 2월에 인사발령이 나면 교직원 워크숍을 통해 학교교육과정을 공유하고, 학년(급)별로 새 학년 교육과정 운영 계획 세우기를 끝마친다. 3월에는 새로 만난 아이들과 한 해 살이를 함께 이야기하거나 긍정적 관계 형성을 위한 활동을 하며, 정상적인 교육과정을 운영한다. 비법정위원회는 교무위원회를 중심으로 통·폐합하여 운영하고, '교육지원팀'을 중심으로 위원회를 구성한다.

교육활동과 관련이 적은 단순 공문은 교감이 종결 처리하고 필요시 공람, 쪽지창(메신저), 단체 카톡으로 알린다. 학부모에게 알릴 내용은 '학부모 밴드'에 게시한다. 교육과정 운영 계획에 들어 있는 계획은 별도 기안을 생략하고 추진한다. 학교 밖에서 찾아오는 손님 안내와 설명, 접대 등은 학교장이 맡아 한다. 입학식, 졸업식 등 모든 학교 행사는 사전 연습 없이 한다. 형식적인 식장 꾸미기, 학교장이나 학교 밖 손님을 위한 별도 좌석 준비 등도 하지 않는다. 또한 대부분의 행사는 교육과정 운영 속에서 이루어진다.

각종 교내 대회와 시상을 하지 않는다. 학교 밖 대회도 참여하지 않고, 대외 상도 정중히 거절한다. 단, 학생이나 교사가 대회 참가를 희망할 경우는 존중한다. 수업나눔은 평상시 이루어지는 일상의 수업을 공개하고, 교수·학습과정안은 수업 흐름과 수업 의도, 요청 사항 등으로 간단하게 작성한다. 도서·생태·놀이지원단, 아빠모임, 학부모 동아리, 마을교사 등 학부모들에게 학교교육 참여 기회를 제공하여 교원과 학부모가 학교 일을 함께 한다. 학교의 행사나 중요한 일은 전체 교직원회의에서 협의하여 결정한다. 따라서 대면 결재를 통해 교감·교장이 검토하고, 기안하고, 세부 담당자 정해서 일을 처리하는 절차가 거의 없다.

서로 존중하고 배려하는 관계를 만들기 위해 노력한다. 교사들이 학교가 힘들거나 수업과 생활교육에 집중할 수 없다고 느끼는 것은 업무의 양 때문이 아니다. 교장과 교감, 동료 교사, 학부모, 학생과의 관계가 어렵기 때문이다. 송남초등학교 교육공동체 구성원 모두는 긍정적인 관계 형성을 위해 애쓰고 있다.

# 함께 만드는
## 학교교육과정

송남초등학교의 학교교육과정은 구성원 모두가 함께 만들고, 실제 실천하는 학교의 교육활동을 담고 있다. 학년(급)교육과정도 같은 학년 교사가 함께 만들고, 공동으로 교육과정을 운영한다.


## 교육과정 평가

교육과정 평가는 11월부터 매주 한 번씩 모두 대여섯 번을 한다.[4] '교사, 학생, 학부모, 학교'로 영역을 나누고, 각 영역별로 이야기를 나눈다.

그동안은 평가 참고자료를 보고 이야기를 나누었는데, 2019학년도에는 노트북으로 구글 문서함에 동시 접속하여, 직접 기록을 하며 이야기를 나누었다. 교직원들은 자신의 경험을 바탕으로 문제점을 이야기하고, 더 좋은 방안을 함께 찾아본다. 결정된 내용은 다음 해 교육과정에 반영한다.

---

4. 교육활동 평가는 평소에도 수시로 이루어진다. 생태한마당, 나눔주간, 다함께캠프 등 활동이 끝나면 평가를 하고, 기록으로 남겨 놓는다. 송남초등학교는 평가와 기록이 일상화되어 있다.

'교육과정 평가' 내용(일부)

| 영역 | 평가 내용 |
|---|---|
| 성장을 돕는 교사 | 1) 교직원회의<br>2) 교사학습공동체(교사 연수, 수업나눔, 교직원 동아리)<br>(뒤 생략) |
| 실천하는 학생 | 1) 스스로 학습(프로젝트 학습, 주제탐구 학습, 협력 학습)<br>2) 무학년제 활동(자율 동아리, 학생자치, 다함께캠프 등)<br>(뒤 생략) |
| 삶을 나누는 학교 | 1) 마을교육과정<br>2) 학교 공간 재구조화(쉼과 놀이, 등굣길, 학교 숲, 주차장, 실내 공간)<br>(뒤 생략) |
| 성장하는 학부모 | 1) 학부모 연수(다모임, 공동성장 연수)<br>2) 학부모 약속(스마트폰, 학교 방문, 자녀 근로계약 등)<br>(뒤 생략) |

## 학생·학부모 설문

평가회를 하면서 학생과 학부모 설문지 문항을 같이 살펴본다. 평가회에서 이야기된 것을 바탕으로 새로운 문항을 넣기도 하고, 기존의 문항을 고치거나 빼기도 한다.

## 예산 편성

교육과정 평가를 통해 새롭게 더하거나 고쳐야 할 내용이 정해지면, 이를 다음 해 예산에 반영한다. 전 교직원이 모여 다음 해 예산을 검토하고 편성하며, 행정실장님은 그 자리에서 정리를 한다. 다 같이 모여 예산을 편성하기 때문에 개인별 예산 요구서를 내지 않는다. 또한 따로 예산 조정을 하지 않고, 하더라도 최소한이면 된다. 교육활동과 예산이 연계되어 교육과정 운영도 원만하게 이루어진다.

예산은 교육과정 중심으로 편성하여, 세부 항목이 학년별로 되어 있다. 따라서 교사들은 해당 학년의 예산 편성 상황을 쉽게 알아볼 수 있어 예산을 효율적으로 쓸 수 있다. 또한 필요할 때 바로바로 예산을 쓸 수 있고, 꼭 필요한 곳에 쓰므로 낭비 요소도 줄일 수 있다. 예산이 부족한 학년은 남는 학년의 예산을 가져다 쓰기도 한다. 다만, 12학급에서 수시로 품의를 올리다 보니 행정실에서 업무 처리하기가 어려운 부분이 있다.


## 지원팀, 학년·담임 정하기


송남초등학교에서는 다음 학년도 지원팀과 학년·담임을 누가 맡을지, 교사 모두가 협의하여 결정한다. 전체 교사가 모이면, 한 사람이 칠판에 교육지원팀, 1학년, 2학년, 3학년, 4학년, 5학년, 6학년이라 쓰고 진행을 한다.

"먼저 내년에 희망하는 학년을 말씀해 주세요."

교사들은 돌아가며 희망 학년을 말하고, 진행자는 희망하는 교사의 이름을 학년 옆에 쓴다. 희망 학년을 말할 때는 자신이 왜 그 학년을 맡아야 하는지 그 까닭을 함께 말해야 한다. 그 까닭도 개인적인 차원이 아닌 학교 전체의 상황에 바탕을 둔 까닭만 인정한다.

일단 희망한 대로 다 쓰고 나면, 희망 교사가 너무 많거나 모자란

학년이 나온다. 그러면 '지원팀을 2년 하면 담임으로 돌아간다는 것과 각 학년에서 한 명은 내년에도 그 학년을 맡는다'는 합의를 바탕으로 조정을 한다.

조정을 하다 보면 어쩔 수 없이 밀려서, 또는 배려와 양보의 미덕을 발휘하느라 희망하지 않는 학년을 맡는 경우가 생긴다. 하지만 충분히 이야기를 나누면서 그렇게 될 수밖에 없는 상황을 이해하기 때문에 기꺼이 받아들인다.

한 번에 합의되지 않아 두 번, 세 번 이야기를 하는 경우도 있다. 여러 차례 회의를 하는 게 쉬운 일은 아니다. 그래도 누가 일방적으로 정해 주는 것보다 서로 합의해서 결정하는 것이 더 좋다고 생각하기 때문에 여러 차례 회의하는 것도 달게 받아들인다.


## 교육과정 워크숍

교육과정 워크숍은 매년 2월 인사 발령이 난 후, 전 교직원이 함께 모여서 한다.

2~3일 집중해서 하며, 새로운 학년도 학교·학년(급) 교육과정 운영 계획을 세운다. 아래는 필자가 2019년 교육과정 워크숍을 하고 쓴 글이다.

2019년 2월, 전 직원이 모여 3일간의 워크숍을 했다. 이번 워크숍에서는 혁신학교 2기를 맞이하며 학교의 비전과 목표 등을 새롭게 세우고, 학년별로 교육과정 운영 계획을 이야기했다.

**워크숍 첫째 날.**

먼저, 지난 한 해 어려웠던 점, 고마웠던 점, 올해 계획이나 다짐에 대해 이야기를 나누었다(붙임종이에 자신의 생각을 쓰고 돌아가며 이야기를 함).

"학교폭력 문제 때문에 어려웠어요."

"아이들과의 관계 때문에 힘들었어요."

"동학년 선생님이 멘토가 되어 알려 주고 지원해 준 게 고마웠어요."

"2019년에는 몸도 교육과정도 가벼워지고 싶어요."

이야기를 하면서 울컥해 울먹이는 분도 계셨다. 진지한 분위기 속에서 마음속 이야기를 나누며 한 식구 같다는 생각을 했다.

'학교 교육 비전'을 세우기 위해 먼저 각자 중요하다고 생각하는 가치를 붙임종이에 썼다. 교직원들은 자율, 참여, 협력, 행복 등 우리 학교에 필요하다고 생각하는 가치를 써서 칠판에 붙이며 비슷한 가치끼리 묶었다. 그러고 그 가치들을 대표하는 낱말을 정해 위에 썼다. 비슷한 종류로 묶인 가치들을 보면서 모둠별 협의를 통해 비전을 만들었다. 모둠별로 만든 비전을 칠판에 쓰고 전체 협의를 통해 '학교 교육 비전'과 '지표'를 정했다.

'학교 교육 비전'은 학교 교육을 통해 도달하고자 하는 과녁, 어떤 학교를 만들 것인가를 나타내는 지향점, 그 학교가 추구하는 방향과 가치를 나타낸 것이다. 때문에, '학교 비전'은 그 학교 구성원들이 함께 고민하고, 함께 만들어 나가야 한다. 학생, 학부모와 같이하지 못한 아쉬움이 있지만, 교직원 전체의 뜻과 마음을 모아 학교 비전을 정했다는 것은 큰 의미가 있다.

다음으로 학교 헌장을 만들었다. 비전을 정하는 방법과 같이 각자 헌장에 들어갔으면 하는 내용을 써서 이야기를 나누었다. 그런데 이야기만 나누고 정리를 하지 못했다. 다음 기회에 학생과 학부모의 의견도 반영한 학교 헌장을 만들면 좋겠다는 생각을 했다.

학교 진단하기 활동도 했다. '학교에서 버릴 것', '강화할 것', '중요하지 않지만 해야 할 것', '개선할 것', '꼭 필요한 것'으로 나누어 생각나는 것을 붙임종이에 적어 해당 칸에 붙였다. 예산, 마을자원 활용, 기초·기본학력, 과도한 학습지 제공 등 여러 가지 이야깃거리가 나왔다. 하지만 워크숍 자리에서 논의하기에는 너무 큰 주제라 깊이 있는 이야기는 나누지 못했다. '중요하지 않지만 해야 할 것'은 의견이 나오지 않았다. 중요하지 않은 것은 할 필요가 없기 때문이지 않을까 하는 생각을 했다.

**둘째 날.**
먼저 '송남 핵심역량'에 대한 이야기를 했다.

어제 비전 세우기 한 것처럼 각자 필요한 역량을 붙임종이에 써서 칠판에 붙였다. 비슷한 역량끼리 묶은 후 그 역량을 대표하는 중심 낱말(핵심역량)을 뽑았다.

이어서 모둠별로 정해진 핵심역량 2~3개씩 가지고, 그 역량을 구체적인 문장으로 만드는 활동을 했다. 만들어진 문장을 바탕으로 학교 교육 목표를 정했다.

다음으로 2018학년도 각 학년 학년 교육과정을 살펴보았다. 계속 이어받을 것, 고쳐야 할 것 등을 살펴보면서 2019학년도 학년 교육과정에 담길 내용, 방향 등을 이야기했다.

"우리 아이들이 자율성은 좋은데 책임감이 아쉬워요. 책임감을 키울 수 있는 방향으로 계획을 세우면 좋겠어요."

"프로젝트 계획을 마인드맵으로 그리고, 그걸 스캔해서 교육과정에 담으면 어떨까요?"

이어서 교육과정 재구성, 교사 교육과정의 의미와 필요성, 미래 사회를 살아가야 할 학생들에게 필요한 역량 등에 대해 정○○ 선생님이 발제를 하고, 관련한 이야기를 나누었다. 재구성을 넘어 교사가 만드

핵심역량을 바탕으로 교육 목표 정하기

는 교육과정, 학생과 학부모의 요구와 실태를 반영한 교육과정 등 깊이 있는 이야기가 오고 갔다.

다음으로 임○○ 선생님을 중심으로 교육과정 재구성 방법에 대한 실습을 했다. 송남 핵심역량과 2015 개정 교육과정의 성취기준, 프로젝트 주제를 어떻게 연결 지을지 이야기하고, 활동으로 구체화하는 것을 학년별로 실제 해 보았다.

**셋째 날.**

아침부터 같은 학년(군) 선생님들이 머리를 맞대고 2019학년도 학년 교육과정 운영 계획을 상의했다. 오후에는 팀을 나누어 윷놀이를 하고 저녁 식사를 함께했다.

3일간 알차고 의미 있는 교육과정 워크숍이 이루어졌다. 모든 교직원이 함께, 어느 한순간 허투루 시간을 쓰지 않고 몰입해서, 이게 바로 송남의 힘이다. 2019학년도가 기대된다.


## 교육과정 설명회

송남초등학교 '학교교육과정 설명회'는 새 학기가 시작되기 전, 2월에 한다. 2월은 방학 중이라 행사를 준비하는 데 여유가 있다. 학부모는 새 학기 시작 전 학교교육과정을 공유하여, 가정에서 미리 새 학기 준비를 할 수 있다.

교육과정 설명회는 먼저 초청 강사의 특강으로 시작한다. 특강은 그해 학교교육과정 운영과 관련되는 내용으로 진행한다.

2018년 2월에는 놀이미디어교육센터 '권장희' 소장을 모시고 '스마트폰 사용'에 대한 강의를 들었다. 이어서 3월에는 학생 교육과 함께 학부모 다모임을 통해 스마트폰의 문제점에 대해 이야기를 나누었다. 그리고 학부모와 학생이 스마트폰을 사 주지도, 쓰지도 않겠다는 서약서를 썼다. 이후에도 스마트폰에 대해 지속적으로 이야기함으로써 학교와 가정에서 스마트폰 사용을 줄이는 성과를 거뒀다.

2019년에는 수학교육연구소 '최수일' 소장을 모시고 '수학 공부법'에 대한 강의를 들었다. 학부모, 교사 모두 단순한 문제풀이가 아닌, 원리를 깨우치는 수학 공부법에 대해 배우고, 이를 실천하고 있다.

초청 강연이 끝나고 교직원 소개 시간을 갖는다. 2018년에는 새로 온 교사들이 많아 각자 소개를 하며 인사를 했다. 학년별로 나와 인사말을 하면, 학부모들은 손뼉과 웃음으로 환영을 해 주었다. 2019년에는 교장 선생님이 교직원을 소개했다. 교직원 한 사람 한 사람의 특징과 성향을 정확하게 파악해서 소개하는 것을 보고 놀랐던 기억이 있다. 그 사람을 자세히 관찰하고 기억하지 않으면 할 수 없는 소개였기 때문이다.

이어서 학교교육과정에 대한 안내를 한다. PPT를 보여 주면서 학교 비전과 교육 목표, 학사일정, 주요 교육활동 계획을 안내한다. 책자로 만든 『학교생활 안내(학교와 학부모가 같이 지켜야 할 약속)』도 PPT로 만들어 설명한다. 이를 통해 학부모와 학교교육과정, 학교 약속 등을 공유한다.

학교에서 준비한 설명회가 끝나면 학부모 모임을 한다. 새롭게 구성된 학부모회, 학부모 지원단에 대한 안내와 협의를 한다.

11월 평가회부터 다음 해 2월 교육과정 설명회까지, 모든 과정에 교직원, 학생, 학부모가 함께하고자 노력한다. 그러나 학생, 학부모의 참여가 부족한 게 사실이다. 어떻게 하면 교직원, 학생, 학부모가 함께 모여 교육과정을 논의하고, 실천할 수 있을까? 그 방안을 찾기 위해 지금도 고민하고 있다.

# 4장

## 함께 배우고 성장하는 공동체

# 교사학습공동체 &
# 교사·학부모 공동성장 연수

송남초등학교 교사들은 '교사학습공동체'를 통해 함께 연구하고, 실천하며, 문제를 해결한다. 학부모들과도 정기적인 공동 연수를 진행하고 있으며, 학교 밖 학습공동체 활동도 열심히 한다. 교사, 학생, 학부모 모두가 함께 배우며 성장하고 있다.

## 교사학습공동체

'교사학습공동체' 활동은 격주마다 15시 20분부터 16시 40분까지 실시한다. 학기 초에 전체 교원이 모여 어떤 내용으로 '교사학습공동체'를 운영할지 이야기하고, 연간 계획을 세운다. 대부분 계획대로 진행하나, 도중에 계획에 없던 것을 하기도 한다.

2018학년도에는 어떤 한 가지 주제를 일관성 있게 하지 않았다. 그 까닭은 2018학년도 교원 17명 가운데 8명이 바뀌고 1명이 복직하는 상황과 관련이 있다.

"우리 학교에서는 구글을 많이 써요. 구글 사용법을 알아보는 게 좋겠어요."

"3월 말쯤에 새로 오신 선생님들의 '한 달 지낸 이야기'를 나누었으면 좋겠어요. 한 달을 지내다 보면 문제점이나 개선할 것을 발견하실 것 같아요."

"여기 학생들은 체험활동을 많이 한다는데 학생 생활교육은 어떻게 하는지 궁금해요."

"송남초등학교는 통지표 양식이 학년마다 다르다는 이야기를 들었어요. 교사가 쓰는 양도 많다면서요. 궁금하기도 하고 걱정도 돼요."

모두 함께 계획을 세우다 보니 실제 필요한 내용들로 채워졌다. 그 결과 새로 온 교사들은 학부모 관계, 학생 중심 교육활동, 배려하고 협력하는 교사문화 등 송남초등학교의 문화를 빠르게 이해하고, 적응할 수 있었다. 또한 함께 이야기하고, 결정하며, 실천하는, 민주적인 협의 문화를 익힐 수 있었다.

2019학년도에는 PDC(학급긍정훈육)에 대해 공부하면서 아이들 생활교육도 함께 이야기했다. PDC 관련 책을 읽고, 기술을 실습했다. 또 어긋난 행동을 하는 학생들에 대해 함께 이야기를 나누거나 '교사 문제해결 14단계'를 써서 실습을 하기도 했다. 전체 학생 수가 많지 않고, 어긋난 행동을 하는 학생들은 학년에 관계없이 전 교사가 그 학생을 알기 때문에 깊이 있는 이야기를 나눌 수 있었다. 이를 통해 어긋난 행동을 하는 학생들이 왜 그런 행동을 하는지 이해하고, 지도하는 방법을 익힐 수 있었다. 또한 모든 교사가 함께 공동으로 생활교육을 하는 문화가 만들어졌다.

어긋난 행동을 하는 학생에 대해, '교사학습공동체'에서 이야기를 나누는 것에 그치지 않고, 전문 상담으로 이어지는 등 뒤를 이어 지원이 이루어지기도 한다.

## 2019학년도 교사학습공동체 활동 날적이(일부)

**2019. 5. 7(화) 15:20~16:40**

오늘은『학급긍정훈육』책 '2장 교사는 무엇을 어떻게 가르쳐야 하는가?' 부분을 ○○샘이 정리하여 발표하고, 준비해 온 이야깃거리를 바탕으로 이야기를 나누었다.

(중간 생략)

전학을 와 어려워하는 아이, 다른 아이들과 잘 어울리지 못하는 아이에 대한 이야기도 나누었다.

(뒤 생략)

**2019. 9. 30(화) 15:20~16:40**

먼저『학급긍정훈육』책 '7장 학교폭력 문제해결 기술' 부분을 ○○샘이 정리하여 발표했다. 아이들의 폭력에 대해 그 행동은 단호히 지도하되, 그런 행동을 하는 이유와 마음, 아이의 의도를 알고 대처할 필요가 있다는 이야기를 나누었다. 책과 관련한 이야기를 짧게 하고, 아이들 생활에 대한 이야기를 나누었다.

(뒤 생략)

학교 차원이 아니라 같은 관심사를 가진 교사들끼리 모여 '교사 동아리' 활동을 하기도 한다. 2018학년도에는 '등산+산책 동아리', '문화예술 동아리', '영화 동아리', '스포츠 동아리' 등을 만들어 자율적으로 활동하기로 했으나 제대로 운영되지 못했다. 학교가 바쁘기도 했지만, 그보다 누군가의 제안에 의해 상향식으로, 자발성이 부족한 채로 진행됐기 때문이다.

2019학년도에는 희망하는 교사들을 중심으로 교육청 예산을 지원받아 '교사 독서연구회'를 운영했다. 어린이 책(시, 동시, 그림책, 동화책)을 사서 읽고 생각이나 느낌을 온라인 밴드에 올리기, 학년별 '온책읽기' 수업 책 고르기, '온작품읽기'를 주제로 강사 초청 연수 등을 했다.

희망하는 사람 중심으로 '책 읽고 이야기 나누기'도 했다. 수업이 끝난 오후에 모여 어린이 책 한 권을 함께 읽고(한 사람이 읽어 주고 다른 사람들은 보고, 듣는 방식) 작가 이야기, 그림 이야기(그림책), 아이들 이야기 등 자유롭게 이야기를 나누었다.


## 교사·학부모 공동성장 연수

교사들은 끊임없이 배우고 연구하며 전문성 신장을 위해 애써야 한다. 학부모도 자녀의 올바른 성장을 위해 배우고 실천하는 자세가 필요하다. 따라서 송남초등학교에서는 교사와 학부모가 함께 배우고 성장하는 '교사·학부모 공동성장 연수'를 실시하고 있다.

'교사·학부모 공동성장 연수'는 매년 다섯 번 열린다. 대부분 외부 강사를 초청하여 진행하며, 2월 연수는 '교육과정 설명회' 날 실시한다. 세 번은 학교에서, 두 번은 학부모회에서 연수를 준비한다. 내용은 정해진 게 없고, 해당 시기에 함께 연수했으면 하는 내용을 정해서 강사를 모신다.

"지난번 회복적 생활교육 연수가 아이들 사이의 문제를 해결하는데 도움이 되었어요. 그 연장선으로 이번에는 감정 코칭에 대해 연수를 했으면 좋겠어요."

"혁신학교 1기를 마무리하고 2기를 시작했잖아요. 교장 샘도 1기를 마무리하면서 다른 학교로 옮기시고. 그래서 이번에는 토크 콘서트 형식으로 학교 공동체 구성원 모두 모여 되돌아보기와 전망을 이야기하는 시간을 가지면 어떨까요?"

"매번 강의만 듣지 말고, 음악회라든가 힐링할 수 있는 것도 했으면 좋겠어요."

교사·학부모 공동성장 연수는 말 그대로 교사와 학부모의 성장에 도움이 되고, 학부모의 학교 참여를 높이는 기회가 된다. 더불어 학교 철학을 공유하고, 긍정적인 신뢰 관계를 만드는 데도 도움이 된다.

**'교사·학부모 공동성장 연수–학교 함께 세우기 워크숍' 날적이(일부)**

**2019. 12. 14(토) 09:30~16:00**

(앞 생략)

역시 돌아가며 말을 하고 '우리가 꿈꾸는 학교는?'이라는 물음에 열쇠말로 답하는 활동을 했다. 스마트폰으로 모두 같은 사이트에 들어가, 각자 낱말을 입력하면 전체 화면으로 모두의 의견을 보는 방식이다. '다양성, 존중, 기다림, 도전' 등의 낱말이 많이 나왔다.

같은 방법으로 '학부모로서 중요하다고 생각하는 가치, 역량'에 대해 열쇠말로 답하는 활동을 했다. '기다림, 존중, 사랑, 이해, 참여' 등의 낱말이 많이 나왔다.

다음으로 '송남초등학교 학부모로서 지키고 실천해야 할 약속'을 정하는 활동을 했다. '전교자치회' 회의 방식으로 구글 프로그램을 써서 '개인별·모둠별 의견 말하기 → 전체 의견 모으기 → 공감 투표하기 → 순위 정하기'를 했다. 모아진 의견을 보니 모두 건강하고, 의미 있는, 꼭 필요한 약속을 말씀하셨다. 시간이 없어 의견을 정리하고 확정하는 것은 나중에 따로 하기로 했다.

(뒤 생략)

# 공개수업? 아니죠~
# 수업나눔!

2016학년도, 내가 처음 송남초등학교에 왔을 때 맡은 업무는 '수업나눔'이었다. '업무가 없다고 해 놓고 업무를 주는 건 또 뭐래?'라고 생각하며 업무를 받아들였으나, 그것은 업무라기보다 교사로서 당연히 해야 할 것을 함께 고민하며 만들어 가고, 다시 도전하게 만드는 아주 고귀한 보석 같은 것이었다.

사실 학기 초에 수업 희망일을 받아 정리해 놓으면, 그다음부터는 각 학급별로 알아서 '수업나눔'을 하기 때문에 업무라고 할 것도 없다. 그동안 이루어진 '수업나눔'을 지켜보며 '수업나눔'이 아이들과 교사들의 배움으로 이어지는 현장을 확인할 수 있었다.

송남초등학교에 오기 전, 내가 근무했던 다른 학교에서는 '동료장학'(장학과 '수업나눔'은 다르다)이라는 이름으로 수업 공개가 이루어지고, 학교를 대표하여 공개수업을 할 사람을 정하는 날이면 가장 만만한, 나이 어린 교사가 그 책임을 떠맡는 게 당연지사였다. 또한 연구부장이라는 직함을 가진 교사가 수업 계획을 작성하고, 어느 학년은 언제, 학부모 공개수업은 언제, 대표 컨설팅 수업은 누가 할 것인지를 일괄적으로 조직하여 수동적으로 돌아가는 구조였다.

그런데 송남초등학교에서는 정말 자신의 수업을 돌아보며 배움을 얻고자 하는 사람, 다른 선생님들과 나누고자 하는 사람이 스스로 교실을 열어 수업을 나누는 문화가 만들어져 있다.

수업을 여는 교사는 '수업나눔' 일정에 따라 수업 진도를 조정하지 않고, 자연스러운 교육과정의 흐름 속에서 수업을 공개한다. 또한 형식에 구애받지 않고, 실제로 아이들과 함께할 수업을 수업안에 담는다. 수업안은 성취기준, 간략하게 작성된 수업 흐름, 수업 의도, 학생 배치도, 수업에 대한 평상시의 고민이나 어려움, 함께 이야기 나누고 싶은 주제 등을 담아 간단하게 작성한다.

수업 계획을 기안하고 다른 교사에게 알리면, 시간이 되는 교사들이 참관을 한다. 참관을 하는 교사들은 아이들을 중심으로, 수업 교사가 고민하는 부분을 중심으로 관찰을 한다.

수업 후 협의회는 교사보다 아이들을 중심으로 이야기를 나눈다. 그러고 나서 수업자의 고민에 대해 이야기하며, 함께 해결 방안을 찾아본다. 서로의 경험을 나누며 수업자뿐만 아니라 모든 교사들이 함께 성장한다.

이러한 '수업나눔' 문화는 어떻게 송남초등학교에 자리 잡게 되었을까? 아래는 전에 송남초등학교에 근무하셨던 원종희 선생님이 2015년경 쓰셨던 글의 일부이다. 선생님의 허락을 얻어 다시 실었다.


송남초등학교는 2012년 새로운 학교문화를 만들기 위해 '수업'을 학교 운영의 중심에 두기로 했다. 이를 위해 교사들은 동료들과의 협력적 교육활동을 확대하고, 자발적으로 자신의 수업을 열어 수업 개선을 실천해 왔다.

일부 교사들은 공식적인 수업 공개 계획과 무관하게 일상적으로 교실을 열고 배움을 나누었다. 다른 교사의 수업을 통해 배우고자 하는 교사는 형식이나 절차에 매이지 않고 원하는 교실의 수업을 관찰할 수 있었다.

최근 2년(2013~2014년) 동안 송남초등학교의 '수업연구회' 운영은 배움의 공동체 '수업 사례 연구' 중심의 연수 시스템을 따랐다. 운영 방식에서 차이는 있지만 학생 한 명 한 명의 배움을 중심에 두고 진행했다. '수업연구회'를 반복하며 수업자와 참관자 모두가 함께 배우고 성장하는 교사 간의 동료성을 구축해 갔다. 2013년 수업 성찰을 위한 수업연구회는 26회, 2014년에는 22회가 진행되었으며 대부분의 교사가 2회 이상 수업을 공개하고 협의회를 진행했다.

2014년에는 '수업연구회' 운영에 약간의 변화를 주었다. 2013년 거의 매주 계속되었던 수업 공개와 협의회는 많은 교사들에게 피로감을 불러일으켰다. 전체가 참여하는 '수업연구회' 횟수가 일반 학교에서 상상하기 어려울 만큼 많았다. 뿐만 아니라 2시간 가까이 진행되는 협의회 강도는 교사들을 지치게 했다. '수업연구회' 중심으로 학교를 운영한다고 했지만 송남초등학교만의 특색을 살린 여러 교육활동에 쏟아야 하는 시간과 노력의 무게 또한 만만치 않았기 때문이다.

이는 '수업연구회'를 통한 교사의 배움과 성장이라는 목표에 다가가는 데 자주 걸림돌이 되었다. 그 결과 2014년에는 학년군 단위로 '수업연구회'를 진행했다. 일상적으로는 저학년 그룹과 고학년 그룹으로 나누어 진행하고, 전체 교사가 참여하는 연구회는 두 달에 한 번씩 진행했다. 학년군 단위 협의회를 진행하면서 교과 내용뿐만 아니라 아이들 각각이 지니고 있는 특성과 배움의 과정에 대해 더 깊은 대화를 나눌 수 있었다.

수업 관찰에서 참관자는 아이들이 어디서 배우고 멈추는지, 듣는 관계는 잘 형성되었는지, 협력적으로 배우고 있는지 등을 관찰했다. 이를 위해 참관자는 최대한 아이들 가까이에서 아이들의 행동과 말, 표정을 관찰하도록 했다. 또 참관자가 수업에 빠져들지 않고 수업에 관여하지 않도록 했다. 참관자가 수업 내용에 빠져들면 아이들이 배우는 과정을 보지 못하기 때문이다. 또한 아이들 활동에 관여하기보다 아이들이 막힐 때 어디서 막히는지, 어떻게 해결의 실마리를 찾아가는지 관찰하기 위함이다.

교사에 대해서는 수업 설계에서 도약이 있는 배움을 조직하였는지, 교사가 아이들 발언 하나하나에 어떻게 대응하는지, 아이들의 발언을 교재 내용이나 다른 아이의 생각과 어떻게 연결 짓고 있는지, 아이들이 어려운 과제에 부딪혔을 때 어떻게 되돌리기를 하여 해결의 실마리를 찾아가게 하는지 관찰했다.

수업협의회는 수업자와 참관자가 그 수업에서 어려웠던 부분, 재미있었던 부분, 자신이 배운 것들을 공유하고 나누는 자리가 되었다. 학생의 배움을 중심에 두고 진행하되 학생들의 배움을 이끌어 내기 위해 교사가 어떻게 수업을 기획했는지 수업 속에서 어떤 역할을 하고 있는지 함께 이야기했다. 아울러 모든 교사가 수업 촬영, 협의회 진행, 협의 내용 기록 등의 역할을 해 봄으로써 수업 성찰 과정을 배우는 기회가 되도록 했다. 협의회 기록은 수업자와 참관자가 공유하며 이후의 자기 수업 성찰에 활용했다.

송남초등학교의 '수업나눔' 방식은 계속 변해 왔고, 지금도 매년 평가를 통해 조금씩 바뀌고 있다. 하지만 수업을 여는 교사의 부담을 최소화하고, 자발성과 협력을 중요시하며, 교사와 학생 모두가 함께 배우고 성장할 수 있는 방향으로 이루어진다는 점은 변하지 않았다.

# 5장

## 민주시민으로 자라는
## 학생자치

# 자율과 책임의
# 전교자치 활동


## 전교자치회의


송남초등학교는 매달 첫째 주 금요일 1, 2교시에 '전교자치회의'를
한다.

2018학년도 송남초등학교에 처음 왔을 때 놀랐던 것 중 하나는 '전
교자치회의'를 하는 모습이다. 아이들이 한쪽은 흰색, 다른 한쪽은 노
란색인 카드를 가지고, 안건에 찬성하면 노란색 면을, 반대하면 흰색
면을 들어 의사를 표현했다. 친구나 선후배들이 내는 의견에 대해 찬
반 투표를 하는 모습, 전교생이 한자리에 모여 의견을 나누는 모습이
새롭기도 하고, 놀랍기도 했다.

노란색과 흰색의 카드를 보면 쉽고 빠르게, 안건에 대한 전교생의
생각을 알아볼 수 있다. 노란색과 흰색 카드의 비율이 너무 비슷할 때
는 각 모둠의 리더들이 찬반 인원을 파악해 합산하기도 하지만, 대부
분 한눈에 의견을 파악할 수 있다. 카드를 만들고 활용하는 것이 번거
롭기는 해도 어려운 일은 아닐 것이다. 한번 만들어 놓으면 계속 사용
할 수도 있겠다. 작은 카드를 의사 표시 수단으로 이용하는 아이디어
가 좋다는 생각이 들었다.

의견을 이야기할 때는 손을 들고, 몇 학년 몇 반 누구인지 소속과 이름을 밝힌 후, 자신의 의견을 말한다. 새로운 의견을 말하기도 하고, 다른 사람의 의견에 찬성과 반대 의견을 말하기도 한다. 1학년이든, 6학년이든 손을 들고 발언권을 얻은 사람이라면 누구든 발표를 할 수 있고, 다른 사람들은 경청한다. 1학년 친구들도 용기를 낼 수 있는, 신뢰와 지지의 분위기가 형성되어 있다.

물론, 항상 회의 분위기가 조용하고, 모든 아이들이 집중해서 경청하는 것은 아니다. 모두 바닥에 앉아 있고, 한 모둠에 1학년부터 6학년까지 전체 학년이 섞여 있으며, 무엇보다 200명이 넘는 아이들이 함께 모여 있으니, 소란스러울 때도 많다. 하지만 카드로 의견을 정할 때는 모든 아이들이 참여한다. 다른 사람 말을 듣지 않는 것 같은데도 의사 표시를 하고, 무슨 이야기를 하고 있는지 물어보면 정확하게 답을 한다. 집중하지 않는 것처럼 보이지만 모두 듣고 있는 것을 보면 웃

전교자치회의-카드를 들어 자신의 의사를 표시

음이 나기도 한다.

아이들은 '전교자치회의'를 통해 내 생각을 다른 사람과 공유하고, 다른 사람의 생각에 공감하거나 비평하며, 내가 낸 아이디어와 의견이 현실로 이루어지는 경험을 한다. 물론, 내 의견이 반대에 부딪히는 경험도 한다. 여러 사람의 생각을 모아 문제를 해결하는 방법, 민주적인 의사결정 과정도 배운다. 모두가 모여 자유롭게 의견을 나누는 자리, 아이들에게 소중하고 값진 경험이다.

다른 학교에 발령받은 친구들에게 송남초등학교 '전교자치회의' 이야기를 하면 먼저 전교생이 강당에 들어갈 수 있다는 사실에 놀란다. 물론 전교생이 다 같이 모일 수 있어야 가능한 일이긴 하지만, 중요한 것은 전교생이 모일 수 있느냐, 없느냐가 아니다. 아이들이 자신의 의견을 자유롭게 말하고, 토론하고, 결정하고, 실천하고, 학교에서는 학생들의 의견을 존중해서 받아들일 것은 받아들이고, 받아들이기 어려운 것은 사정을 이야기해 양해를 구하는 학교문화가 중요하다.

'전교자치회의' 방식은 계속해서 변해 왔다. 2016학년도에는 3학년부터 6학년까지 학급별로 '자치일꾼'을 뽑아 운영했다. 2017학년도에는 학급별 '자치일꾼'을 뽑지 않고 3학년부터 자원을 받아 전체 '전교자치일꾼'을 조직하여 운영했다. 2016학년도 '전교자치회의'는 3월과 4월에 모둠별로 액션플랜 계획을 짜고 실행하는 방식으로 진행되었고, 2017학년도와 2018학년도에는 주제토론을 많이 했다.

주제토론은 행복한 학교를 만드는 방법, 함께 지킬 약속, 나눔주간 모금액을 어떻게 사용할지 등의 주제를 가지고 모둠별 토의 → 토의 결과를 구글 시트에 기록 → 공감도 투표 → 공감도가 높은 안건들에 대해 전교생이 모인 전체 회의에서 함께 의견을 나누는 방식으로 진행했다. 학교에 건의하는 사항은 그 자리에서 교장, 교감, 행정실장이 학교 측 입장에서 답변을 하거나, '전교자치회장단'이 교장, 행정실장을 찾아가 답변을 듣고, 전체 회의에서 공유하기도 했다. 2019학년도에는 주로 '띠제도'에 대해 의견을 나누는 방식으로 진행되었다.

2019학년도 교육과정 평가회에서 '전교자치회의'를 다양한 방식으로 운영하는 것도 좋지만, 이제는 정해진 틀이 있으면 더 좋을 것 같다는 선생님들의 의견이 있었다. 아이들이 어떤 활동을 하는지에 대해 미리 알고 있으면 더 좋겠다는 의견도 많았다. 그래서 2020학년도 '전교자치회의'는 2020학년도 '전교자치일꾼'들과 함께 미리 1년 계획을 짜 볼 생각이다.


## 무학년제 모둠

송남초등학교에는 1, 2, 3, 4, 5, 6학년이 고루 섞인 모둠이 26개 정도 있다. 각 모둠은 1년 동안 한 가족처럼 함께 움직인다. '전교자치회의' 전에 모둠 토의를 하기도 하고, '다함께캠프' 때 같이 준비해서 밥을 해 먹으며, '놀이한마당' 때는 한 팀으로 놀이에 참여한다.

새 학년이 되면 새롭게 모둠을 만든다. 동시 작업이 가능한 구글 시트에 6학년에서 먼저 한 모둠당 1~2명을 배치한다. 다음으로 5학년, 4학년, 3학년, 2학년, 1학년, 차례대로 아이들을 배치하여 모둠을 만든다. 6학년은 리더 역할을 해야 하므로 5학년 때 담임선생님께 추천을 받기도 하고, 스스로 리더 역할을 해 보겠다는 아이의 자원을 받기도 하면서 모둠을 배정한다.

1차로 모둠 구성이 완료되면 전체 선생님들이 모여 남녀 비율이 적당한지, 리더 역할을 할 만한 아이가 골고루 들어갔는지, 특히 어려운 아이가 없는지 등을 판단해 조정을 하고, 아이들에게 공개한다. 매년 심사숙고해서 모둠을 구성하지만, 문제없이 잘 움직이는 모둠이 있는가 하면, 협력이 안 되는 모둠도 있다. 선생님들은 한 분이 두 모둠을 담당하면서, 아이들의 모둠 활동을 돕는다.

무학년제 모둠 활동을 하면서 아이들은 학년의 경계를 넘어 모든 학년이 함께한다는 느낌, 학교가 하나가 되어 움직인다는 느낌이 든다고 한다.

"선생님, 1학년들이 말을 안 들어요~."

"너도 1학년 때 그랬어."

고학년 아이들은 동생들을 챙기느라 고생도 하고, 힘들어하기도 한다. 그러면서 책임감을 키우고, 형과 누나들의 고마움도 느끼고, 서로서로 배우고 성장한다.


## 전교자치 회장단 선출


송남초등학교는 한 학기에 한 번씩 '전교자치 회장단'을 선출한다. 전교생 투표로 선출하며, 전임 회장단이 '선거관리위원회' 위원이 되어 선거를 진행한다. 입후보는 6학년 회장, 6학년 부회장, 5학년 부회장으로 팀을 이루어 등록을 한다. 팀은 여자와 남자가 섞인 혼성팀이어야 한다.

후보가 등록하면 '선거관리위원회'에서 공명한 선거를 위해 지켜

공약 제안판

야 할 약속을 안내한다. 선거운동은 학교에서만 가능하며, 중간놀이 시간과 점심시간에만 가능하다는 것, 벽보는 3매 이내로 지정된 장소에만 부착할 수 있다는 것, 선거운동원은 3명 이하로 해야 한다는 것 등.

선거운동은 일주일 동안 할 수 있다. 2019년 12월 선거(2020학년도 1학기 회장단 선출)에는 새롭게 '공약 제안판'을 만들어 입후보자들에게 공약을 제안할 수 있는 공간을 마련해 주었다. 아이들은 '공약 제안판'에 다양한 의견을 적어 주었고, 후보자들은 아이들의 제안을 참고하여 공약을 만들었다.

투표일 '선거관리위원회' 위원들은 기표대 관리, 선거인 명부 확인, 개표 등의 투표 관리를 한다.

전교생이 샛별관(체육관)에 들어와 앉으면, 후보자들이 공약 발표를 하고, 후보자 간 토론을 한다.

"기호 3번에게 질문하겠습니다. 기념일을 잘 챙기겠다고 했는데 기념일은 지금 '자치일꾼'들도 잘 챙기고 있지 않습니까? 구체적으로 어떤 기념일들을 챙길 것인가요?"

"기호 1번에게 질문하겠습니다. 비데를 설치한다고 하셨는데 구체적인 예산은 고민해 보신 건가요?"

후보자들은 날카로운 질문과 답변을 주고받는다. 치열한 후보자 간 토론이 끝나면 유권자들이 질문을 한다.

"공약을 지키지 못하면 어떻게 할 거예요?"

"기호 1번에게 질문하겠습니다. 비데를 설치한다고 하셨는데요. 비데는 꾸준한 관리가 필요한데, 직접 관리를 하실 예정입니까?"

1학년부터 6학년까지 많은 아이들이 질문을 한다. 당연히 학년에 따라 질문 수준이 다르다. 몇몇 아이들은 어른들도 생각하지 못한 깊이 있는 질문을 하기도 한다.

2018학년도에는 1학년부터 학년 순서대로 투표를 했다. 다른 학년이 투표를 하는 동안 선거와 관련된 영상을 보여 주었는데, 긴 시간 앉아 있느라 집중력도 약해지고, 소란스러워지면서 영상을 보지 않는 아이들이 많아지는 문제가 생겼다. 그래서 선생님과 '전교자치일꾼'들의 협의를 통해 모둠별로 모여서 한 학기 마무리 평가를 하다가 자기 모둠 차례가 되면 투표를 하는 방식으로 바꾸었다. 모둠별 평가를 할 때는 다과도 제공한다. 그 결과 조금 더 의미 있고, 차분한 선거가 가능해졌다.

전교자치 회장단에 당선되면, 회장단은 자기들과 함께 학교를 위해 기여할 전교자치일꾼을 뽑는다. 전교자치일꾼은 회장단과 팀을 이뤄 한 학기 동안 학교를 위해 함께 기여하고, 어떻게 하면 즐거운 학교를 만들 수 있을지 고민한다.

먼저, 회장단은 전교자치일꾼 모집 공고를 낸다. 그러고 나서 면접을 통해 '전교자치일꾼'을 뽑는다.

"왜 전교자치일꾼이 되고 싶은가요?"

"어떤 다짐으로 일할 것인가요?"

"전교자치일꾼이 갖추어야 하는 가치는 무엇이라고 생각하나요?"

전교자치일꾼이 뽑히면 정기적인 회의 날짜를 정한다. 2019학년도 1학기 전교자치일꾼들은 매주 수요일 점심시간에 모였고, 2학기 전교자치일꾼들은 격주 수요일 점심시간에 모여 회의를 하고, 활동을 했다.


## 2019학년도 전교자치 활동

2019학년도에는 교육청의 지원을 받아 '학생자치실'을 새로 만들었다. 또 활동 지원비도 받아, 좀 더 다양한 활동을 할 수 있었다. 전교자치일꾼들은 상상하고 있는 아이디어들을 실현하기 위해 함께 노력했다. 2019학년도 전교자치 활동은 다음과 같다.

> 4월 − 전교자치일꾼 모집
>  − 봄맞이 폴라로이드 사진 찍어 주기, 소원 나무, 장기자랑
> 5월 − 어버이날, 스승의 날 행사
> 6월 − 물총놀이 행사
> 7월 − 2학기 전교회장단 선거

8월 -1, 2학기 '전교자치일꾼' 워크숍

9월 -교장 선생님 송별 이벤트

10월 -교장실, 교무실 이름 바꾸기

-핼러윈 행사

11월 -나눔주간

-자유발언대

12월 -2020학년도 1학기 '전교회장단' 선거

-트리에 크리스마스 소원 걸기. 폴라로이드 사진 찍어 주기

송남초등학교에는 운동장 둘레에 벚나무가 있다. 봄 하면 벚꽃이 떠오르는지 아이들은 봄맞이 행사를 하고 싶다고 했다. 봄맞이 행사로 벚나무에서 폴라로이드 사진을 찍어 주고, 꽃 붙임종이와 잎사귀 붙임종이에 소원을 적어 소원 꽃밭을 만들면 좋겠다는 의견이 나왔다. 장기자랑까지 하면 더 좋을 것 같다고 해서 3개의 활동을 일주일 동안 진행하게 되었다.

그런데 문제가 생겼다. 봄맞이 행사를 준비하는 동안 벚꽃이 다 떨어져 버린 것이다. 그래서 1학기 전교자치일꾼들은 대책 회의를 열었다.

"꽃이 다 졌는데, 그러면 어떻게 하지. 봄맞이 행사인데 봄을 어떻게 표현할까?"

아이들은 고민을 하다가 새로운 답을 제시했다.

"그러면 흰색 우드록을 준비해 주세요."

"우드록에 꽃을 그려서 그사이에 얼굴을 넣는 거예요. 그리고 사진을 찍으면 나름 봄의 느낌이 들지 않을까요?"

장기자랑은 여러 가지 경우의 수를 대비해 회의를 했다.

"장기자랑에, 많은 참여를 위해 상품을 준비하면 어떨까?"

"그러면 노력하지 않고 상품만을 위해 참여하는 친구들이 생기기도 하잖아."

"그럼 등수를 매긴다고 해 볼까?"

"우리 학교는 성적순으로 상을 준 적이 없잖아. 그리고 그렇게 되면 상을 못 받는 친구들이 아쉬워할 것 같아."

"또 심사의 기준이 없고, 심사는 누가 해야 하지?"

"심사는 선생님들이 해 주는 것은 어때?"

"그러면 등수를 매기는 문제는 어떻게 해결하지?"

"상을 준다고 하고, '열심히 준비한 우리 모두가 1등입니다'라고 말하는 건 어때?"

"좋아. 대신 모두에게 동일한 상품을 준다는 것은 우리끼리 비밀로 하자."

아이들의 회의가 수월하게만 이루어진 것은 아니다. 그때는 문제가 생길 수 있는 부분들에 대해 언급하고, '어떻게 하는 것이 좋을까?'라는 질문을 조금씩 던져 준다. 그러면 아이들이 이야기를 나누고, 스스로 해결 방법을 찾아낸다.

아이들은 평소 학급회의나 전교자치회의 경험들이 쌓여서 그런지 문제를 해결해 가는 것에 큰 어려움을 느끼지 않는다. 어떠한 결정에서 생길 수 있는 또 다른 문제와 그에 따른 해결 방법까지 찾아낸다. 송남초등학교 아이들은 내가 생각한 것보다 어리지 않고 충분한 자치력을 지니고 있다.

전교자치일꾼들의 아이디어와 재치로 봄맞이 행사는 성공적으로 마칠 수 있었다. 장기자랑 또한 많은 신청이 들어와서 다채로운 장기를 볼 수 있었다.

어버이날에는 점심시간에 카네이션을 접고, 부모님께 편지를 쓸 수 있는 이벤트를 진행했다. 카네이션을 접고 편지를 쓰는 일은 시간과 노력이 많이 필요한 이벤트여서인지 많은 아이들이 참여하지는 않았다. 하지만 전교자치일꾼들에게 어떤 행사를 해야 의미 있으면서 참여도가 높은 행사가 되는지, 고민거리를 던져 준 행사가 되었다.

스승의 날에는 학교를 위해 노력해 주시는 모든 선생님을 위한 '롤링페이퍼 쓰기' 행사를 진행했다. 담임선생님뿐만 아니라 행정실, 버스기사님, 청소를 도와주시는 분, 급식실 등 학교를 위해 애써 주시는 분들을 위해 마음을 전달하는 행사를 했다. 점심시간 급식실 앞에서 붙임종이를 나누어 주며 롤링페이퍼를 완성했다.

아직 글씨를 모르는 1학년 동생들을 위해 말을 불러 주면 직접 써

롤링페이퍼

물총놀이

주기도 했고, 완성된 롤링페이퍼는 직접 선생님 한 분 한 분 찾아다니며 전달해 드렸다.

6월에는 '물총놀이'를 했다. 이 아이디어를 낸 친구는 4학년에서 말썽꾸러기로 소문이 난 친구였다. 그 아이의 제안에 자치일꾼들은 반신반의하며 실현 가능성을 고민했다. 하지만 생각하면 할수록 괜찮은 아이디어라는 생각에 6월 행사로 물총놀이를 하기로 결정했다.

'전교자치일꾼'들은 선생님들이 걱정하시는 부분, 자신들이 걱정되는 부분에 대한 규칙들을 적어 물총놀이 안내장을 만들었다. 그리고 이를 학년별 소통방에 안내할 수 있도록 제공했다.

'물총놀이'는 풀장 설치하기, 저녁에 물을 버리고 청소하기, 아침 일찍 물 담기, 수도세 등 몇 가지 어려움이 있었지만, 아이들에게 폭발적인 인기를 얻었다. 아이들이 즐겁게 놀이를 하고, 또 기대한다는 목소리가 들려왔다. 그 목소리를 들은 자치일꾼들은 보람과 큰 힘을 얻었다고 말했다.

8월에는 함께 전교자치 업무를 하는 동학년 선생님의 제안으로 1, 2학기 '전교자치일꾼' 워크숍을 했다. 학교에서 5년째 6학년을 맡아 오신 선생님이 보기에 1, 2학기 전교자치일꾼을 따로 뽑기 때문에 1년의 연결성보다는 분절적인 느낌이 들어 항상 아쉬웠다고 하셨다. 그다음에 1학기 때의 어려운 점들, 좋았던 점들을 나누면 2학기 전교자치일꾼들에게도 큰 도움이 될 거라는 생각이 들었다. 또한 9월에 다른 학교로 떠나시는 교장 선생님을 위해 이벤트를 준비하고 싶다는 아이들이 회의할 시간도 마련해야 했다. 워크숍을 1박 2일로 하고 싶다는 아이들도 있었으나 여러 가지 상황으로 아침부터 저녁까지만 진행했다.

1, 2학기 전교자치일꾼 워크숍에서 꼭 나누어야 할 안건은 두 가지였다. 첫째, 그동안 학습준비물 보관실 겸 창고로 이용하던 공간을 학생자치실로 새롭게 단장하는데 어떻게 꾸미고, 구성하는 것이 좋을지. 둘째, 교장 선생님을 위한 이벤트를 어떻게 준비할 것인지. 이렇게 두 가지 안건 외에는 전교자치일꾼들의 친목 도모를 위해 함께 하고 싶은 활동을 하기로 했다.

다른 학년, 다른 학기의 일꾼들이 모인 만큼 처음에는 의견 충돌이 많아 교사의 개입으로 갈등을 해결해 나가며 진행을 했다. 하지만 워크숍이 끝난 후 마음 나누기 활동을 하며, 서로 미안함을 표현하기도 하고, 즐거움을 표현하기도 하며 마무리를 했다. 또한 1학기 전교자치일꾼들이 2학기 전교자치일꾼들에게 자신들이 1학기 동안 어려웠던 점, 좋았던 점을 이야기하며, 2학기 일꾼들에게 응원을 전달하기도 했다.

그동안 전교자치일꾼들은 매번 '밴드실'의 악기를 치우고, 의자와 테이블을 배치하며, 회의를 진행해 왔다. 그런데 창고처럼 쓰이고 있는 '학습자료실'을 '학생자치실'로 바꾼다 하고, 어떻게 바꿀지 아이들의 의견을 듣자고 해서, '전교자치일꾼 워크숍'에서 함께 이야기를 나누었다.

먼저, 학생자치실은 어떤 가치를 담고 있는 공간이었으면 좋겠냐는 질문에 아이들은 '휴식, 편안, 안정, 여유, 아름다움, 소통' 등의 가치를 찾아냈다. 그러한 가치를 실현하기 위해 '카페 같은 공간, 동그랗게 앉을 수 있는 공간'이었으면 좋겠다는 의견들이 많이 나왔다.

아이들의 다양한 의견을 모아 보니 새롭고 재미난 아이디어들이 많았다. 그러나 실제 새로 만들어진 학생자치실은 아이들의 의견을 모두 반영하지 못했다. 레일등 설치는 전기 시설을 고쳐야 하는 큰 공사였고, 공간이 좁은 탓에 다양한 가구들을 배치해 주지 못했다. 앞으로는 아이들이 원하는 가구를 조금씩 배치할 수 있도록 재정적, 행정적으로 지원을 할 계획이다.

교장 선생님 송별 이벤트는 영상 찍기, 노래 부르기, 꽃 전달하며 포옹하기 등의 아이디어가 나왔다. 하지만 워크숍 할 때가 방학 중이라 큰 틀과 계획만 짜고 나머지는 2학기 시작과 동시에 진행했다.

이벤트를 준비하기 위해 크게 꽃, 영상, 케이크 팀으로 나누었다. 꽃을 담당한 아이들은 파란색 꽃의 꽃말 때문에 파란색 꽃은 절대 안 된다며 직접 꽃집에 가서 원하는 꽃을 사 왔다. 영상팀은 편집팀과 촬영팀으로 나누고, 직접 발로 뛰어다니며 중간놀이 시간, 점심시간에 촬영을 했다. 케이크 팀은 사진이 들어가는 케이크를 드리고 싶다며 대구에서 케이크를 주문했다. 평소 교장 선생님께서 아이들을 사랑해 주셨고, 그 사랑을 알기에 적극적인 참여로 송별 이벤트를 준비한 것이다.

아이들의 힘으로 만들어 낸 이벤트에 교장 선생님은 깊이 감동하셨고, 따뜻한 마음으로 이별할 수 있었다. 아이들은 시간이 촉박하고, 전교생이 다 함께 참여하며 1, 2학기 전교자치일꾼이 같이 하다 보니 이벤트를 준비하는 것이 굉장히 어려웠다고 말했다. 그렇지만 이벤트를 성공적으로 끝낸 아이들은 스스로 해냈다는 자신감과 뿌듯함을 느끼는 모습이었다.

"아이들이 편하게 오고 갈 수 있는 공간이었으면 하는데, '교장실'이라는 이름이 너무 딱딱해 보여요. 뭐 좋은 이름 없을까요?"

9월에 새로 오신 교장 선생님의 제안으로 시작된 교장실 이름 바꾸기. '교장실' 이름을 바꾸는 김에 '교무실' 이름도 함께 바꾸어 보자는 전교자치일꾼들의 제안에 두 곳의 이름을 함께 바꾸기로 했다.

'전교자치 모둠'별로 제안하는 이름과 그 이유를 적어 내게 했는데, 정말 다양한 의견이 나왔다. 전교자치일꾼들이 몇 개의 의견을 간추려 급식실 가는 칠판에 게시하고, 전교생 스티커 투표를 했다.

아이들은 자신이 좋아하는 이름에 스티커를 붙였다. 그런데 문제가 생겼다. 스티커를 자유롭게 붙이다 보니, 한 사람이 여러 개의 스티커

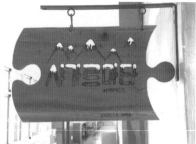

교장 선생님 송별 이벤트와 교장실 이름 바꾸기

를 붙였는지, 전교생을 훌쩍 넘는 스티커가 붙어 버린 것이다. 전교자치일꾼들은 이 투표 결과가 공정하지 못하다고 판단했다. 그다음에 문제를 어떻게 해결하면 좋을지에 대한 회의를 통해 11월 전교자치회의에서 모둠별로 물어보고 이를 합산하자는 의견이 나왔다.

11월 전교자치회의에서 교장실 이름 후보였던 해피실, 대화방, 샤가르마타(에베레스트)를 제안했던 친구들과 교무실 이름 후보였던 카인드, 쉼터, 리치(리얼티치)를 제안했던 친구들이 나와 제안한 이유를 설명했다. 이때 전교자치 모둠별로 투표를 해 이름을 정했다.[5]

10월 이벤트로 어떤 것을 하면 좋겠냐는 질문에 '핼러윈' 이벤트를 하자는 의견이 나왔다. 2학기에 새로 생긴 학생자치실을 꾸미고, 사진을 찍어 주면서 사탕을 나누어 주면 학생자치실이 생긴 줄 모르는 아이들에게 홍보도 되고, 즐겁고 달콤한 시간을 선물해 줄 수 있다는 의견이었다.

핼러윈 이벤트를 위해 마법사 옷, 호박 바구니, 마법사 모자, 머리띠 등을 아이들이 직접 인터넷 쇼핑몰에 담아 놓으면 학교 예산으로 구매했다. 아이들 스스로 학생자치실을 예쁘게 꾸미고, 사탕 바구니도 하나하나 포장하는 모습이 어찌나 예쁘고 기특한지. 좁은 학생자치실에서 사탕도 나누어 주고 사진도 찍어 주어서 많이 붐비기는 했지만, 아이들에게 폭발적 인기를 얻은 이벤트였다.

11월, 12월은 나눔주간과 2020학년도 1학기 전교회장단 선거가 있기 때문에 전교자치일꾼들도 바빠지는 시기다. 각 행사마다 전교자치

---

5. 교장실 이름은 샤가르마타(에베레스트)로 정했는데, 그 까닭은 이세중 교장 선생님께서 에베레스트산 정상까지 오르셨고, 네팔에서 교육 봉사를 오랫동안 하셨기 때문이란다. 나중에 5학년 아이들이 교장실 표찰을 만들어 걸었다.

일꾼들의 역할이 있기 때문이다.

'나눔주간'의 하이라이트라고 할 수 있는 '나눔장터'에서 전교자치일꾼들은 '공정거래위원회'의 역할을 담당하게 된다. 공정거래위원회가 없을 때는 나눔장터에서 산 물건을 더 비싼 가격으로 되팔거나, 인기 있는 물건을 미리 찜해 놓고 구매하는 등 다양한 문제가 발생했다고 한다. 공정거래위원회는 공정한 장터가 되도록 관리하고, 잔돈을 교환해 주는 은행 역할도 한다. 2019학년도 나눔장터에서는 '경매제도'까지 도입돼 전교자치일꾼들이 더 많은 일을 했다.

2020학년도 1학기 '전교자치 회장단' 선거를  위해 전교자치일꾼들은 기표소 준비, 빔프로젝터와 마이크 설치, 토론회 좌석 배치, 선거인 명부, 투표지, 선거 진행, 개표까지, 역할을 나누어 책임을 다했다.

12월 마지막 행사로 전교자치일꾼들은 크리스마스를 주제로 잡아 나무에 크리스마스 소원을 걸고, 산타 옷을 입고 폴라로이드 사진을 찍어 주는 행사를 진행했다(2018년도에는 산타클로스와 루돌프로 변장해 교실마다 선물을 전달해 주는 이벤트를 했다). 시즌 아이템으로 나오는 크리스마스트리를 늦게 구입하는 바람에 물건들이 모두 품절되어, 학교 화단의 나무를 활용해 크리스마스트리를 꾸몄다.

행사를 하는 날 날씨가 굉장히 추워서 아이들 모두 고생했지만, 마지막 행사까지 잘 마쳤다는 생각에 뿌듯해하는 모습이었다. 크리스마스가 지난 후였기 때문에 조금 작게 행사를 해도 괜찮지 않을까 제안했는데도, 아이들은 자신이 계획한 행사를 끝까지 책임지고 마무리하기 위해 노력했다. 아이들이 많이 성장했다는 생각이 들었다.

# 민주시민으로 자라는 아이들

2학기 전교자치회장은 처음에 전교자치회의 진행하는 것을 어려워했다. 많은 사람들 앞에서 이야기하는 것도 어려워하고, 어떤 말을 해야 할지 고민하며 회의 진행 순서를 선생님께 물어 가며 했다. 하지만 12월 전교자치회의 때는 준비한 말을 자신 있게 하고, 또 그런 자신을 자랑스러워했다. 회장이라는 부담과 무게를 이겨 낸 아이의 마음속에는 자신이 해냈다는 기쁨이 크게 자리 잡았다.

행사를 준비하는 게 쉽지 않지만, 마무리하고 나면 뿌듯하다는 아이들. 전교자치일꾼들은 학교와 친구, 후배, 선배들을 위한 활동을 기획하며 자신의 아이디어가 실현되고, 그로 인해 다른 사람들이 행복해하는 모습들을 보았다. 그 과정에서 성취감과 보람을 느끼고, 자신감을 얻는다.

전교자치회의를 통해 아이들은 자신의 의견이 함께 공유되고, 공감되는 경험을 한다. 때로는 내 의견이 받아들여지지 않을 때도 있지만, 내 의견을 전교생에게 제안하고 함께 나누었다는 사실만으로도 자신의 의견이 존중받는 느낌을 받는다.

다른 아이들의 의견을 들으면서, 내가 미처 생각하지 못했던 부분도 생각하게 된다. 내게는 아무 문제 없는 일도 누군가에게는 어려움이 될 수 있다는 생각. 다른 사람의 입장에서 바라보고 행동하는 일도 중요하다는 생각과 실천.

많은 아이들이 찬성을 해도, 학교의 사정에 따라 그 결정을 따르지 못하는 때도 있다. 그때는 학교에서 충분히 설명하고 양해를 구한다. 당장 해결하지 못하더라도 문제가 있으면 개선을 요구하고, 개선하기 위해 서로 노력하는 것을 보고 배운다.

　아이들의 자치 활동을 지원하고 격려하는 학교, 그 속에서 자율과 책임을 경험하며 송남의 아이들은 민주시민으로 성장하고 있다.

# 권리와 의무,
# 공동체 약속,
# 띠제도

'띠제도'는 2018학년도에 김○○ 선생님이 처음으로 제안하셨다. 당시 회의 시간에 띠제도를 제안했을 때, 많은 선생님들이 반대를 했다. 띠제도라는 것이 우리나라에는 사례가 없어 이해도 어렵고, 아이들을 줄 세워 단계를 나누는 것과 같은 느낌을 받는다는 것이 가장 큰 반대의 근거였다. 그 후 조금씩 언급되다 2019학년도 들어 본격적인 논의가 시작되었다. 김○○ 선생님이 기본적인 초안을 만들어 오셨고, 많은 회의 끝에 선생님들과 함께 진행해 보기로 한 것이다.

**띠제도 운영 계획(안)**

### 1. 목표
- 스스로 자유, 권리를 찾고 그에 따라 의무, 책임을 다하는 민주시민으로 성장한다.
- 삶을 살아가는 데 필요한 생활습관과 역량을 키운다.
- 공동체 속에서 신뢰와 존중을 바탕으로 함께 살아가는 경험을 쌓는다.
- 자신의 삶에 주인이 되어 자율적으로 활동하고 성장해 간다.
- 작은 실패들을 토대로 성공하고 성장하는 경험을 쌓는다.

## 2. 방침

- 자유와 권리를 억압하고 통제하는 '제도'가 아닌 공동체 약속으로서의 '제도'를 지향한다.
- 모든 학생의 참여로 스스로 자유, 권리를 찾고 그에 따르는 의무와 책임을 찾는다.
- 개인의 자유와 권리가 타인의 자유와 권리를 침해하지 않도록 한다.
- 안전에 문제가 있을 때에는 자유와 권리를 제한한다.
- 권력자와 눈에 보이지 않는 특정한 힘에 의해서 계급화되지 않도록 한다.
- 띠제도에 대한 의견을 누구나 표현할 수 있고 제안할 수 있다.
- 띠제도의 문제점은 학교 공동체가 함께 수정하고 만들어 간다.
- 개인의 감정으로 띠제도를 악용하지 않고 공동체의 신뢰를 바탕으로 만들어 간다.
- 비난하지 않고 근거를 바탕으로 비판하고 비판을 수용하는 태도를 기른다.
- 띠를 계급처럼 사용하거나 낮은 띠를 비난하거나 놀리거나 비교하지 않는다.
- 띠제도는 시민으로 성장하는 절대기준의 단계일 뿐 상대적인 비교 기준으로 사용하지 않는다.

## 3. 세부 운영 방법

가. 자유, 자율, 권리/의무, 책임 찾기(이후 권리와 의무로 통칭)
전교자치 활동으로 누리고 싶은 자유와 권리, 자율적(스스로)으로 하고 싶은 일들을 찾아본다. 이에 따르는 의무와 책임은 무엇이 있는지 연결 지어 찾는다.

나. 성장 역량별 활동 찾기
송남초 성장 역량을 어떻게 성장시킬 수 있는지 각각의 역량별로 학생의 입장에서 실천하고 연습 가능한 활동들을 찾는다.

다. 학교생활에 필요한 자격 기술 찾기

학교생활을 자율적(스스로)으로 할 수 있도록 사용 가능한 시설과 도구를 파악하고 각각의 시설과 도구들을 안전하게 사용할 수 있는 기술들이 무엇인지 찾는다. 향후 각각의 자격 기술은 띠제도와 연계되어 띠가 올라가면 자격증을 딸 수 있는 자격이 부여되고 기술을 배우고 익혀 자격증을 따면 선생님의 지도와 안내 없이 자율적으로 이용할 수 있다.

라. 어려운 정도에 따라 단계 나누기

모두가 함께 찾은 권리와 의무, 역량별 활동을 아는 것과 실천할 수 있는 정도를 파악하고 분류하여 쉬운 것부터 어려운 것까지 몇 개의 단계로 만든다. 이때 각 단계의 내용과 수준은 자치회의를 통해 바꿀 수 있다.

마. 띠제도 안내와 준비하기

최초 띠제도를 사용하기 위해 띠제도의 내용과 활용 방법을 안내하고 자신의 띠가 어디에 속하는지 표시하기 위한 이름막대를 만든다. 이름막대는 전체 학교 공동체가 함께 볼 수 있는 곳에 둔다. 띠제도가 시작되면 처음 한 주 동안 스스로 띠 단계별 내용을 보고 스스로 선택하고 조정하는 기간을 둔다.

바. 띠제도 단계 조정하기 방법

1) 띠 올라가기

- 자신의 띠를 올리기 위해서는 학급 공동체에 띠를 올리고 싶다고 신청한다.
- 학급에서는 매주 또는 격주로 띠제도 회의를 연다.
- 띠를 올리고 싶은 이유와 현재 띠를 잘 실천하고 있음을 구체적인 행동을 근거로 말한다.
- 신청 학생의 실천과 노력을 인정하고 격려하는 학생이 3명 이상 근거를 토대로 지지 발언을 한다.

- 동의하지 않는 학생이 있다면 구체적인 행동과 말을 바탕으로 근거
  를 가지고 의견을 말한다.
- 모든 학생이 동의하면 띠가 올라간다.
- 동의하지 않는 학생이 있다면 한 주 후에 다시 신청할 수 있다.

2) 띠 내려가기
- 현재 띠와 맞지 않는 행동을 하는 학생을 발견하면 해당 학급 공동
  체에 띠 단계 검토 요청을 한다.
- 띠 검토 요청은 근거(일시, 장소, 내용)를 바탕으로 신청한다.
- 세 번의 검토 요청이 들어오면 띠제도 회의를 연다.
- 검토 요청에 대한 자신의 생각과 이유, 다짐 등을 이야기한다.
- 학급의 모든 학생이 검토 요청에 동의하지 않는다면 원래의 띠로
  남는다.
- 검토 요청을 수용하는 학생이 있다면 한 단계 아래의 띠로 내려
  간다.

사. 띠제도 내용 바꾸는 방법
띠제도 단계별 내용, 자격의 내용, 색깔 등을 조정하거나 추가하거나
변경하기 위해서는 각 학급 공동체의 대표가 학급회의를 바탕으로 의
견을 모아 전체 띠제도 회의에 참석하여 변경한다. 이때 띠제도 회의
에는 학급 공동체 대표와 교사 대표가 공동으로 참여한다.

아. 자격증 따기와 활용 방법
각 단계에 따라 자율적 학교생활을 위한 자격을 부여한다. 단, 자격은
학교 공동체가 함께 정한 기술을 익히고 숙련하여 자격증을 따고 사
용할 수 있다. 첫 자격증은 자격을 만든 학교나 주체가 자격증을 부여
하고 이후 자격증은 자격증을 가지고 있는 누구나 자격증을 부여할
수 있다. 누구나 자격증을 부여하는 것은 지식과 기술은 누구에 의해
서든 확산될 수 있다는 철학을 바탕으로 이루어진다.

띠제도는 '아이들이 자율성과 자유로움을 보장받고 있지만, 그에 알맞은 책임과 규칙을 지키고 있는가?'라는 의문에서 시작되었다. 아이들의 자율성, 창의성, 자유로움도 중요하지만 기본 생활습관, 매너 또한 놓칠 수 없는 부분이라는 것이다.

띠제도는 전교자치회의 시간과 학급별 회의 시간을 이용하여 협의하고, 생활에서 실천하며, 내용과 단계, 단계에 맞게 누릴 수 있는 권리까지, 아이들의 의견을 반영해 만들었다.

### 띠제도 초안(일부)

| 역량/색깔띠 | | 필요한 이유 | 1단계 | | |
|---|---|---|---|---|---|
| 권리 의무 | 자유, 자율, 권리 | 자유, 자율, 권리를 조금씩 키워 갈 수 있다 | 물 마시고 화장실 가기 | 운동장 자유롭게 쓰기 | 쉬는 시간 보장받기 |
| | 의무, 책임 | 자유, 자율, 권리를 지키기 위한 책임감을 키울 수 있다 | 다녀온다고 이야기하고 볼일만 보고 오기 | 규칙 잘 지키기 | 그 전까지 하는 활동을 열심히 책임지고 하기 |
| 관리 역량 | 안전하기 | 다칠 수 있다, 죽을 수 있다, 위험하다 | 앞을 보면서 걷기 | 실내에서(복도, 화장실 계단)에서 뛰지 않기 | 횡단보도 신호 보고 건너기 |
| | 건강하기 | 건강해야 잘 놀 수 있다, 하고 싶은 걸 할 수 있다, 살기 위해서, 몸이 유연해진다 | 음식 골고루 먹기 | 마스크 쓰기 (기침 날 때, 미세먼지) | |
| | 시간 관리하기 | 중요할 때 늦지 않고 빠르게 일 처리를 할 수 있다, 무언가 약속에 늦지 않기 위해, 약속이 깨질 수 있다 | 종이 울리면 들어오기 | 쉴 때 화장실 다녀오기 | 시간 알림이 (이끎이)가 알려 줄 때 움직이기 |

2019년 4월, 띠제도의 띠를 만들기 위한 1차 준비로 존중받고 행복하기 위한 약속, 안전하고 건강한 생활을 위한 약속, 그리고 각각 그 약속들이 필요한 이유에 대해 나누는 시간을 가졌다. 예를 들어, 존중

받고 행복하기 위한 약속으로 '양보하기'를 정하고, 양보하기가 필요한 이유는 '서로 양보하며 존중받을 수 있기 때문이다'와 같이 약속과 약속이 필요한 이유에 대해 모둠별로 이야기를 나누는 것이다.

5월, 2차 준비로 '송남 핵심역량'별로 각 역량이 필요한 이유, 성장하는 방법에 대해 의견을 나누고 자유, 자율, 권리와 그에 따르는 책임과 의무에 대해 이야기를 나누었다. 또한 현재 학교에서 선생님들의 허락이나 도움을 받아야만 사용할 수 있는 '노트북, 패드, 노래방 기기를 허락 없이 자유롭게 사용할 수 있는 자격증'처럼 어떤 자격을 얻을 수 있는 자격에 대해서도 이야기했다.

9월, 3차 준비로 1학기 동안 아이들이 모은 의견을 정리해 자유, 자율, 권리와 그에 따른 책임과 의무가 필요하다고 생각하는 학생 수, 그리고 책임과 의무를 할 수 있는 학생 수를 알아보는 활동을 했다.

10월, 마침내 송남초등학교만의 띠제도 초안이 만들어졌다. 띠제도를 제안하신 선생님이 고민하고 시간을 투자해서 내용을 정리해 주신 덕분에 완성이 가능했다. 띠제도 초안이 만들어진 후에야 나뿐만 아니라 다른 선생님도 이 제도에 대해 세부적으로 이해할 수 있었다. 선생님들은 도움을 주고 싶지만 어떤 내용인지 구체적으로 알 수 없어

띠제도 의견 나누기와 띠제도 단계판

미리 도움을 못 드린 부분을 아쉽게 생각하셨다.

　10월 전교자치회의에서는 완성된 띠제도에 대해서 설명하고 등급을 나눈 것과 어떻게 다른지에 대해 의견을 나누는 시간을 가졌다. 각 단계별로 어떤 색을 부여하는 것이 좋을지 의견을 나누고, 각자 자신이 해당한다고 생각하는 단계를 정하여 단계판에 이름표를 만들어 붙이는 시간을 가졌다.

　2018학년도에 '전교자치회의'와 '신뢰 서클' 등을 보며, 효과적이고 안정적인 생활교육이라는 생각을 했다. 그래서 새로운 띠제도를 도입하자는 의견을 들었을 때, '왜 굳이 방식을 바꾸어야 할까?'라는 고민도 했다. 하지만 띠제도를 운영하며 아이들이 규칙을 지키기 위해 고민하고 노력하는 모습을 보았다. 그러면서 아이들을 위해서는 변화를 두려워하지 말아야겠다는 다짐을 했다.

　2019학년도의 띠제도는 함께 만든 규칙을 시행하고, 그것을 확인하는 방식으로, 각 학년 또는 반별로 자체 회의를 통해 진행했다. 2020학년도에는 이 띠제도를 교육과정에 반영하고, 학생 생활교육은 띠제도를 중심으로 운영하기로 하여, 이를 위해 더 많은 고민과 준비가 필요했다. 그래서 2월 교육과정 워크숍 때, 교사들이 세 모둠으로 나뉘어 역량별로 내용을 살펴보고, 중복되는 것과 학년성에 맞지 않는 것 등을 조정했다. 또 2020학년도에 띠제도를 어떻게 운영할지, 교육과정에는 어떻게 녹여 넣을지 등에 대한 논의를 했다. 함께 나눈 의견을 바탕으로 수정도 했다.

　먼저 띠제도를 운영하며 어려웠던 점에 대해 이야기를 나누었다. 선생님들은 띠의 요소와 항목들이 너무 많아 한눈에 들어오기 어렵다는 점, 학년에 따라 각 단계에 너무 어려운 항목이 들어 있을 경우 다음 단계로 넘어가기 어렵다는 점, 보상과 관련된 부분 등에 대한 어려움과 걱정을 이야기했다. 해결 방안에 대해서도 의견을 나누었다.

요소와 항목이 많아 한눈에 들어오기 어렵다는 문제는 항목들과 요소를 묶고, 꼭 필요한 항목들을 위주로 다시 정리했다. 그 결과, 모두 41개였던 항목을 26개의 항목으로 정리할 수 있었다.

각 학년에 따른 단계의 오르내림 기준에 대한 문제는 띠제도가 학교 전체의 약속이기는 하나, 오르내림의 기준이나 방식은 학급과 학년의 특성에 맞게 적용하기로 하였다. 예를 들면, 학년별로 꼭 지킬 약속들을 골라서 실천하거나, 학급회의를 통해 반별 또는 학년별로, 각 단계의 몇 퍼센트를 생활화하면 다음 단계로 넘어갈 수 있는지 등을 정하는 방식으로 할 수 있다.

보상과 관련된 문제는 보상에 집중하기보다, 각 단계별 자격증을 취득할 수 있는 자격이 주어지는 것이라는 사실을 계속해서 인지시키고, 권리, 자유와 책임이 연결된다는 것을 느낄 수 있도록 어느 정도의 보상은 유지하되, 자격증 방식에 대해서는 더 구체적인 방안을 마련하기로 하였다.

띠제도가 아이들의 생활교육에, 그리고 삶에 자리 잡기 위해서는 더 많은 고민과 준비가 필요하다. 다른 학교의 사례를 찾아보기도 어렵고, 처음 시도하는 거라 많은 시행착오도 예상이 된다. 그렇다고 걱정은 하지 않는다. 혼자 하는 게 아니라 전체 선생님들이 함께하기 때문이다.

# 선생님, 함께해 주실래요?
# 동아리 활동

## 자신의 흥미를 들여다보고 둘러앉아 서로를 봐요

시끌벅적하고, 아이들의 선택을 존중하는 송남초등학교 동아리는 작년 평가 결과를 바탕으로 매년 수정, 보완하며 이루어진다. 2019학년도에는 작년 평가에서 제기된 문제—동아리별 학년 편향성, 홍보 단계에서 확정되지 않은 동아리를 개인의 욕구에 따라 게시하고, 회원 모집이 안 된 경우 사라지는 형태—를 보완하기로 했다.

아이들은 3월 '첫 만남 프로젝트'의 하나로, 자신의 흥미를 들여다보고 진단하는 활동을 한다. 그리고 나서 자신의 흥미와 배움의 욕구를 함께할 공동체를 꾸리는 시간을 갖는다. 그것이 동아리로 연결된다.

2019학년도 3월 둘째 주 5, 6학년 82명은 샛별관(체육관)에 모여 둥글게 둘러앉는다(동아리는 5, 6학년이 개설하고, 함께할 아이들을 모집하며, 선생님을 섭외한다). 4명의 담임선생님은 자신의 학창 시절 동아리에 대한 추억을 꺼내며 아이들과 공유한다. 동아리 활동 경험이 없는 나로서는 동아리 조직을 위해 모여 있는 아이들이 그저 부러울 뿐이다. 동아리란 무엇인지, 동아리 선택의 기준은 무엇인지, 자신이 진정 좋아하고 흥미 있어 하는 것이 무엇인지, 배움의 욕구는 어디에 있느는지 등. 작은 쪽지에 적고 말하기를 반복하면서 아이들은 2019학년도 자신의 동아리 활동에 대해 상상해 본다.

## 묶고 쪼개고를 반복하며 그룹핑

이제 3~6학년 담임교사 8명, 교육지원팀 교사 2명, 영양교사를 포함하여 11개의 동아리 수를 제한하여 그룹핑을 한다. 묶고 쪼개고를 반복하다 보니 교사 수와 비슷한 동아리 그룹이 만들어졌다. 한 동아리한 교사 지원을 전제로 하다 보니 아이들의 욕구를 100% 충족하기는 어렵다. 아쉽지만 몇몇 아이들은 포기해야 하는 일이 생긴다.

소수이지만 뚜렷한 관심과 의지, 열정을 보이는 '역사탐방' 팀이 있었다. 두 명의 아이는 역사라는 관심을 버리지 못하고 갈등하고 있었다. 아이들의 관심을 존중하는 뜻에서 두 아이에게 친구, 후배들에게 회원 모집을 위해 홍보를 할 기회를 줬다. 함께 역사 공부를 하자는 그들의 전략은 통하지 않아 결국 포기하고 영화 동아리에 흡수되었다. 자신들이 좋아하는 역사를 테마로 영화를 제작할 수 있으면 좋겠다는 생각이 들었다.

## "어서 와, 우리 동아리로", 홍보하기와 교사 섭외하기

'요리, 목공, 코스프레, DIY, 축구, 레고, 영화, 댄스'로 동아리는 확정되었고, 3~4학년 회원을 모집하기 위한 홍보물을 제작하고 게시하는

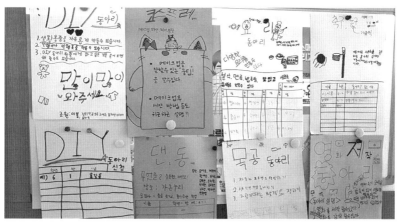
동아리 홍보판

것으로 첫 만남의 2시간은 빠르게 지나갔다.

학교 곳곳의 게시판에는 아이들이 작업한 동아리 홍보물이 붙었다. "어서 와, 우리 동아리로", 홍보물이 손짓을 한다. 3~4학년은 어떤 동아리로 갈지 고민을 하고, 5~6학년은 자신의 동아리를 지원하고 지지해 줄 선생님을 섭외하느라 교실, 교무실로 뛰어다닌다. 며칠간 시끌벅적한 학교가 된다.

"선생님, 영상 편집 잘하신다면서요? 우리 영화 동아리 함께해 주실래요?"


## 사전 모임으로 관계 맺고, 1년 계획안 함께 만들기

교사 섭외까지 완료되면 동아리 활동은 어느 정도 준비가 된 것이다. 3월 넷째 주, 각 교실에서는 3~6학년 대상으로 동아리 조직을 진행한다. 심사숙고하여 결정한 동아리는 1년간 운영되며, 중간에 변경을 제한한다. 한 주 뒤에 각 동아리 회원들은 동아리 지원 선생님의 교실로 모여 1년 계획을 기획한다. 서로의 요구와 욕구를 존중하며 협의와 합의를 거쳐 아이들은 계획안을 완성된다.

교사들은 그저 아이들의 배움의 욕구를 지원하고, 지지하고, 응원하며, 안전한 활동이 되도록 살펴 주면 된다. 동아리 회원들의 판단에 대해 교사의 조언이 필요하면 조언을 하고, 아이들 스스로 할 수 있는 부분에서는 아이들에게 맡긴다. 예를 들어, 축구 동아리는 축구를 잘하는 5학년 학생이 기본 체력 훈련, 축구 기초 기술, 규칙 들을 후배들에게 가르친다. 교사는 내용에 오류가 있거나 전달 과정에 수정할 부분이 있으면 살짝 알려 주는 정도로 관여하며, 교사의 힘을 최소화하려고 노력한다.

동아리 활동은 학생들이 계획하며, 지원하고 동행하는 교사와 함께, 격주 금요일 3~4교시를 채워 간다.


## 함께 나누는 동아리 축제

10월 넷째 주, '나눔주간'이 되면 1년 동안의 동아리 활동을 함께 공유하고 즐기는 '동아리 축제'가 열린다. 동아리 축제는 모두가 함께 즐길 수 있는 자리, 1년 동안의 동아리 성과를 드러내고, 내가 속한 동아리가 아닌, 다른 동아리의 활동도 경험해 볼 수 있는 뜻깊은 시간이다. 동아리 활동이 3~6학년 위주였다면 동아리 축제는 1~6학년 모두가 함께한다.

각 동아리는 동아리 축제에서 어떤 활동을 할 것인지, 담당자는 누가 할 것인지, 준비물은 무엇인지 사전에 협의하여 준비한다. 그리고 포스터를 붙여 축제 전에 모두가 내용을 알 수 있도록 홍보한다.

동아리 축제의 진행 순서와 구성은 그해에 만들어진 동아리가 어떤 것이냐에 따라 다르다. 2019학년도는 영화제작 동아리의 영화 상영, 댄스 동아리의 댄스 공연을 유치원과 전교생이 함께 관람한 뒤, 나머지 동아리를 체험해 보는 방식으로 운영했다. 평소에 하던 2교시 수업으로는 시간이 모자라기 때문에 중간놀이 시간까지 활용하여 최대한 시간을 많이 확보했다. 덕분에 대부분의 학생들이 공연을 보고, 체험까지 마칠 수 있었다.

동아리 축제에서 자기 동아리 '체험 부스'를 운영하다 보면, 다른 동아리 체험은 할 수 없다는 불만이 있었다. 그래서 동아리별로 1팀, 2팀으로 나누어 1팀이 본인 동아리 체험 부스를 운영할 때, 2팀이 다른 동아리 체험을 하러 가고, 일정 시간 이후에 교대하는 방법으로 운영했다. 또한 공연이나 전시에 적합한 동아리는 모두가 함께 모여서 공연을 즐길 수 있게 하고, 체험활동 시간에는 자유롭게 체험하러 다닐 수 있도록 하였다.

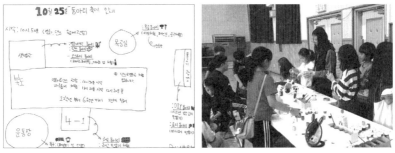

동아리 축제 안내도와 체험 부스

동아리 축제는 아이들의 축제인 만큼 동아리 구성원 스스로가 계획을 세우는 것이 중요하다. 5~6학년 동아리 리더들이 구성원과 협의하여 동아리 축제 계획을 세우고, 필요한 물품을 이야기하면 학교는 적극 지원한다.

## 동아리 활동 돌아보기, 동아리 평가의 날

12월 6일, 동아리 마지막 날이다. 아쉬움을 갖고 학생들은 동아리실로 모인다. 이날이 마지막 날인 것을 모두가 알기에 분위기가 그리 밝지는 않다(나만의 느낌일까?). 아이들은 2019학년도 동아리 활동에서 기억에 남는 것은 무엇인지, 어떤 배움을 얻었는지, 2020학년도 바람은 무엇인지 등에 대해 이야기를 나누며 평가와 반성, 다짐을 한다.

"축구를 하려고 해도 잘 못해서 관심이 없다가 축구 동아리를 하면서 전보다 자신감이 생겼어요."

"목공 도구를 쓰는 방법을 알게 되었고, 친구와 동생들과 함께 만들어서 더 재미있었어요."

"이주일에 한 번 만나지 말고 일주일에 한 번씩 만났으면 좋겠어요."

"동아리가 여덟 개인데, 더 다양했으면 좋겠어요."

학생들뿐만 아니라 교사들도 동아리 활동에 대한 평가를 한다.

"'마을교사'를 활용했으면 좋겠어요. 관리는 교사가, 강사로 마을교사 어때요?"

"동아리 조직은 하되 한두 번 정도는 맛보기 활동을 해서 자신에게 맞는 동아리를 최종 선택하게 하면 어떨까요?"

"전체 동아리는 지금처럼, 다른 욕구는 학년, 학급 동아리를 만들면 괜찮을 것 같아요. 자율 동아리 운영도 고려해 봤으면 좋겠어요."

"계획하는 시간이 충분히 있었으면 해요. 자발적 요구로 시작한 동아리인 만큼 아이들 주도의 계획이 지금보다 더 짜임새 있게 할 필요가 느껴져요."

"교사가 다양한 활동을 제안하는 것도 좋겠어요. 동아리 활동을 단순함에서 복합적이고 융합적으로 확장시키는 것도 좋아요."

## 2019학년도 동아리를 마무리하며

여덟 번째 학교, 송남초등학교. 그동안 일곱 번의 학교에서도 동아리는 있었다. 3~6학년 담임교사라면 당연히 기억 속에 있을 동아리 활동, 나에겐 몇 가지 기억들로 정리된다. 학년 안에서, 학년 동료 선생님들이 각자 잘하는 영역을 정해 공지하고, 아이들이 공지된 동아리를 선택하여 조직하는 방식. 또 하나는 내 학급 1동아리 형태로, 우리 반 아이들이 모두 한 동아리로 활동하는 것이다. 2년 전 근무했던 학교에서도 1학급 1동아리 형태로 운영했다.

이유는 다양했지만 학교와 교사 입장에서 출발하는 동아리, 이런 방식은 학생들이 선택권을 쥐는 동아리 운영이 아니었다는 것만으로 동아리 취지에 맞지 않는다. 학년 선생님들로 만들어진 여러 개의 동아리는 그나마 아이들이 선택할 수 있으니 다행스러운 경우지만, 그 또한 아이들이 아닌 교사의 재능이 출발점이 되니 완벽하지 않다.

아이들의 다양한 욕구를 인정하고 개방하여, 아이들 스스로 계획하고 운영하는 방식. 교사는 지원자의 위치. 학생들이 직접 선택하고 자발적으로 참여하기 때문에 즐거움이 크고, 흥미도 높으며, 책임감도 강하다. 격주로 하는 동아리 활동을 아이들은 항상 기다리고 기대한다. 교사가 조금 어려움이 있더라도 학생들이 진정 즐길 수 있는 동아리가 만들어지고 운영되면 좋겠다.

# 6장

# 참여, 소통, 협력으로 만드는
# 마을교육공동체

# 학부모와 함께
# 만들어 가는 학교

교직생활 중 10년은 자모회와 학교운영위원회, 10년은 학부모회와 학교운영위원회를 경험했다. 교실 안에서 머물러 있던 나에게 학부모 소통은 처음부터 자연스럽지 못했다. 교실 개방, 학부모 의사결정 과정 참여, 학부모와 함께 진행하는 수업과 공동성장 연수 등 부자연스러운 측면이 많았고, 소통하는 데 어려움을 느꼈다.

수업을 열고 학교와 학부모 간 소통에 참여하는 일은 속살을 들추어내는 일이었다. 돌이켜 보면 자신감이 부족했던 것 같다. 학교에서 학생과 지내는 일, 업무 외 학부모, 지역사회와 소통하는 일은 그만큼 쉽지 않았다.

2010년 학부모 참여 제도, 학부모회와 소통하며 많은 것을 알아차릴 수 있었다. 5년 동안 학부모 참여 제도를 경험하고 마지막 해 교무 업무를 맡으며 학부모 소통을 주도한 경험은 자신감을 심는 계기였다. 왜 학부모와 적극적으로 소통해야 하는지도 알게 되었다. 공유의 리더십이었다. 구성원이 함께 신뢰를 구축하기 위해 필요한 장치가 학부모 참여 제도였는데, 서로의 문제를 해결하는 데 꼭 필요한 것이었다. 그렇게 5년을 보내고 만기가 되어 송남초등학교로 발령을 받았다.

처음 5학년 담임을 맡았다. 12학급이라 한 학년이 두 학급, 공동학년 체계로 학년을 운영하는 구조였다. 동학년 선생님과 일상적인 수업 연구와 실천을 병행하면서 월 1회 학년 '학부모 다모임'을 운영했다. 전체적으로 약 4회 이상 학년 학부모 다모임을 정해 놓았지만, 동학년 선생님은 월 1회 학부모와의 만남을 주도했다.

3월 첫 만남과 인사, 교육과정 소개, 학생 생활 이야기, EBS 〈아이의 사생활〉 영상 보고 소감 나누기, 1학기 학년 교육과정 평가, 3자 성장 대화, 2학기 학년 교육과정 평가, 학년 행사 기여 등 교육 전반에 대해 공유하고 나누는 시간이었다. 매월 진행하다 보니 교육과정 운영에 바빴고 피로감도 생겼다.

정신없이 학교 체제에 적응하며 1년을 보내고 '교육과정 평가회'를 했다. 교육과정 평가 영역 중 학부모와 소통 부분에서 '학년 다모임', '학부모회', '공동성장 연수' 등 운영 방법이나 실천 방안에 대해 많은 이야기를 나누었다. 평가회를 하면서 학부모와 소통했던 경험은 신뢰의 구축이었고, 학부모 참여와 소통력을 만드는 데 꼭 필요한 일임을 확인할 수 있었다.

송남초등학교 학부모 참여와 소통은 횟수와 방법, 내용이 조금씩 변해 왔다. 또한 학교교육의 한 축으로 정해진 행사에 초청받아 참여하는 정도를 벗어나 적극적으로 참여하고 기여하는 문화는 계속 발전하고 있다. 학교 또한 학교를 열고 학부모와 소통하기 위해 노력하고 있다.

'학부모회'는 자체 정관을 만들어 운영한다. 모든 학부모가 대상이며, 매해 12월 교사·학부모 공동성장 연수 및 학부모회 총회에서 전체 대표 선출, 부대표와 총무를 선임한다. 5학년에 진급하는 4학년 학부모 중 전체 대표단이 선출되며 아이 성장과 함께 학부모 책무성을 갖게 된다. 선배 학부모로서, 학교 제도의 참여자로 역할을 부여받고 기여하는 문화는 성장발달 책임 교육제를 실현하는 통로가 되고 있다. 다음 해에 학년 다모임을 통해 학년별 대표단이 선출된다. 이로써 학부모회 구성이 완료되며, 학부모회 대표는 학교운영위원으로 활동한다.

학부모회를 중심으로 정기회의, 임시회의, 연석회의 등을 한다. 회의에서는 각종 현안 협의, 교육사업 진행, '교육지원단' 활성화, 학교교육과정 지원 방안, '공동성장 연수' 등을 논의한다. 특히, 연석회의는 학부모뿐만 아니라 교사도 참여하여 함께 이야기를 나눈다.

송남초등학교에는 학부모 교육지원단(놀이, 생태, 도서)이 구성되어 활발하게 활동하고 있다. 교육지원단은 자체 홍보와 모집을 통해 희망하는 학부모로 구성되며, 동아리 성격도 띤다. 관심 분야에 대해 공유하고 함께 배우는 구조다. 교육지원단 활동에 필요한 재료와 예산은 학교 참여지원 예산, 학부모회 활동 경비를 책정하여 지원하고 있다.

'놀이 지원단'은 매주 금요일 점심시간에 느티나무 아래에서 아이들과 놀이를 한다. 또한 1학년 놀이 수업을 지원한다. '생태 지원단'은 '산탐사', '생태 한마당', 생태 수업을 지원하며, 아이들과 수시로 '생태놀이'를 한다. '도서 지원단'은 '도서관후원회'와 연계하여 오전 10시부터 12까지 '사서 도우미'를 하고, 틈틈이 아이들과 다양한 독서 프로그램을 운영한다.

아침 등교 안전을 위해 학부모회에서 자체 역할 분담, 학년별 순환하며 190일(수업일수) 교통안전 도우미 활동을 전개하고 있다. '녹색어머니회'를 담당 교사가 조직하고 역할을 부여하는 것이 아니라, 학부모회에서 자체적으로 '학부모 책임제'를 운영한다. 월별 담당 학년을

학부모 교육지원단-지원단 데이(지원단이랑 놀자)

정하고, 학년별로 돌아가며 교통안전 도우미 활동을 한다. '학부모 책임제'에 대한 부담은 학부모 간 소통을 통해 해결해 가고 있다.

교통안전 도우미 활동을 주체적으로 운영하면서 교통안전에 대한 위험을 인식한 학부모들은 단순한 도우미 활동을 넘어 근본적인 대책을 찾기 시작했다. 수시로 시청이나 경찰서에 스쿨존 내 신호등, 신호 및 과속 단속 카메라 설치를 요구했다. 그 결과 현재는 방지턱, 신호등, 단속 카메라, 옐로우 카펫 등 안전요소가 확보되었다. 학부모의 적극적인 참여가 안전한 학교를 만드는 데 큰 역할을 한 것이다.

학부모회 산하 아빠모임이 있다. 희망하는 아빠와 아이들이 함께 캠프를 진행하면서 만들어졌다고 한다. 해를 거듭하며 아빠들 교류가 활발해지고 하는 일도 점점 진화하고 있다. 아빠모임의 모든 활동은 자발적으로 이루어지며 학교 교육활동에 긍정적으로 작용한다.

3월 신입생 학부모와 만남 행사(1학년 신입생 학부모 대상, 놀이와 교류, 함께 식사 등), 도서관에서 하룻밤 캠프 운영(전교생 중 희망하는 학생 대상, 오후 6시 등록, 다양한 체험 부스, 먹거리 부스, 작가와의 만남, 공연, 밤새 영화 보기, 아침 7시 귀가 등), 학교 공간 혁신 기여(재능기부, 공구 지원), 아빠 천렵(아빠들만의 고유한 나눔과 교류, 숙소를 잡아 1박 2일 운영), '송악마을예술제'와 함께 여는 희망장학금 행사 운영(졸업생에게 장학금 수혜, 송남중학교 진로캠프 예산 지원 등), 아침을 굶고 오는 학생들을 위한 빵 지원(매주 화요일과 목요일, 자체 재원 마련, 배려 대상 및 굶고 온 아이들이 자유롭게 빵을 먹을 수 있도록 함), 아빠 동아리 활성화(코딩, 밴드, 배드민턴, 족구, 탁구 등). 대한민국에서 이렇게 학교 아빠모임이 활성화된 곳이 있을까?

연 5회 진행되는 '교사·학부모 공동성장 연수'는 특강을 주로 한다. 하지만 2월에 학교교육과정 설명회와 학부모회 계획 공유, 7월에 1학기 교육과정 결과와 학부모회 1학기 활동 결과 공유, 12월에 1년 교육과정 평가 결과와 학부모회 임원 선출을 위한 총회, 학부모회 1년 활동 공유 등을 같이 한다. 학부모와 학교가 함께 학교교육과정을 만들어 간다.

학부모 소모임도 활성화되어 있다. 영상 모임, 낭독 모임, 요리 모임 등 학교 안에서 출발했던 소모임이 지역사회 사회적 협동조합이나 마을 공간으로 확대되어 주민 모임으로 발전해 가고 있다.

송남초등학교에서는 구성원의 원활한 소통을 위해 온라인 공유(밴드, 카톡, 카페 등)를 하고 있다. 또한 '송악 마을교육네트워크'(송남초, 거산초, 송남중, 교직원, 학부모회, 아빠모임, 사회적 협동조합, 지역아동센터, 협동조합 등)에 참여하여 지역사회 연계 교육 거버넌스를 구축해 가고 있다. 학부모 소통은 시간이 지날수록 주민자치로 연결되고 지역사회로 확장되고 있다.

학부모 학교 참여 방식의 학부모회 운영은 정해진 사업을 운영하는 것 외에 지역사회 주민으로서 주인의식을 갖게 하는 장치다. 학부모회 운영의 민주적 경험은 중학교 학부모회 역량으로 이어지고 마을 공유 공간에서 다양한 관계와 모임을 만드는 데 도움을 주고 있다. 학부모회 자치는 지역사회 교육자치의 원천이 되고 있다.

# 온 마을이 학교다,
# 송악 마을교육네트워크

## 마을에서 꿈꾸다! 배우다! 살다!

송악 마을은 2012년 '송악 희망교육공동체'를 발족하여 송악 '마을학교' 강좌를 열었고, '송악동네사람들(준)' 신년 모임(마을 의제 찾기 워크숍)을 거쳐 '마을교육공동체' 사업을 진행했다. 대표적으로 학교와 마을의 여러 단체가 결합하여 송악 '마을축제'를 열고 풍성한 마을 문화를 만들었다. 학생, 학부모, 주민, 마을교사가 어우러져 즐기고 나누는 문화는 현재의 사회적 협동조합 '송악동네사람들' 창립으로 이어졌다. 또한 송악 마을교육공동체를 튼튼하게 만드는 계기가 되었다.

2013년부터 송악 '온 마을 교육공동체' 사업으로 '마을이 학교다(마을 교육)'와 '마을 진로탐구 사업', '마을 연극단', '마을 교육신문', '마을축제' 사업을 진행해 왔다. 또한 문화체육관광부 '창조마을 컨설팅' 사업으로 마을공동체를 살려 내고자 하는 마을 컨설팅을 진행해 왔다.

2014~2015년은 '마을공동체 컨설팅'을 바탕으로 '마을교육 사업', '마을축제와 문화예술 사업'을 진행하며 마을공동체 사업을 하는 사람들 간 네크워크와 구심점을 만드는 과정을 거쳤다. 이제 마을 사람

들 스스로 힘을 모아 참여, 자치, 협동의 마을공동체 사업과 마을 경제 사업을 해 나갈 주체를 만들고 있으며, 여러 과정을 밟아 나가고 있다.

송악 마을교육공동체의 방향은 (삶) 마을살이 함께하기, 마을 교육문화 활성화, (사람) 마을 사람 키우기, 마을이 학교다, 마을 아동·청소년, 마을 일자리, (협력) 마을공동체 만들기, 마을교육공동체 활성화이다. 이러한 방향으로 지역민들의 문화와 삶의 질 향상을 위해 다양한 일과 삶을 찾아 지속적으로 실천하고 있다.

송악 마을이 가장 필요로 하는 것은 무엇보다 마을의 다양한 사람들 간 커뮤니티 구심점이다. 오랜 민속 문화를 바탕으로 만들어진 '마을 풍물단', '마을 서각회', '로컬푸드', '송악동네사람들' 사회적 협동조합, '고랑이랑' 협동조합, '송악동네 에너지공방', 마을 내 배움터인 '송악 반딧불이 지역아동센터', '초록잎 담뿍' 협동조합, 혁신학교인 송남초, 거산초, 송남중 등 다양한 마을 단체들이 서로 협력하고 연계하며 건강한 마을공동체를 만들어 가는 커뮤니티가 필요하다.

한동안 송남초등학교 '솔향글누리도서관'이 커뮤니티 공간화되어 각종 모임 장소로 활용되었고, '반딧불이 지역아동센터' 공간이 구심 역할을 했다. 현재는 아산시 마을 가꾸기 사업 일환으로 만들어진 송악 마을공간 '해유'가 중심적인 커뮤니티 역할을 담당하고 있다. 또한 송악면 세 학교 모두 충남형 혁신학교로 지정되어 각 학교의 학부모회, 아빠모임이 활성화되어 마을공동체에 적극적으로 결합하고 있다.

'송악 마을교육네트워크'의 실질적인 구성은 2017년부터다. '송악동네사람들' 조직 중 문화예술팀, 마을교육팀, 공정여행팀, 놀다가게 운영팀이 있는데, 사회적 협동조합의 상생 방안을 위한 공동체망 형성이 절실했다. 또한 마을공동체, 사회적 경제, 주민자치를 위한 문화예술 사업(송악놀장, 골목예술제), 지역사회 재생, 지역경제 활성화를 위한 교류 협력과 공정여행 사업, 지역 물품의 공동구매와 도·소매업, 공간 임대 사업, 지역 문화예술동아리 사업, 지역 주민들의 복지 증진과 지역 인재 육성을 위한 방과후학교와 돌봄, 마을교육 사업 등 마을교육 네트워크의 필요성이 증대되었다. 따라서 마을교육팀 내 팀장을 학교 담당자로 배치하고, 혁신학교 세 개(클러스터) 연합과 지역사회 협동조합, '반딧불이 지역아동센터' 등 단체가 결합하여 마을의 다양한 의제를 의논하고 해결해 가는 단위로 발전 방안을 모색했다.

처음에는 주체성이 약해 단위별로 모이는 사람이 적었다. 그런데 모임을 정례화하고 단위별 공유를 지속해 나가며, '송악 마을골목예술제', '놀장(장터)', '송악 희망장학금' 행사를 함께 운영하다 보니 자연스럽게 마을교육네트워크 논의 구조가 형성되었다.

'송악 마을교육네트워크'는 매월 단위별 삶을 공유하고 주요 의제를 논의한다. 현재는 '마을자원 조사 워크숍', '마을학교' 운영, '마을포럼', '마을골목예술제', '희망장학금' 행사를 준비하고 운영한다. 또한 '송악 마을비전포럼' 참여, '마을자원조사단' 활동, '마을교사 양성 워크숍', '마을 장학회' 논의, '청소년 학교' 등. 문화, 예술, 교육, 사회 전반에 대한 공유와 비전을 만들어 실현해 가는 모임이 되고 있다.

초등학교는 공유된 자원으로 마을교육과정을 내실 있게 운영하고, 중학교는 청소년 진로캠프, 자유학년제 운영을 위해 노력하고 있다. '송악 마을교육네트워크'는 지역 내 교육과 삶의 가치를 공유하고 함께 나누어 가는 조직이다. 각자 흩어진 공동체의 각자도생을 극복하고, 함께 모여 삶을 공유하며, 놀고 즐기고 함께 살아간다는 지향점을 갖고 있다.

2019년 마지막 모임에는 거산초, 송남초 교장 선생님도 참여했다. 거산초의 마을 연계 교육과정과 등대학교 모델 공유, 송남초의 마을 어른과 함께하는 교육, 송남중의 건물 개축과 마을 공유 공간화 추진 내용 공유 등, 지역의 재생은 학교로부터 이루어진다는 모토를 확산해 가고 있다.

마을 일이란 것이 늘 행복한 일만 생기지 않는다. 이해관계가 다 다르기 때문이다. 이 지역에서 오랫동안 터를 잡고 살아오신 지역 어르신과 새롭게 이주해 들어와 삶을 공유하는 과정에서 잦은 갈등도 생긴다. 그 과정에서 서로에게 상처도 남긴다. 이 또한 시간이 필요하고 서로를 알아 가는 과정이다. 새롭게 이주한 정착민은 새로운 공동체의 영위와 나눔을 통해 토착 주민과 연대하려고 노력한다. 조금씩 조금씩 토착 주민과 이주민의 간극이 줄어들고, 함께 공생할 방안을 모색하기 위해 '송악 마을비전포럼'을 5회나 열었다. 애초 회생을 목표로 했지만 이젠 마을공동체 회복과 지속성을 논하고 있다. 앞으로의 시간도 도전은 계속될 것이다.

이 세상 어디에도 없는 이상한 마을이 송악 동네에 만들어지고 있다. 홍성엔 '홍동 공동체 마을', 아산엔 '송악 공동체 마을'이 있는 것처럼 관 주도건 민간 주도건 다양한 마을공동체 형성은 자연스러운 과정이 될 것이다.

# 교육과정, 마을과 잇다
## '마을교사'와 함께하는 수업

학교는 지역사회, 마을의 중심에 있다. 국가수준 교육과정의 보편적 기준도 있지만, 성취기준을 살펴보면 지역사회 다양한 사람, 공간, 내용을 연계하여 학습할 것이 많다. 송남초등학교와 더불어 많은 학교는 지역사회 공간, 인적 자원을 통해 많은 교육을 해 온 것이 사실이다. 그러나 일회적인 탐방이거나 교과 요소에 대한 체험 중심이 대부분이었다. 그래서 약 6년 전 고민하기 시작한 것은 '마을교사'와의 협력, 학년별 위계를 갖고 출발한 '주제중심 통합수업'이나 학교교육의 방향에 설정된 교육과정 수행과 협력이었다.

송악 주변의 환경, 전통문화예술, 친환경 농업 기반, 역사, 생태, 공방, 협동조합 등 다양한 교육자원에 주목하였다. 무엇보다 학교 특색 교육이라는 획일적 생산 과정이 아니라 교육과정의 필요와 수업을 담당하는 교사의 필요를 먼저 고려하였다. 위계성을 뛰어넘는 생애주기 교육 관점에서 1학년에서 6학년까지 학교를 둘러싸고 있는 '산 탐사' 운영, 학년별 생태 관련 전문가 연계 학습, '예술꽃 씨앗학교' 사업을 통한 학년별 영상교육처럼 학교교육의 큰 방향에 대한 합의와 마을자원을 활용한 수업을 진행했다.

초기에 관찰되었던 특징은 교육과정 성취기준이나 교과 요소의 밀접한 관련성보다 학교교육의 방향에 따른 주제나 자원을 엮는 것이었다. 초기 필요성에 근거한 것이지만 다소 체계적인 접근이 아쉬운 대목이었다. 큰 줄기로 합의된 '주제 체험학습'의 실행에서 한 단계 발전한 계기는 고학년 '진로 프로젝트'였다.

초등학교 학생들은 진로 인식 단계에 있다. 따라서 다양한 직업 세계에 대한 경험은 매우 중요하다는 판단하에 '아빠모임'에서 '진로아카데미'를 열었다. 다양한 직업 활동을 하고 있는 '아빠모임'이야말로 학생들과 연결하여 학습할 수 있는 소중한 자원이었고, 아이디어를 생산하는 원천이었다. '진로 프로젝트 주간'을 정해 다양한 직업의 세계를 경험할 수 있게 멘토를 정하고 탐구해 갔다. 이와 함께 학교 밖 마을에서도 '사회적 협동조합'이 만들어지고 '마을축제', '마을학교'들이 생겨나 운영되었다. '마을학교' 시도는 우리가 몰랐던 학부모, 주민의 다양한 재능, 기술, 지식, 공간 자원을 알아 가는 과정이었다. 학교 밖 다양한 자원과 만나고 공유되면서 학교 안에서 교육과정 연계 시도가 많아졌다.

학교 행사 중 연 1회 교육공동체가 모두 참여하는 '생태한마당'이 있다. 2017년 생태한마당 형태를 마을 둘레길 걷기로 하면서 '마을교사' 연계는 본격화되었다. 마을 생태 전문가, 역사학자와 동행하며 둘레길 정보 수집, 수업안 마련, 내용을 채워 갔다. 그리고 총 6개 권역의 둘레길을 발굴하였다. 학교 교사와 '마을교사'가 함께 답사도 진행했다. 학교 안의 교사 대상 연수에 머물렀던 것이 마을교사와 함께하는 연수로 확장되었다.

마을교사와 함께하는 생태한마당을 성공적으로 마치면서, 생태한마당은 격년으로 진행되며, 단순한 행사가 아니라 교육과정의 일부가 되었다. 생태한마당에 결합한 마을교사는 학부모, 지역 주민, 청년, 생태 전문가 등 다양한 마을 구성원이었다. 이들은 마을에서 '정원이 예쁜 집 투어, 역사 문화길 투어, 마을과 학교 탐방, 외부 방문객 맞이' 역할을 주도해 나갔다. 학교교육과정이 자연스럽게 '사회적 협동조합 공정여행팀'으로 역할이 확장된 경우라 하겠다.

송남초등학교 바로 옆에 하천(외암천, 새말냇가)이 하나 있다. 역사적으로 이 하천은 필요에 따라 학생들의 교육 환경이었고, 생활 공간의 일부였다. 2016년 하천 공사로 인해 많은 문제점이 생기기 시작하면서 하천 살리기 교육과정이 시작되었다. 과학 교과와 연계하여 교사와 학생들은 '생태하천 복원 프로젝트'를 운영했다. 직접 하천에 대한 조사, 분석, 종합한 학습 결과를 공유했다.

이를 계기로 학교 관계자와 생태 전문가의 관심이 확대되었고, 2017년 하천 살리기가 시작되었다. 여러 교과를 통합하여 수업을 기획했다. 학교 교사는 물론 전문가, 주민, 지자체가 적극 결합했다. 전문가와 함께하는 하천 관련 수업, 하천 모니터링, 지역사회 토론회까지 약 1년에 걸친 프로젝트를 수행했다. 이 과정은 수업에 머물지 않고 학생들이 속한 학교와 마을, 지역사회로 확장해 가는 의미였다. 생태 복원이라는 가시적 결과도 목격했다. 지역사회 주민, 다양한 구성원의 협력이 얼마나 중요한지 인식하는 경험이었다.

'학교는 사업하는 곳이 아니고 교육하는 곳이다'라는 말을 들은 적이 있다. 학교 특색 사업, 행사를 뛰어넘는 교육과정에 대한 본질적 물음이 많아졌다. 그러면서 전체 학년이 위계를 갖는 것도 중요해지고, 학습에 마을교사나 마을자원을 결합하는 일도 많아졌다.

교육과정 기획과 운영 주체는 교사이다. 마을과 협력하는 것도 교

마을교사와 함께하는 수업-텃밭(고추 지지대 세우기)

육과정 운영 주체의 필요와 욕구가 없다면 아무런 의미가 없다. 따라서, 송남초등학교 '마을교육과정', '마을교사' 협력은 운영 교사와 교육과정에 기반을 둔 것이다.

1~2학년은 '전래놀이 지원단, 생태교육 지원단, 도서관 지원단'과 협력, 마을 둘레길, 지역사회 미술관 체험 등 체험 중심 교육과정을 운영하였다. 3~4학년은 '수서 생태, 텃밭 교육, 성인권, 역사문화, 책 만들기' 등 정기적인 주제 활동과 교육과정 필요 요구에 의한 '마을교사' 협력이 이루어졌다. 5~6학년은 '논 생태'. '초록잎 담뿍 협동조합 연계 숲길 프로젝트, 원예 체험, 그림 작가와 함께 수채화 그리기, 작가와 함께 시나리오 수업, 뮤지컬, 목공, 바느질과 재봉, 진로 프로젝트' 등 '마을교사' 협력이 다양하게 적용되었다.

2019년은 '아산교육지원청 학교지원센터'가 만들어져 아산시 모든 학교를 대상으로 '마을교육과정', '마을교사' 신청을 받아 지원했다. 학교는 정해진 양식에 '마을교육과정' 계획을 필요에 따라 작성하고 신청한다. 그러면 모든 '마을교사' 협력 과정이 선정되는 구조다. '교육지원청'은 계획서에 담긴 마을교사를 한데 모아 교육하고, 성범죄 전력 등을 일괄적으로 조회하여 학교의 부담을 줄여 주고 있다. 예산과 행정이 함께 지원되는 구조이다. 학교는 필요한 마을교사 협력 과정만 운영하면 된다. 송남초등학교는 이미 마을자원이나 마을교사를 활용한 수업 사례가 많아 학년별 요구가 많았다. 1년 동안 '교육지원청'의 지원을 통해 운영한 '마을교육과정'은 교육적 의미도 컸고 만족도가 높았다.

앞으로는 학년별 필요에 의한 '마을교육과정' 신청이 많을 것으로 예상된다. 그러나 지역사회 정보에 약한 교사의 경우 어떤 마을교사, 마을자원이 있는지 모를 수 있다. 그래서 시작한 것이 '마을 책' 만들기다. 마을 책 이름은 '사람책'이다.

'송악 마을교육네트워크'와 '송악동네사람들' 사회적 협동조합과 연계하여 본격적인 마을자원 조사를 실시하고 워크숍도 열었다. 교육 공간, 공유 공간, 전문가, 재능 있는 주민까지 다양한 정보가 모였다. 2019년 12월, 마을 조사단도 구성되어 활동에 들어갔다. 직접 방문하여 면담하고 정보를 수집하는 과정이다. 모아진 정보를 책으로 만드는 것이 '사람책'이다. 마을자원 지도 만들기, '사람책'은 '마을교육과정'을 운영하는 데 소중한 자료가 될 것이다.

국가수준 교육과정에서 요구하는 인간상, 성취기준을 보더라도 지역수준 교육과정과 학교수준, 교사수준 교육과정을 더욱더 풍족하게 실현하는 것 중 하나가 '마을교육과정'이다. 마을교사와의 협력은 교과, 교사, 학교라는 교육적 자원을 뛰어넘어 다양한 어른을 만나는 과정이고, 공동체의 경험이라 생각한다.

# 7장

## 쉼과 놀이, 배움, 학교 공간

# 구석구석,
# 아이들의 삶이 풍성해지는 곳

학교 일과가 끝났는데도 집에 가지 않고 학교에서 노는 아이들이 있다. 학원을 다니지도 않고, 집에 가면 심심하니, 학교에서 놀다 가는 것이다. 물론 아이들이 안전하게 쉬고, 놀 수 있는 공간이 학교에 있기 때문이다. 송남초등학교에는 곳곳에 쉬거나 놀 수 있는 공간, 자기를 표현할 수 있는 공간, 생태 공간이 있다.

아이들은 샛별관(체육관)에서 체육 수업을 하고, 중간놀이 시간이나 점심시간, 방과 후 시간에 공놀이나 배드민턴, 잡기 놀이 등을 하며 논다. 샛별관(체육관)은 다른 학교와 크게 다르지 않다. 다만, 아이들이 마음껏 놀 수 있게 사용에 제한을 두지 않는다.

예술적 감수성을 깨우고 공유하는 공간 '가온누리(다목적실)'. '가온누리'는 교실 한 칸 크기밖에 안 되는 작은 공간이지만, 노래방 시설(미러볼까지)이 있고, 전면 거울과 컴퓨터, 빔프로젝터, 작은 무대 시설이 있어 유용하게 쓰인다.

평상시 가온누리는 무용 수업을 하는 곳, 아이들이 제작한 영화를 보는 곳, 연극 공연하는 곳, 학년별 캠프 때 음악 공연을 하는 곳, 방과 후 시간에 노래를 부르거나, 댄스 영상을 틀어 놓고 댄스 연습을 하는 곳이다. 아이들의 꿈과 끼를 펼치는 곳이다. 아이들은 가온누리

가온누리-3학년 연극 공연

사용 규칙을 스스로 정했고, 정해진 약속을 지키며 사용한다. 규칙을 지키지 않아 일정 기간 사용을 금지당한 학년도 있다.

가온누리 옆에는 드럼 2대, 전자피아노 2대, 베이스 기타 등 다양한 악기가 갖춰진 '밴드실'이 있다. 밴드실은 방과후학교 밴드부가 주로 사용했는데, 2019학년도 학교 밖에 밴드부가 생기는 바람에 현재는 밴드부가 없는 상태다. 아이들은 학년별 캠프나 나눔주간 장기자랑 시간에 발표하기 위해 밴드실에서 연주나 노래 연습을 한다.

2019학년도 여름, 정리가 안 돼 뒤죽박죽인 '학습자료실'이 자유로운 생각 나눔의 공간, '학생자치실'로 바뀌었다. 교직원, 아이들, 아빠들이 힘을 모은 결과였다.

먼저 전 교사가 학습자료실에 있는 자료들을 정리했다. 버릴 것은 과감히 버리고, 쓸 만한 자료는 '가온누리, 샛별관, 과학실, 체육 창고' 등으로 옮겼다. 무거운 진열장은 아빠들이 오전 내내 힘을 써서 옮기

학생자치실

고, 폐기했다.

전교자치일꾼들은 학생자치실을 어떻게 바꾸면 좋을지 아이디어를 모았고, 게시판을 통해 전교생의 의견도 들었다. 학부모 한 분은 책꽂이와 테이블, 의자, 냉난방기를 기증해 주셨다. 페인트를 새로 칠하고, 블라인드도 새로 달고, 노트북과 프린터를 구입하고, 빔프로젝터를 설치했다. 출입문도 푸른 빛깔 시트지로 테두리를 해 깔끔하고 시원해졌다.

새로 만든 학생자치실에서 전교자치일꾼들은 회의를 하고, 이벤트도 한다. '독서토론 동아리'와 '교사 동아리'는 이곳에서 책을 읽고, 이야기를 나눈다. '상담실'로도 쓰이고, 수업시간에 모둠 활동 공간이 되기도 한다.

중앙 현관에는 2016학년도 5학년에서 만든 상자 화단 두 개, 소파두 개, 책걸상, 분실물을 모아 놓는 장이 있다. 벽은 벽화만 그려져 있다. 소파는 얼마 전에 교장실에 있던 것을 가져다 놓았는데, 예상치 못하게 아이들 반응이 좋다. 소파를 가져다 놓은 다음부터 중앙 현관이 아이들의 이야기 나눔터가 됐다. 아이들은 소파에 앉거나 드러누워 쉬기도 하고, 이야기도 나눈다. 송남초등학교에는 교실 옆 복도나 모퉁이, 학교 곳곳에 아이들이 쉴 수 있는 의자가 있다.

중앙 현관 옆에 '솔향글누리도서관'이 있다. 여러 사람의 노력으로 만들어진 도서관은 학부모 도서지원단, 자원봉사 학생, 사서 선생님의 도움으로 운영된다. 특히, 사서 선생님은 마을 주민들로 이루어진 '도서관후원회'에서 직접 고용하여 오후부터 저녁까지 도서관을 관리한다.

도서관에는 '작가와의 만남'으로 생겨난 여러 작가의 사인이 있고, 다양한 책이 있으며, 따뜻한 온돌방, 미끄럼틀, 다락방처럼 적은 인원이 들어갈 수 있는 공간, 운동장 화단과 연결된 야외 데크(아이들은 도서관에서 책을 읽다 바로 문을 열고 밖으로 나가 쉬거나 논다) 등이 있다. 도서관은 책을 읽는 공간뿐만 아니라 학교와 학부모의 소통 공간, 학부모 배움터, 모두의 쉼터 역할도 하고 있다.

아이들은 질 좋은 책과 따뜻한 마음으로 가득 찬 도서관을 들락거리며 자연스럽게 책을 읽고, 수업시간에 공부를 하며, 여러 가지 도서관 행사에 참여한다. 그러면서 가랑비에 옷 젖듯 서서히 책과 친해진다.

학교로 들어오면 주차장 옆으로 각종 목공 도구와 목재들이 가득한 '목공실'이 있다. 이 '목공실'에서 닭장도 만들어지고, 뮤지컬 무대장치, 영화 소품 등이 만들어진다. 학년별 교육과정과 연계한 만들기 수업, '목공 동아리' 활동도 이루어진다. 학부모(아빠)들이 만든 평상,

피아노 길

상자텃밭 등도 이 목공실에서 만들어졌다. 아이들이 상상한 것을 실제 만들고, 나눌 수 있는 공간이다.

아침 등굣길. '새말냇가(외암천)' 다리를 건너 학교 안으로 들어오면 100살이 다 된 느티나무가 아이들을 맞이한다. 그 느티나무 아래로 '피아노 길'이 있다. 깡충깡충 건반을 밟으며 안으로 들어오면 닭장이 있다. 이 닭장은 2018학년도 6학년이 닭 키우기 프로젝트를 하면서 직접 만든 것이다. 당시 6학년은 알을 부화시키는 것부터 시작해 어른 닭이 될 때까지 키웠다.

2019학년도 현재는 5학년에서 닭장을 관리하며, 닭 먹이 주기, 닭장 게시판 만들기, 닭장 청소하기 등 역할을 나누어 책임을 다하고 있다. 닭은 5학년에서 관리하지만 전교생이 사랑을 준다. 아이들은 오가며 닭의 안부를 묻고, 먹이도 주며 교실이 아닌 교실 밖에서, 시시때때로 생명존중을 배운다.

닭장 옆에는 야외 전시 공간과 앉아서 쉴 수 있는 데크가 있다. 울타리 쪽으로 비에 젖지 않게 지붕을 하고, 작품을 걸어 놓을 수 있게 만들었다. 이곳에 작품을 걸어 놓고, 그 앞에서는 앉아 쉬거나 작품 감상을 할 수 있다. 하지만 실제는 앉아 쉬면서 작품을 보는 것보다 뛰어노는 아이들이 많다.

야외 전시 공간에서 조금 더 안으로 들어오면 '새말냇가'를 볼 수 있는 전망대가 있다. 이곳에서 보면 학교 옆 새말냇가가 한눈에 들어온다. 아이들은 이곳에서 새말냇가에 사는 물고기나 곤충, 풀, 물 흐름, 돌, 모래 등을 본다. 테이블에서 이야기를 나누거나 쉬기도 하고, 모둠 (학습)활동을 하기도 한다. 바로 앞에 커다란 평상 두 개가 있어 옮겨 다니며 놀기도 좋다.

전망대에서 조금 더 들어가면 '야자매트'가 깔려 있고, 이 매트를 따라가면 과학실 뒤편으로 텃밭이 나온다. 텃밭을 지나 학교 급식실

새말냇가(외암천) 전망대

을 지나면 다시 '야자매트 길'이 나오고, 학교 숲, 흙 놀이터, 동굴 아지트로 이어진다. 운동장 옆으로 해서 느티나무까지 오면, 학교를 한 바퀴 도는 둘레길이 된다. 이 둘레길은 아이들의 놀이 공간이 되지만 어느 날은 교사와 학생이, 긴 시간 고민을 나누는 '이야깃길'도 된다.

과학실 앞으로 '물고기 광장'이 있다. 그 이름이 붙은 이유는 뒤쪽 벽에 전교생이 함께 만든 물고기 작품이 있기 때문이다. 노란색 페인트 배경에 커다란 나뭇조각으로 완성된 물고기.

"안내합니다. 잠시 후 1시 10분부터 '물고기 광장'에서 댄스 공연이 있을 예정입니다. 다시 한 번 알려드립니다."

교실, 복도, 운동장에서 자유를 즐기는 아이들과 선생님들을 물고기 광장으로 향하게 만드는 방송이 거듭 울려 퍼진다. 방송에 이끌려 물고기 광장에 가면 댄스, 마술, 악기 연주 등 학생들의 공연이 펼쳐진다. 물고기 광장에서는 5월 어린이날 즈음이나 10월 나눔주간, 중간

물고기 광장 버스킹

놀이 시간이나 점심시간의 버스킹, 방과후학교 발표, 동아리의 재능기부 공연을 볼 수 있다. 이곳은 음향 시설이 갖춰져 있고, 데크로 된 무대가 있어, 공연 장소로 딱 맞는다. 또한 교실에서 자리를 많이 차지하거나 끝나고 바닥 청소가 어려운 미술 활동도 이곳에서 한다. 물고기 광장은 쉼터와 놀이터, 공연장으로 늘 북적인다.

학교 텃밭에서는 4학년이 마을교사와 함께 텃밭 수업을 한다. 봄에 감자를 심고, 여름에 캐서 감자를 삶아 먹는다. 가을에는 배추를 심어 김장을 담근다.

밭이 아닌 '상자텃밭'도 곳곳에 있다. 상자텃밭은 학년별로 나누어 방울토마토, 상추, 고구마, 옥수수, 파, 고추, 가지, 수박, 참외, 딸기 등을 심어 가꾼다.

송남초등학교에는 숲 환경이 약하다. 그래서 2019학년도 가을에 예산을 지원받아 운동장 한쪽으로 학교 숲을 만들었다. 물빠짐이 안 돼 물이 자주 고이던 자리라 배수로를 새로 하고, 원래 있던 '은행나무'와 '히말라야시다' 주변으로 '산수유, 청단풍나무, 이팝나무, 느티나무, 복자기나무, 모감주나무' 등을 새로 심었다. 가능하면 나뭇잎에서 사계절의 변화를 알 수 있는 나무를 심었고, 주변에는 벤치를 설치하여 쉴 수 있는 자리도 만들었다. 앞으로도 나무 밑으로 야생화나 풀을 심는 등, 숲 환경에 더 가깝게 만들 계획이다.

학교 숲 옆으로 체육놀이 시설이 있고, 그 옆으로 '동굴 아지트'가 있다. 원래 이곳은 덤프트럭 두 대 분량의 흙이 쌓여 있던 곳이다. 그 흙을 이용하여 동굴 아지트를 만들었다. 아이들은 그 동굴 속에 들어가 이야기를 나누며 논다. 다만, 동굴 위에 잔디를 심고 올라가지 못하게 했는데, 잔디 대신 흙을 더 쌓아 오르락내리락하며 놀 수 있도록 하는 게 낫겠다는 의견이 있다. 동굴 아지트가 없을 때 그렇게 놀았는데, 그때도 좋았다는 것이다. 조용한 곳에 들어가 비밀 이야기를 하는 것도 좋지만 뛰어노는 것도 좋기 때문이다. 앞으로 동굴 아지트는 또 어떤 모습으로 변할까?

예술꽃이 피어나는 가온누리와 밴드실, 자치력이 살아 숨 쉬는 학생자치실, 옹기종기 이야기 나눔터, 제집처럼 드나들며 책과 친해지는 도서관, 나를 표현하는 물고기 광장, 생태 감수성을 키우는 새말냇가, 학교 숲, 닭장, 텃밭, 상자텃밭 등. 쉼과 놀이, 학습 공간이 곳곳에 있다.

하지만 여전히 아쉬움이 많다. 낡고 오래된 건물, 프로젝트 수업이나 토의·토론 수업, 학년 간 연계 수업 등 다양한 수업을 어렵게 하는 교실 배치, 자유롭게 상상하여 만들고 나눌 수 있는 공작소 등. 이러한 아쉬움을 개선하고자 '학교 공간 혁신' 사업 신청을 했고, 선정이 되었다.

'학교 공간 혁신' 사업은 2020년 상반기 중에 '사용자 참여 수업', '학교 공간 혁신 워크숍' 등을 통해 학교 공간을 어떻게 바꿀지 학교 구성원의 의견을 충분히 모으고, 하반기에 설계를 마친 후, 겨울방학부터 2021년 상반기까지 실제 공간을 재구조화하는 일정으로 진행될 예정이다.

책걸상 배치를 다양하게 하고, 다락방을 만들고, 전면칠판을 설치하고, 1층은 운동장 쪽으로 폴딩 도어를 설치해 교실에서 자유롭게 밖으로 드나들 수 있게 하고, 쉼과 놀이·학습 공간으로서의 미래 교실. 아이들이 상상한 것을 만들고 나눌 수 있는 '상상이룸공작실(메이커 교육실)'. 2021년 송남초등학교 공간은 어떻게 바뀌게 될지 벌써부터 기대가 된다.

# 2부

# 교육과정,
# 줄기를 곧게 세우다

# 1장

# 삶과 앎이 하나 되는
# 교육과정

# 학년별, 교사별
# 자율적인 교육과정 운영

송남초등학교에서는 학년별, 교사별 교육과정 운영의 자율성을 최대한 보장한다. 따라서 교사들은 학년과 학급의 특성, 교사 개인의 특성에 따라 자유롭게 교육과정을 운영한다. '주제중심 통합학습(프로젝트 학습)'을 실시하기도 하고, 마을자원을 활용한 수업을 하기도 하며, 교과서 순서대로 따라가기도 한다. 아이들의 성장발달을 돕고, 즐겁게 효과적으로 배울 수 있는, 다양한 방법을 찾아 교육과정을 구성하여 적용한다.

물론, 국가수준 교육과정에서 제시하는 성취기준과 학교 비전, 학교 교육 목표, 송남 역량 등을 바탕으로 한 자율성이다. 생태 감수성, 체력, 독서력, 문화예술 감수성, 기초·기본 학력 등 학교교육의 큰 방향만 제시하고 구체적인 내용과 방법은 학년별, 교사별 협력과 주체적인 노력에 따라 결정된다.

학년(급)의 교육과정은 이러한 학교 공동의 교육과정과 국가수준의 성취기준을 기본으로 학년과 학급의 특성, 교사의 강점과 자율성을 바탕으로 만들어지고, 운영된다.

1, 2학년은 국가수준 통합교과를 중심으로 체험과 활동 위주의 교육과정, '기초학습도우미'와 함께 협력 수업을 하는 등, 기초·기본교육

에 충실한 교육과정을 운영한다. 특히, 풍부한 마을자원, 교육자원을 활용하여 수업한다.

1학년은 미술관 나들이와 도예체험(체력, 생태 감수성, 문화예술 감수성)을 각 4회에 걸쳐 실시한다. 계절별 정서적 변화와 신체 리듬을 살린 통합교육과정이다. 학교와 주변 마을 길로 이어진 공간을 직접 걸어가며, 느끼고 배우는 것이 많다. 일회성 탐방에서 벗어나 마을 둘레길 걷기와 체험이 어우러진 교육과정이다. 아산시와 협력해 '영인산 숲 체험'을 8회에 걸쳐 다녀오고, 선배들의 도움을 받아 학생자치 활동에 참여한다. 초등학교 첫 출발선에서 주인의식을 갖고 선배의 리더십을 경험한다. 1학년 첫 산행, 학교 주변 '봉수산'을 봄과 가을에 오르기, 양질의 책이 많은 도서관에서 대화하기, 흙이 빚어낸 소리 오카리나 연주하기, '학부모 지원단'의 도움을 받아 자연과 마주하고 신나게 놀기, 선배들의 기여 속에서 적응하기 등 1학년 교육과정은 몸과 마음 쓰기로 학교생활을 열어 간다.

2학년은 1학년 때 적응력을 바탕으로 더 활발한 교육과정이 구성되고 펼쳐진다. 아산시와 협력한 '영인산 숲 체험'을 이어 가고, '외암도예촌' 연계 학습, 학교 둘레 마을을 소재로 프로젝트도 운영한다. 교육과정을 재해석하고 주제를 연결한 세계와의 만남, 인근 선배 학년과 함께 운영하는 진로체험 마당, 제철 음식 만들기, '학부모 지원단'과 학습하고 신나게 놀기, 협동조합 '초록잎 담뿍'과 진행하는 자연놀이, 도서관에서 그림책 만나기, 두 번째 산행 '남산'에 오르기, 능숙한 솜씨로 뽐내는 오카리나 연주, 자치회 참여를 통한 빛나는 의견들, 텃밭 정원 가꾸기, 여름철 물놀이와 생존수영, 목공실에서 목공 전문가와의 만남과 뚝딱 만들어 내는 작품, 책 읽고 만나는 작가 등 자기주

미술관 나들이/도예(32)                    교과(16)+동아리(16)

| 영역 | 성취기준 | 평가 내용 방법 | 활동 내용 | 운영 시수 | | | | | | 주제 연계 |
|---|---|---|---|---|---|---|---|---|---|---|
| | | | | 국 | 수 | 바 | 슬 | 즐 | 창 | |
| 미술관 나들이 | 바05-01 공공장소의 올바른 이용과 시설물을 바르게 사용하는 습관을 기른다. | 공공기관을 바르게 이용하는가? (태도 관찰) | 봄 풍경 관찰하기 미술관 관람 예절 익히기 당림미술관 둘러보기 | | 1 | | | 1 | 2 | 4.16/ 4.23(화) |
| | | | 여름 풍경, 곤충 관찰하기 상상의 동물 꾸미기 | | | | 1 | 1 | 2 | 6.11/ 6.18 |
| | | | 가을 풍경 살펴보기 가을 풍경 표현하기 | | 1 | | | 1 | 2 | 9.17/ 9.24 |
| | | | 겨울 풍경 살펴보기 스테인드글라스 만들어 보기 | | | | 1 | 1 | 2 | 11.19/ 11.26 |
| 도예 체험 | 즐04-01 즐08-01 여름, 겨울의 모습과 느낌을 창의적으로 표현한다. | 창의적으로 표현하는가? (과정 관찰, 작품 분석) | 흙의 느낌 알아보기 흙을 이용한 그릇 만들기 | 1 | | | | 1 | 2 | 5.7 |
| | | | 신발 모양 그릇 만들기 | 1 | | | | 1 | 2 | 7.2 |
| | | | 페트병을 이용한 물고기 모양 연필꽂이 만들기 | | | | 1 | 1 | 2 | 10.8 |
| | | | 우유팩을 이용한 부엉이 모양 전등 만들기 | | | | 1 | 1 | 2 | 11.20 |
| 계 | | | | | 2 | 3 | 3 | 8 | 16 | |

도적으로 살아가는 법을 배우며 성장한다.

　3, 4학년은 국가수준 교육과정이 설정해 놓은 시간과 공간 확대를 염두에 두고 디자인한다. 성취기준 요소 중 우리 고장을 중심으로 고장의 역사와 문화, 생태, 자기를 알고 표현하는 교육과정을 운영하며, 1, 2학년처럼 마을자원을 충분히 활용한다. '스스로 학습' 능력을 위해 배움의 3원칙(스스로 배우기, 친구와 함께 배우기, 선생님과 배우기)을 적용하기 시작한다. 자신의 삶과 배움을 토대로 스스로 시작하고 선택, 배움의 대상과 소통하고 협력하는 실행 과정, 배움의 과정과 결과 공유, 성취감과 성공을 함께 나누는 연습을 한다.

3학년부터 우리 고장으로 배움이 확대된다. 마을과 고장을 알아보기 위해 '우리 고장 아산 프로젝트'를 진행하는데 계획, 실행, 공유 단계를 거쳐 배움이 깊어진다. 고장과 관련된 옛이야기를 듣기 위해 향토 사학자 만나기, 더불어 사는 가족과 이웃의 '성인권 교육' 5회기 운영, 세 번째 산 탐사 학교 주변 '황산' 오르기, 온작품읽기, 작가와의 만남, 마을교사와 함께 작품의 세계를 연극으로 표현하기, 생존수영, 스케이트, 요양원 방문, 교사의 강점이 녹아난 문화예술교육(음악, 미술, 창·체)은 더 풍족한 교육과정을 만들어 낸다.

'수서 생태'[6] 학습을 연 4회 운영한다. 마을 주변 냇가에서 생태 전문가를 모시고 생태학습을 진행한다. 수서 생물을 관찰하고, 물고기를 잡아 구워 먹기도 한다. 계절의 변화와 느낌을 받아 그림 그리기, 글로 표현하기, 과학과 학습에도 연결하는 교육과정이다. '전교자치' 활동과 학생 '자율 동아리'에도 참여하기 시작한다.

4학년은 '텃밭생태 교육'을 연 4회 운영한다. 텃밭 가꾸기는 마을교사와 진행하고 흙의 감촉, 식물을 가꾸는 보람, 수확물에 대한 이용 방법 등 나눔과 연결되는 노작 중심 교육이다.

성취기준에 대한 이해를 바탕으로 충남 답사를 기획하여 운영한다. 고장 사람과 관련 있는 다양한 중심지를 스스로, 또는 팀과 협력해 조사하고 미션지를 만든다. 답사를 다녀와 다양한 교과를 연결해 표현하고 공유한다. 학습을 통해 지역 문화유산, 역사적 인물과 삶에 대한 배움은 더 깊어진다. 답사의 실현 여부에서 주된 도움 중 하나는 1인 1PC 환경이다. 교무실에 비치된 학생용 노트북 20대, 스마트 패드 20

---

6. 3학년에서 '텃밭 교육', 4학년에서 '수서 생태'를 해 왔고, 2019학년도부터는 3학년에서 '수서 생태', 4학년에서 '텃밭 교육'을 한다.

## 2019학년도 3학년 교육과정(일부)

수서 생태

| 시기 | 소주제 | 활동 내용 | 성취기준 + 평가 내용 | 국 | 도 | 사 | 수 | 과 | 음 | 미 | 체 | 영 | 자 | 봉 | 진 | 평가 방법 |
|---|---|---|---|---|---|---|---|---|---|---|---|---|---|---|---|---|
| 4.10 4.17 5.15 5.22 6.19 6.26 9.4 9.11 | 봄철 냇가 | •물속 생물 관찰하고 이야기 듣기 •물을 좋아하는 식물과 봄나물 •환경을 지키기 위해 우리가 해야 할 일 | 도)인간 생명과 자연을 보호하려는 태도 갖기 과)봄철 냇가의 모습을 관찰하기 | | 4 | | | | | | | | | | | •관찰 •자기 평가서 •결과물 (관찰 보고서) |
| | 계곡 생태 | •계곡에 사는 생물 찾기, 관찰, 특징 찾기, 이야기 나누기(생명존중 1시간) •물 속 생물의 한살이 •세밀화 그리기 | 과)환경에 따른 생물의 사는 모습과 생김새 알아보기 미)자연의 대상(계곡 생물)을 탐색하여 자신의 느낌과 생각을 세밀화로 표현하기 | | 2 | | | 2 | | 2 | | | | | | •관찰 (참여 태도) •자기 평가서 •결과물 (세밀화, 관찰 보고서) |
| | 냇가 어종 찾기 | •유곡리 냇가 특징 알아보기 •냇가에 살고 있는 물고기로 오염도 알아보기 •족대로 물고기 잡기 •소감 이야기하기 •경험화 그리기 | 과)알에서 나오는 생물의 종류 알아보기 과)냇가의 어종을 알아보고 관찰하여 기록하기 미)수서 생태 수업 경험화 그리기 | | 2 | | | 2 | | 4 | | | | | | •관찰 •자기 평가서 •결과물 (관찰 보고서, 경험화) |
| | 잠자리 한살이 | •잠자리 유충 찾기, 주변 식물 알아보기 •잠자리의 종류, 천적, 한살이 알아보기 •잠자리의 비행술 알아보기 •관찰과 이야기 나누기 | 과)물속에 사는 생물의 종류를 알아보고 직접 잡아 보기, 관찰하기 과)동물의 한살이 과정 알아보기 | | | | | 4 | | | | | | | | •관찰 •자기 평가서 |
| 계 | | | | | 8 | | | 8 | | 6 | | | | | | 22 |

준비물: 개인 드로잉 북, 연필, 수채물감, 물통, 붓, 색연필, 사인펜
활동지: 관찰 보고서 양식

대는 '정보통신기술교육'으로 연결된다.

3학년과 마찬가지로 '성인권 교육'이 5회 연속 운영된다. 마을교사로부터 전문적인 피드백을 받아 인권 감수성을 신장시킨다. 세 번째 산탐사 '영인산' 오르기, 학급살이 영상 제작, '전교자치회'와 '자율 동아리' 참여, 1, 2학년과 함께 진행하는 놀이 체험 마당, 생존수영, 스케이트 등 자치력이 생겨나는 시기, 4학년의 중심적 역할은 조금씩 리더십으로 확장된다. 1~6학년 전체가 진행하는 '다함께캠프'에서 4학년은 고학년 선배들을 도와 기여하는 위치에 서기도 한다.

5, 6학년 교육과정 설계는 학생들의 자율성과 자발성, 리더십에 주목한다. 학습의 흐름은 자율성과 자발성에 무게를 두고 주도적인 소통과 협력, 결과를 공유하고 나누는 데 집중한다. 대주제와 소주제로 나누어 학습해 나간다. 교과별 주제를 통합하거나 '문제기반학습', '주제 중심 통합학습(프로젝트 학습)'을 적용하여 선택과 집중, 협력할 수 있게 교육과정을 디자인한다.

의미 있는 경험을 위해서는 스스로 시작하고, 선택할 수 있어야 한다. 배움의 대상, 친구, 교사, 지역과 끊임없이 소통하며, 협력하고, 배움을 반복한다. 배움의 과정과 결과를 공유하고 성취감과 성공을 나누는 경험, 다양한 경험은 학생들 삶과 연결되고 순환하는 구조로 되어 있다. 모든 교과에서 적용되지는 않지만 송남초등학교 5~6학년 교육과정의 큰 흐름이라 할 수 있다.

5학년은 성취기준과 교과별 단원 내용을 분석하여 대주제에 따른 소주제 선택, 세부 활동 순서를 잡아 구성한다. 먼저 4학년 때 아이들의 특성을 이해하고 관계, 학습, 생활, 체력 등 강점 요소와 약점 요소를 파악해 본다. 가치 씨앗 카드 단어를 연결해 5학년 학생들에게 필요한 교육적 가치와 목표를 정한다. 교사의 필요와 학생들의 버킷리스트, 학년 철학과 방향을 세워 교육과정에 반영한다. 성취기준 요소와 부합한 활동 주제를 선정하고 주간 삶과 배움으로 실천한다.

3월 1주와 2주에 걸쳐 '첫 만남 프로젝트'를 운영한다. '관계력' 진단을 통해 나의 이해, 학년 슬로건 만들기, 송남 '띠제도', 송남 역량 등 학년 공동체를 세워 나간다. 학습진단은 기초학력 수준을 파악해 본다. 흥미진단을 통해 진로 관심 영역과 동아리를 개설하며 설렘과 두려움으로 시작하는 새 학년을 편안하게 출발하고자 기획한 프로젝트다.

과거의 학생은 좋은 배움, 좋은 지식을 습득하는 수동적이고 약한 존재였다고 하면 현재 학생은 자신의 삶을 선택, 결정, 행하는 주체자로서 바라봐야 하고, 충분히 잘할 수 있다는 믿음이 있다. 학생의 권리를 제대로 알고 다양한 사회, 다문화 속에서 세상의 남을, 어떤 눈으로 바라봐야 하는지 고민하고, 실천하는 의미에서 '인권 프로젝트'를 실시한다.

딱딱한 사회 교과, 수많은 개념들을 가상 답사 형태로 학생들의 팀워크와 기획력을 발휘하여, 사회적 리더로서 역량 키움과 '주도력'을 통한 사회적 학습력을 위한 배틀트립(교과 개념 탐구, 여행상품 만들기, 한식 대첩, 디베이트), 역사를 처음으로 학습하는 5학년 2학기, 역사의 수많은 인물과 사건에 대해 습득하는 것보다 역사에 대한 배움의 욕구를 불러일으키기 위한 '위대한 유산을 찾아, 지식 큐브를 완성하라!(역사 열기, 교과서 탐구, 역사 답사, 역사 지식시장, 온책읽기, 작가와의 만남, 역사 뮤지컬)' 프로젝트를 운영한다.

동네방네! 마을 속에서 배움을 넓히기 위해 마을교사와 함께하는 수채화 교실(5회), 서예교실(4회), 시노래와 랄랄라 교실(5회)과 연극(6회)을 운영하는데, 노래와 연극은 역사 뮤지컬로 연결한다. 지역사회 '초록잎 담뿍' 협동조합과 연계한 숲길 치유, 다섯 번째 산 탐사 '설화산' 오르기, 생존수영 등을 운영한다.

'자치력'과 '리더십'을 기르기 위해 다양한 캠프를 진행한다. 1학기 '마무리캠프'를 시작으로 1~6학년 '다함께캠프'에서 6학년 선배와 협력해 리더 역할을 주도적으로 수행한다. 스스로 마련한 돈으로 '스키캠프'를 가고 6학년 '준비학교(리더십 캠프)'에서 자신을 발견하고 '관계력'을 증진시켜 '리더십'을 키운다.

6학년은 송남초등학교의 꽃이고, 열매이다. 5년에 걸쳐 배우고 경험한 삶을 더 넓은 세계로 나아가기 위해 준비한다. '서로 눈 맞추고, 함께 손 맞잡고, 서로의 빛이 되어, 세상을 밝히려 내딛는 한 걸음'이라는 공동체 목표 속에 자발성, 자율성, 소통, 협력, 배려와 나눔, 민주시민 역량을 담는다.

학년 초, 서로의 어색함을 줄여 주고, 함께 학급을 정의하며, 서로 다른 우리가 함께 어우러져 살 수 있도록 마을을 열고 규칙을 정하는 등 많은 시간과 활동을 한다. 교과 수업과 '첫 만남(프로젝트)'은 따로 운영하는 것이 아니라 재구성하여 '첫 만남' 시간을 확보하고, 제대로 첫 단추를 끼우며 시작한다. 다양한 '자기이해' 활동으로 스스로에 대해 이해하고, '회복적 서클'을 통해 서로를 존중하며, 학습 구성원에 대해 이해하고 배려하는 마음을 갖는다. 학습을 잘하기 위해 학습의 도구와 기술을 익힌다. 자신의 출발점을 알고 앞으로 진행되는 프로젝트 활동, 협력 학습, 개별 학습 능력을 준비한다.

국가 기관, 인권, 권리와 의무에 해당하는 사회과 내용을 추상적으

로 접근하고 배우게 되면, 삶과 동떨어진 내용인 지식으로만 배우게
될 것이다. 학생의 삶 속에서 직접 나라를 구성하고 운영하는 '우리가
바라는 나라, 국가 프로젝트'를 운영한다.

무엇보다 아이들의 삶의 터전인 송악은 가장 훌륭한 사회 학습터이
다. 송악을 촬영장소로 하여 직접 영화를 기획하고 제작하며, 표현과
기록의 예술인 영화 장르에 한 발 더 다가갈 수 있는 기회가 된다. 전
문강사와 마을강사를 초빙하여 각자의 관심과 흥미가 있는 분야에서
더욱 깊이 있게 공부할 수 있게 하고, 자신의 진로에 대하여 한 발짝
더 나아갈 수 있는 기회를 갖게 하고자 '영화 프로젝트'를 운영한다.
2019학년도에는 3·1운동 100주년을 맞이하여 〈그날 아이가 있었다〉
라는 작품을 바탕으로 영화를 촬영하고, 상영하였다.

스스로 기획하고 친구와 협력하여 참여하는 '여행학교', 온전한 작
품을 그대로 만나는, 문학작품을 깊이 있게 이해하고, 가치를 느끼며,
자신의 생각과 느낌을 소통하고, 내면화하기 위한 '문학 프로젝트'를
기획하고 운영한다.

자치력을 발휘하기 위해 6학년 '시작캠프', '전교자치회'와 '자율 동
아리' 운영, '마을교사'와 함께 운영하는 논 생태, 논 학교 참여(4회),
생존수영, 여섯 번째 산 탐사 '광덕산' 등반, 최고의 자치력을 통해 책
임감을 느끼는 '다함께캠프' 주도, '나눔주간' 기여, 겨울 스포츠 '스키
캠프' 참여, 초등학교 마지막 졸업식 준비 등 6학년은 자율성만큼 책
임감의 무게가 많이 실려 최고 선배로서의 역할을 수행하고, 졸업에
이른다.

1학년부터 6학년까지 대략적인 교육과정 주제와 활동, 흐름을 나열

해 보았다. 송남초등학교는 공립학교로서 국가수준 교육과정에 제시된 인간상, 역량, 성취기준을 분석하여 교육과정을 구성하고 운영하는 보편성을 추구한다. 단, 학교 특성과 교사 역량, 관계, 교육적 자원을 고려하여 '교사수준 교육과정'에 집중하고 있다. 학교의 보편적 목표와 교육의 방향은 제시하되 합의를 원칙으로 상향식 교육과정을 실현해 가는 학교이다.

학년마다 교육과정을 재구조화하거나 구성하는 범위, 수준은 다 다르다. 학년성에 주목하면서 1, 2학년은 통합교육과정을 보편적으로 운영하고, 체험과 마을자원을 더해 교육과정을 설계한다. 3, 4학년은 기본적인 교과 내용을 학습하고 답사, 온작품읽기나 체험을 더해 운영한다. 5, 6학년은 일반 교과와 주제중심 프로젝트 학습으로 나누어 학습한다. 모든 학년에서, 모든 내용을 똑같이 재구성하지 않는다. 교사별, 학년별 의미가 있다고 생각하거나 학습으로 연결하기 위해 다양한 방법을 선택적으로 적용한다. 시간이 지나면 큰 방향만 남고 내용과 방법이 달라져 있는데, 이것은 자연스러운 변화이고 큰 맥락에서 보면 당연한 결과이다.

우리는 어떻게 성장해 왔는가? 교사의 성장에 대한 책임은 교사 개인에게 있었다. 교사의 성장은 홀로 하는 악순환을 거쳐 왔다. 과거와 현재, 오랫동안 교사는 혼자 지내기에 용이한 조건을 가지고 있다. 국가수준 교육과정에 머물러 있고, 추구하는 인간상, 핵심역량, 교육 목표와 가치, 방향은 무의미한 것이 되고, 문서로서 역할을 충실히 했던 과거, 송남초등학교의 교육과정은 표준화에 반기를 들었다. '교-수-평-기 일체화'라는 브랜드가 나오기 전부터 교육의 본질, 공교육 정상화 측면에서 학교 체질이 개선됨에 따라 본연의 업무인 수업에 집중하고, 함께 만들어 가는 교육과정을 실현하게 되었다.

앞에서 언급했듯이 수업에 집중할 수 있도록 교육지원팀(업무전담팀) 구성, 함께 만드는 교육과정 워크숍, 교사 연수와 수업나눔을 위한 학습공동체 운영, 교육과정에 날개를 달 수 있도록 전폭적인 지지와 지원을 아끼지 않는 학교장 리더십 구현, 교육과정 운영 중심의 학교 예산 편성, 학년 중심 예산 편성 등은 교육과정 슬림화(실제 운영할 것만 한곳에 다 모아 놓기, 성취기준, 학습 주제, 내용, 교과, 시수, 평가 등)의 원천이었고, 교육과정 운영에 집중할 수 있는 밑바탕이었다.

학생들에게 의미 있는 삶으로 연결하기 위해 교육과정을 재구조화하는 일은 쉽지 않았다. 국가수준 교육과정에서 제시한 성취기준은 따로 존재하고, 교과서에 나열한 순서대로 학습하는 경우가 일반적인 것이었다. 학생들은 학업에 대한 흥미를 찾지 못하고, 학습 동기도 향상되지 못한 채, 관계의 문제로부터 학습 능력 저하와 무기력을 자초했다. 구분되지 않은 교사의 주요 업무가 행정이었고, 가르치고 연구하는 집단적 모임, 학습공동체는 피로한 것이었다. 악순환의 반복과 교육에 대한 피로도, 개별주의는 골을 깊게 파헤쳐 놓았다.

그래서 시작한 것이 업무 체제 개선과 지원 체제였다. 그로부터 학습공동체가 살아났고 교육과정, 학생 성장발달, 수업, 평가에 관심을 갖기 시작하며 다양한 시도가 일어났다. 송남초등학교는 6학급에서 12학급으로 규모가 커진 학교이다. 홀로 지냈던 과거와 달리 공동학년이 생겨 함께 교류하고, 협업해 교육과정을 운영한다. 혼자보다 두 사람이 함께 나누고 힘을 합하는 것은 행복을 발견하는 것이었다. 함께 고민하고, 기획하며, 실현한 교육과정은 수업 속에서 빛이 났다. 잠자던 아이들이 깨어나고, 말하기 시작하고 행동하기 시작했다. 그로부터 되돌려 받은 것은 교사의 자존감이었고, 함께 공유하는 힘이 얼마나 소중한지 깨닫는 것이었다.

학교 구성원은 각자의 취향과 역량이 다 다르다. 교육과정 운영 주체는 교사인데 모든 교사의 강점과 약점이 같을 수 없다. 보편적 교육의 방향과 가치에 동의하고 다름을 인정하는 문화가 있어야 하는 이유이다.

송남초등학교 교육 방향 가운데 하나는 '제각각 다 다르게, 잘하는 학교 체제 만들기, 실패 보장하기, 도전하는 문화'이다. 모든 학생을 대상으로 하는 교육, 다양한 재능과 관심사를 지원, 획일성에서 창의성으로, 표준화 교육에서 벗어나기, 모두를 인정해 주는 학교, 다양한 능력과 역량들에 대해 공평한 지위와 입지 부여, 나만의 독특한 방식으로 작업하고 공동체에 기여하는 문화 만들기 등 도달이 아니라 현재의 성취를 격려하며 성장할 수 있도록 돕는 것이 송남 교육과정의 핵심이다.

# 교육과정 재구성,
# 해야만 했다

## 교육과정 재구성을 할 수밖에 없었던 이유!

초등학교 4학년, 교통사고로 아버지를 잃었다. 어머니와 여동생 셋이서 세상을 살아가기에는 험난한 곳이었다. 어머니는 밤 11시 넘도록 식당에서 일하셨고, 나는 밤마다 늦도록 어머니를 기다리다 집 앞에서 들리는 익숙한 걸음 소리가 나면, 그제야 안심하며 잠든 척을 했다. 모든 것이 불안하고 걱정되던 그때 5학년 새로운 선생님과 만남이 시작됐다. 참 따뜻한 분이셨다. 자상하고, 배려하고, 격려해 주셨다. 때로는 엄하게 혼내 주시기도 했다. 1학기를 끝으로 이사를 가느라 헤어져야 했지만, 내게는 선생님이라는 꿈이 생겼다. 그리고 어느덧 시간이 흘러 나는 선생님이 되었다.

첫 발령지로 보령을 선택했다. 아름다운 섬들과 서해의 노을이 있고, 옥마산과 성주산이 있는 곳. 그리고 섬마을 학교 선생님이 되어 따뜻한 선생님이 되고 싶었다. 하지만, 현실은 그렇지 않았다. 이동점수와 승진점수 등 많은 것들이 얽혀 있어 쉽지 않다는 것을 깨닫는 데 오래 걸리지 않았다. 그래도 좋은 선생님이 되고 싶은 생각은 언제나 마음 깊은 곳에 자리 잡고 있었다. 그리고 실현하고 싶었다.

아이들은 내 뜻대로 되지 않았다. 열심히 수업을 준비하고, 놀이도 해 보고 각종 칭찬과 보상을 해 봐도 아이들이 잘 배우는 것 같지 않았다. 아이들끼리 다투고 때로는 나도 아이들과 싸워야 했다. 말을 듣지 않는다는 이유로 체벌도 마다하지 않았다. 하지만 교실은 결국 혼란스럽기만 했다. 내가 교사로서 자질이 없는 것은 아닌지, 자괴감이 들기도 했다. 때로는 교대는 왜 학교현장에서 잘 적응할 수 있도록 준비를 시켜 주지 않았는지 원망도 했다.

교실 속 수업에서는 슬픈 날이 더 많았지만, 내가 잘할 수 있는 것에서는 열심히 했다. 음악경연대회에서 단소를 지도하고, 과학경진대회에서는 브레드보드와 기계과학, 과학전람회에서 아이들을 데리고 큰 대회를 나가기도 했다. 실적도 있고, 보람도 있고, 아이들도 좋은 경험을 하게 된다고 생각했다. 그런데 몇몇 아이들에게는 좋은 기회가 되었을지 모르지만, 내가 교실에서 만나는 대부분의 아이들에게 바쁘고, 지치고, 힘들다는 이유로 더 소홀히 대하는 건 아닌가 하는 느낌이 들기 시작했다. 나는 슈퍼맨이 아니었다. 내가 선택한 모든 것을 잘할 수는 없었고, 더 많이 함께하는 학급의 아이들에게 더 의미 있는 선생님이 되고 싶었다. 그래서 다시 교실 속으로 돌아왔다.

여전히 아이들을 대하는 것과 수업을 하는 것은 어려웠다. 내게는 대책이 필요했다. 신규 때부터 아이들과 함께했던, 연극을 주제로 하는 수업과 공연이 그나마 아이들이 즐거워하고, 의미도 있었다는 것이 떠올랐다. 연극뿐 아니라 다른 수업과 활동에서도 교과서가 제시한 대로가 아닌, 새로운 것을 시도하기 시작했다. 그게 훗날 교육과정 재구성이라는 것을 알게 되었다.

# 왜 관계가, 수업이, 배움이 어려웠는가?

아이들을 만나 온 시간이 조금씩 쌓이면서, 왜 아이들과 관계 만들기가 어려웠는지, 왜 수업이 어려웠는지, 왜 아이들은 잘 못 배우는지 조금씩 알게 되었다. 그리고 아이들을 볼 수 있는 시야도 넓어지기 시작했다. 지금껏 깨달은 몇 가지를 정리해 보고자 한다.

수업을 열심히 준비하면 나를 존경하고, 자아실현을 위해 열심히 공부할 거라고 생각했지만, 아이들 삶에서는 교사의 열정만으로는 채울 수 없는 게 많았다. 대학생 때 들었던 '매슬로우'의 '욕구이론'이 다시 떠올랐다. 존경의 욕구와 자아실현의 욕구는 생리적, 안전, 애정의 욕구 토대 위에 만들어진다고 생각하니 아이들의 기본적인 욕구들이 얼마나 충족되고 있는지 관심을 갖게 되었다.

심한 부부싸움과 이혼, 한 부모와 조부모 가정의 아이들, 고학년 또래들 간의 갈등과 소외, 짝사랑과 연애, 이별까지 아이들이 겪고 있는 욕구 불만족 상황은 너무도 많았다. 그렇다고 진도 나가기 바쁘고, 공문도 처리해야 하는 나로서는 특별한 이벤트도 부담스러웠고, 할 수 있는 게 많지 않다고 생각했다.

우연치 않게 '존 볼비'의 '애착이론'에도 관심을 갖게 되었다. 초등학생 때 선생님이 좋아 교사가 되겠다고 다짐했던 나를 떠올리며, 반대로 선생님과 관계가 좋지 않아 공부를 하지 않았던 과목을 떠올리며, 애착관계가 배우고 성장하는 에너지가 된다는 것을 알게 되었다. 그렇다면 과연 교실에서 아이들은 나와 애착관계가 있는 것일까? 아이들끼리 애착관계가 잘 형성되었을까? 되돌아보았다. 지식을 잘 전달하려고 했던 나는 좀 더 아이들 삶을 들여다보지 못했고, 아이들은 단짝을 찾느라 고군분투하고 있었다. 소통과 협력의 수업을 하고 싶어도, 모둠 수업을 하고 싶어도, 애착관계가 없어서는 형식적일 뿐이었다. 이런 애착관계를 어떻게 만들어야 하는지 난 집착하게 되었다.

1급 정교사 연수를 받으면서 '다중지능이론'에 대해 배웠다. 그때는 '바로 이거야!'라는 생각이 들었다. 각자 자신이 잘하는 지능이 있고, 서로 잘하는 것이 다르고, 배우는 속도도 다르다고 생각하니, 아이들을 바라보는 마음이 한결 가벼워졌다. 아이들이 각자 다른 걸 잘한다는 건 느낌으로 알고 있었는데, 거기에 든든한 이론을 만난 기분이었다. 그런데 정작 교실에서는 어떻게 실현해야 할지 막막하기만 했다. 가르칠 교과서 내용은 많고, 성취기준은 빡빡했다. 진도 나가기도 힘들고, 중간중간 해야 하는 각종 대회와 학예회까지, 다중지능이 아니라 한 가지 지능이면 좋겠다는 생각까지 들었다. 이론은 이론일 뿐 현실과는 너무 멀다는 생각이었다.

3월부터 열심히 가르친 아이들을 데리고 중간고사와 기말고사를 보던 시절이 있었다. 분명히 열심히 가르쳤고, 아이들도 이해했지만, 시험 결과와 함께 기억이 나지 않는다는 이야기를 들을 땐 아이들이 실망스러웠다. 그러다 '에빙하우스'는 인간의 기억은 한 달이면 대부분 사라진다는 망각곡선을 얘기했다는 사실을 알게 되었다. 아이들이 배우고 기억하지 못하는 것은 나의 책임도 아이들의 잘못도 아니었다. 단지 인간의 특성이었다. 그렇다면 자주 복습해야 하는데 수업시간에 매번 복습할 수도 없고, 그렇다고 과제를 매번 내줄 수도 없고, 복습이라는 이름으로 학습지를 내주는 것도 방법이 아니었다. 수업 속에서, 교육과정 속에서, 자연스럽게 복습의 기회를 가질 수는 없을까? 고민하게 되었다.

대학생 때 하나도 이해되지 않았던 '비고츠키' 이야기에 다시 관심을 갖게 되었다. '거꾸로교실', '배움의 공동체', '하브루타' 등 많은 교육 이론과 활동들이 구성주의를 바탕으로 두고 있으며, 구성주의는 비고츠키 이야기로 시작되는 꼬리에 꼬리를 물고 찾아가게 되었다. 이론에 의하면, '근접발달영역'에서 교사와 학생이 상호작용을 많이 하라는데, 나 혼자 20~30명의 아이들과 상호작용을 하기란 쉬운 일이 아니었다. 하루에 한 번 대화를 나누기도 힘든 교실 환경에서 도대체 어떻게 상호작용을 하라는 것인지…. 하지만 상호작용 대상에는 교사만 있는 것이 아니었다. 아이들 또래끼리 상호작용을 하면 된다는데, 어떻게 해야 또래끼리 상호작용을 할 수 있을지도 고민이었다.

EBS에서 〈왜 우리는 대학에 가는가?〉란 제목의 다큐멘터리를 본 적이 있다. 그곳에서 '학습 효율성 피라미드' 그래픽을 보게 되었는데, 강의 듣기는 5%의 효율, 서로 설명하기는 90%의 효율이 있다고 했다. 서로 설명하기가 좋은 줄은 알겠는데, 누구에게 어떻게 설명하면 좋을지, 교과서 속 활동에서는 서로에게 설명하는 기회가 많지 않았다.

또한 '메타인지'라고 자신이 말로 설명할 수 있는지 여부에 따라 제대로 아는 것과 그렇지 않은 것으로 구분할 수 있다는 이야기도 있다. 제대로 아는지 모르는지 알기 위해서는 결국 말로 설명할 수 있는 기회가 많아야 한다는 것인데, 그 기회를 만들기란 쉽지 않았다.

자아실현의 욕구까지 도달하지 못한 아이들, 애착관계를 갈구하는 아이들, 서로 다른 지능과 성격의 소유자들, 배운 것도 이해한 것도 망각해 가는 아이들, 상호작용으로 서로 설명해야 잘 배우는 아이들. 이런 아이들의 특성은 이미 많은 연구자들에 의해 알려져 있었다. 학교에서, 교실에서, 아이들을 만나면서 하나씩 확인하는 계기가 되었을 뿐이다.

수업이 어렵고, 아이들이 어려웠던 이유들은 알았다. 그럼 수업을 바꾸면 되는데, 그것도 쉬운 일이 아니었다. 연수를 받고 그대로 적용해 보거나 선배들의 수업 방법을 시도해 보기도 했다. 핀란드 사례를 담은 책을 읽어 보기도 하고, 새로운 것을 시도해 봤지만 대부분 실패였다. 교사로서 존재의 이유를 찾고 싶어 꿈틀거렸다고 해야 할까? 가끔 효과가 있는 듯했지만 이내 한계점에 도달해 동력을 잃고 마는 경우가 대부분이었다. 그리고 새로운 시도는 주변 선생님들을 불편하게도 했다. 그 당시 같은 시험을 봐야 하는 중간고사와 기말고사가 존재했고, 새롭고 특별한 활동은 동학년 교사를 타인들이 비교하게 만들었다.

나중에 알게 되었다. 새로 배우고 도전한 것들이 실패할 수밖에 없었던 이유를. 나에게도 안전의 욕구, 애착의 관계, 복습의 기회가 필요했고, 내가 잘하고 좋아하는 것을 해 볼 수 있는 허용적 분위기와 지원, 내가 배우고 익히는 것에 대해 설명하고, 그에 대해 피드백 받을 수 있는 기회가 필요했다. 아이들에게 필요하다고 생각했던 성장의 조건이 바로 나에게도 필요했던 것이다.

그 무렵, 아산의 선생님들이 모이는 작은 모임에 들어갔다. 그리고 매주 한 번 모여서 마음과 지혜를 나누었다. 실패할 때면 위로를, 도전할 때에는 용기를 주었고, 왜 안 되는지, 무엇이 문제인지, 함께 얘기하며 해결 방법도 찾아보고, 필요하면 영상도 책도 보며 조금씩 배워 나갔다. 이후에 모임에서 함께했던 선생님들이 있는 학교로 모이게 되었고, 그곳이 송남초등학교였다.

무엇보다 진도대로, 교과서의 단원대로 수업하지 않아도 된다는 용기를 갖게 되었다. 이미 '국가교육과정'에서도 얘기하는, 교과서는 자료로 생각하라는 조언을 받아들이고, 스스로 채우고 있던 진도라는 족쇄를 벗어 버렸다. 그러자 교육과정은 지식과 지혜, 역량을 키우며, 동시에 애착의 관계를 만들어 주고, 서로 다르게 가진 배움의 욕구를 실현하고, 각자의 속도대로 배우며 성장할 수 있는 무대가 되어 주었다. 사실 교육과정 재구성은 내가 온전한 교사가 되기 위한 선택이 아니라 해야만 하는 몸부림이었다.

## 배움과 성장이 살아 있는 증거를 아이들 속에서 발견하다

교육과정을 재구성해서 아이들과 한 편의 영화를 찍었다. 영화 한 편이 만들어지기 위해서는 다양한 과정이 있다는 것, '다중지능이론'이 이야기하는 대로 각자 자신이 잘하고 좋아하는 것을 선택할 수 있다는 것 등이 매력적인 주제였다.

먼저, 지역의 역사 이야기를 찾다가 일제 강점기 때 독립운동을 하신 곽한일 의병장을 알게 되었다. 그분의 손자가 학교 가까운 곳에 살고 계시다는 것도 알게 되어, 직접 찾아가 이야기를 듣고 자료도 얻어 시나리오를 쓰게 되었다.

시나리오가 완성될 즈음 배우, 촬영, 분장, 의상, 소품, 편집 등 자신이 잘하고 좋아하는 분야의 팀에 들어가 각자의 역할을 가지고 촬영을 시작했다. 조선 후기 사람들이 입던 '민복'은 학교 옆의 '송악두레논매기보존회'에서 빌리고, 촬영장은 학교 길 건너편의 '외암민속마을'

이 되었다.

포스터와 티켓을 직접 디자인해서 홍보하고, 드디어 영화를 상영하는 날, 아이들은 긴장과 설렘이 가득했다. 상영회장을 꾸미고, 티켓을 받고, 사회를 보는 일도 모두 아이들이 맡았다. 정성껏 만들어진 영화를 대형 막에서 틀고, 200명 가까운 관객들이 함께하는 상영회가 마무리되었다. 우리가 사는 마을에 독립운동을 했던 곽한일 의병장이 계셨다는 사실을 처음 알게 된 사람도 있었고, 그분이 고종황제로부터 하사받았던 검이 독립기념관과 서대문형무소에 번갈아 전시된다는 사실도 처음 알게 되었다. 그리고 곽한일 의병장의 손자들이 그 자리를 함께했다. 할아버지의 이야기를 영화로 만들어 줘 고맙다는 인사는 아이들이 더욱 보람을 느끼게 해 주었다.

매년 하나씩 네 번의 영화를 아이들과 함께 만들면서, 평소에 보지 못했던 아이들의 진짜 모습을 많이 볼 수 있었다. 학교생활에 별로 관심이 없던 한 여자아이는 대본을 곰곰이 보더니 이렇게 말했다.

"아니, 일본인들이 다 우리말로 말한다는 게 이상하지 않아요? 게다가 일제 강점기인데 왜 일본말을 안 써요?"

우리가 일본말까지 쓰며 연기를 해야겠다는 생각은 한 번도 해 보지 못했다. 6학년 두 담임은 일본어를 하나도 몰랐기 때문이었다. 하지만 그 아이가 평소 애니메이션을 좋아한다는 것을 알고 있었기에, 그 이야기를 꺼낸 이유를 알 수 있었다.

"선생님! 제가 대사 밑에다가 일본어 발음 다 써 올게요. 그걸로 애들 연습시켜요."

과제를 제대로 한 적이 없던 아이였는데, 그 말을 한 다음 날, 장편의 대사 속에 나오는 모든 일본인의 대사 밑에 일본어 발음이 한글로 달려 있었다. 게다가 실제 일본어의 억양과 느낌을 살리기 위해 친구들의 대사 연습까지 도와주었다. 촬영장에서도 '레디~ 액션!'이 외쳐지기 직전까지도 연습시키는 모습을 보며, 아이들이 스스로 잘하는 것을 선택할 때, 어떤 모습을 보여 주는지 알 수 있게 되었다. 그리고 영화의 엔딩에는 '일본어 감수'라는 특별 역할이 추가되었고, 영화를 상영하는 날에는 이 아이의 할머니까지 초대해 함께 영화를 보았다.

화장을 유난히도 좋아하고, 열심히 하는 아이가 있었다. 그 아이는 메이크업, 분장 팀에 들어가 수염을 붙여 주고, 상황에 맞춰 얼굴 안색을 조정하기도 하며, 자신이 맡은 역할을 했다. 놀라웠던 것은 심하게 상처 난 흉터를 재현했던 일이다. 임진왜란 때 아산 지역에 살던 '바늘장군'의 성장기를 다루었던 영화인데, 등장인물 중 한 명이 일본군에게 귀를 잘리고, 볼에는 칼로 난 상처가 있는 모습을 분장용 왁스와 인공 피를 사용해 만들어 냈다. 그것을 보았던 아이들과 우리는 식사를 제대로 하기 어려울 정도였다. 또한 흉터 분장을 받았던 아이도 평소 보지 못했던 모습을 볼 수 있었다. 학급에서 학습활동을 할 때는 차분하고, 조용하게 지내던 아이였는데 표정과 목소리, 움직임까지 정말 실감 나게 연기를 해서 모두를 놀라게 했다. 작은 물웅덩이에서 물을 지키던 역할에 심취한 나머지 웅덩이로 굴러 빠지는 에피소드도 남기게 되었다.

매년 6학년이면 떠나던 수학여행을 '여행학교'라는 프로젝트로 진행하였다. 어디를 가고 싶은지 각자 선택하여 조사하고, 발표하고, 투표로 한 곳을 정해 그곳을 여행하는 모든 과정이 담겨 있다. '여행학교'의 가장 큰 특징은 여행 3일 중 2일을 10명이 한 팀이 되어 선생님의 도움 없이 여행하는 것이다. 선생님은 단지 그림자가 되어 안전만을 책임진다. 가고 싶은 곳들을 함께 조사하고, 어디를 갈지 무엇을 먹을지, 얼마나 돈을 써야 하는지, 계획부터 실행까지 아이들 몫이다. 근사해 보이는 프로젝트이지만 시작부터 끝까지 갈등과 문제 해결의 연속이다. 서로 가고 싶은 곳이 다르고, 먹고 싶은 것이 다르고, 남녀가 다르니 말이다. 팀을 뽑기로 뽑고 한 아이가 말했다.

"저 이번 '여행학교' 안 갈래요!"

"왜? 무슨 일 있니?"

"우리 팀 조합이 마음에 안 들어요. 가기 싫어요."

뽑기로 팀을 정하다 보니 친한 친구도 없고, 자주 다투던 친구들이 모여 한 팀이 되었다. '여행학교'를 안 간다고 할 때 바로 직감할 수 있었다. 팀이 결정되고 우는 아이들도 있었다. 다른 팀에 비해 여행 계획 짜기도 더뎠고, 갈등이 생길 때마다 동그랗게 모여 이야기를 해야 했다. 틈틈이 준비한 여행 계획을 바탕으로 제주도를 여행하고, 여행이 끝나는 날 아이들이 얘기했다.

"처음 팀 짰을 때는 망한 줄 알았는데, 저희 팀이 화합도 잘되고, 가장 즐겁게 여행한 팀이 된 거 같아요!"

갈등이 많고 문제가 많았지만, 그만큼 더 많이 소통하고 협력해야 했다. '비 온 뒤 땅이 굳는다'는 속담처럼 아이들 마음도, 관계도, 단단해져 있었다.

또 다른 한 팀은 해안도로의 예쁜 경계석에서 사진을 찍기 위해 버스를 한참 타고, 또 한참을 걸어 사진을 찍고, 다시 한참을 걸어 버스 정류장에 돌아와 버스를 타는 수고를 마다하지 않았다. 사실, 이곳은 렌터카를 타고 잠깐 들러 기념사진만 찍고 가는 곳인데, 이 아이들에게는 꼭 가고 싶은 예쁜 해안도로였다. 결국, 멋진 사진을 남겼다. 더욱 재미있는 것은 모두 노란색 옷을 입고 있었는데, 다음 일정이 바나나를 테마로 한 '옐로우카페'를 간다며, 그날의 '드레스코드'를 옐로로 정했다는 것이다. 아이들이 직접 여행 코스를 기획하고 결정할 때 볼 수 있는 재미있는 모습이다.

6학년 2학기가 되면 세계의 지형, 기후, 문화를 배운다. 교과서로만 배우기에는 단조롭고 딱딱해질 것 같아 배워야 할 핵심 용어와 내용을 먼저 익히고, 세계 가상 여행이라는 프로젝트 활동을 했다. 각자 자신이 여행하고 싶은 국가를 선택하고, 그 국가의 대륙, 기후, 문화, 역사, 유적지, 관광지를 조사해 프레젠테이션을 준비했다. 그뿐만 아니라 나라의 '랜드마크'를 만들고, 그 나라에서 유명한 전통 음식을 하나씩 요리해서 '세계 요리전'을 펼쳤다.

체육관에 컴퓨터와 '랜드마크', 요리를 전시하고 후배들이 오면 나라를 소개하고, 음식을 맛보는 형태로 공유의 장을 만들었다. 선생님이 조사 과제를 낼 때는 하는 둥 마는 둥 하던 녀석들이 후배들을 보여 줘야 한다니, 시작 직전까지 수정하는 열정을 보여 주었다. 그리고 자신이 좋아하는 나라를 스스로 선택해서 그런지 '랜드마크'며, 요리까지 정성을 담아 만드는 모습도 볼 수 있었다.

프랑스를 선택했던 아이는 '에펠탑' 모습을 표지에 담았다. 구조물 하나하나 선을 그려 내는 아이는 틈틈이 작업을 하더니 3일 후에 표지를 완성했다. 영국을 선택한 아이는 분리수거장에서 종이상자들을 가져오더니 어떤 구조물의 모양을 잡아 갔다. 방과 후에도 작업은 이어졌고, 학교 퇴근 시각까지도 만들기를 멈추지 않았다. 3일이 지나자 종이상자는 근사한 영국의 '타워브리지'가 되어 있었다. 각자의 욕구를 토대로 선택할 수 있는 자율을 존중받았고, 그에 따라 즐겁게 책임지는 모습이었다.

　국어 시간 1년을 살펴보면 문학작품의 주제를 파악하기도 하고 인물, 사건, 배경을 분석하기도 하고 짧은 이야기를 지어 보기도 한다. 별개로 분리되어 있는 이런 활동들을 하나로 묶어 의미 있게 할 수는 없을까 고민하다가 '작은 이야기책'을 직접 만들어 보기로 했다. 자신이 작가가 되어 소재와 주제를 선택하고, 작품의 세상을 창조하며 인물, 사건, 배경을 구상한다. 이후 펼쳐질 줄거리를 간략하게 써 보고, 목차를 작성한 후 이야기를 써 나간다. 이야기가 단조롭거나 표현이 풍성하지 못하다는 느낌이 들 때쯤 줄글과 대화 글의 특성을 알아보고, 자신의 작품에 적용해 보고, 비유와 묘사는 어떻게 하는지 친구들 작품 속에서 찾아보고, 나의 이야기에 적용해 본다.

　서로가 서로의 작품을 읽으며 좋은 점은 배우고, 부족한 점은 제안하기도 하며 긴 시간 만들어 간다. 이야기가 완성될 즈음, 책의 표지를 디자인하고 친구들 작품의 마지막에 추천사를 써 준다. 이 추천사를 써 주기 위해 여러 친구들의 작품을 읽게 되는데, 이 과정도 배움의 과정이고, 추천사를 쓰는 과정도 훌륭한 배움이 된다.

　아이들 각자의 성장 속도를 인정하고 기다려 줄 수 없을지 많은 고민을 했다. 동학년 선생님과 영어 수업을 바꿔 보자고 의기투합하여 파닉스부터 10개가 넘는 학습 단계를 만들었다. 자기 수준과 배움의 속도에 따라 단계를 선택해 학습할 수 있고, 선생님은 멘토가 되어 주고, 친구들은 서로 말하고 답하며 함께 연습을 해 주었다.

　"예전에 영어 배우던 거랑 비교해서 어때?"

　"솔직히 예전에는 그날 배운 거는 그날 쓰고 잊었어요. 모둠별로 사탕 받으려고 잘하는 친구들이 알려 주면 잠깐 외우고 대답했으니까요. 게임이 재미있는 것 같았지만 나 때문에 사탕을 못 받을까 봐 두렵기도 했어요."

"지금 배우는 게 힘들지는 않아?"

"예전에는 영어를 못하니까 뭐라고 하는지 알 수가 없었는데, 지금은 제가 할 수 있는 거 하니까 더 나아요."

단계만으로 학습하면 수업시간이 단조로워 때로는 주제별 학습을 하기도 했다. 함께 영어 노래를 배우거나, 영화를 잘라 보며 표현을 익혀 보기도 하고, 우리가 겪은 일을 한글로 칠판에 쓰면, 영어로 바꿔 보는 것을 모둠별로 하기도 했다. 최근에는 영어 동화책을 번역하고 나를 소개하는 영어 편지를 쓰기도 했다. 영어 동화책은 수준에 따라 다양하게 도서관에 있었고, 몇 년간 제대로 쓰이지 않았던 동화책에 생기를 불어넣었다.

동화책을 번역하고는 어떻게 성취감도 주고 의미 있게 할 수 있을까 생각하다 후배들에게 읽어 주자고 제안했다. 읽어 줘야 한다는 부담감이 생기면서 느리게만 번역하던 아이들도 번역을 마치고 연습에 들어갔다. 동화책 읽어 주는 날이 가까워질수록 시간을 더 달라고 하거나, 집에 가서 외워 오는 아이들까지 생겨났다. 당일에는 번역해 놓은 공책을 가지고 도서관에서 읽어 주다가 몇 차례 읽어 주니 공책을 덮어 놓고 읽었다. 많은 아이들이 어렵기는 했지만 보람 있었다는 평가를 했다.

완벽할 수는 없겠지만 그간 고민했고 힘들어했던 것들을 해결할 수 있는 해법을 찾아가고 있다. 함께하는 활동 속에서 갈등을 해결하고 추천사를 써 주는 등 배움의 과정 안에서 서로 지지하고 격려할 수 있었으며, 글과 편지를 쓰며 배운 것을 여러 번 활용하며 복습이 되고, 서로 설명하고, 질문하고 답하며, 생각의 힘과 '메타인지'를 키우기도 하고, 영화 촬영 역할이며, 여행학교 여행지나 세계 가상 여행의 국가 등 자신이 좋아하고 관심 있는 것을 선택하는 기회를 보장했다. 이런 활동들이 결국 교실에 활기를 불어넣어 주고 활동에 몰입할 수 있고, 소통하고, 협력하는 관계를 만들어 주었다.


## 동료와 함께한 교육과정 재구성 과정

2월 워크숍에서는 앞부분에 학교교육과정의 큰 틀을 함께 정하고, 후반부는 학년 교육과정을 기획하는 활동을 한다. 동학년 선생님과 교육과정을 함께 기획하고, 실행해 나갔던 과정을 공유하고자 한다. 크게 아래의 흐름에 따라 학년 교육과정을 만들고 실천해 왔다.

- 동학년 선생님과 수다 떨기
- 학년 철학 세우기
- 아이들 특성, 이전 성장했던 경험, 성취기준 알아보기
- 첫 만남+주제 떠올리기
- 주제 확장하기와 여백 두기
- 성취기준과 연결 짓고 상세 활동과 피드백 생각하기
- 활동 순서, 시수, 예산 등 기타 고려하기
- 교육과정으로 나타내기
- 수시로 교육과정 함께 만들어 가기, 그리고 우리도 피드백

대학교를 갓 졸업한 신규 선생님을 동학년으로 맞이했다. 처음 함께 한 것은 서로를 알고 이해하는 시간이었다. 왜 선생님이 되고 싶었는지, 어떤 마음으로 무엇을 중요하게 가르치고 싶은지, 잘하고 좋아하는 것은 어떤 것들인지, 살아오며 어떤 경험을 했는지, 서로의 생각과 경험을 함께 나누었다. 2~3시간 남짓 이야기를 나눈 시간은 동료 선생님의 23년 시간과 나의 38년 삶의 시간 간극을 줄여 주었다. 그리고 새로운 것에 잘 도전하고, 뒷수습은 잘 안 되는 성향이 서로 비슷하다는 것과 배구를 좋아하고, 여행을 좋아한다는 것을 알게 되었다. 이후 6학년의 교육과정은 더 새롭게 진화해 갔고, 아이들 욕구와 만나 배구 대회를 나갔으며, '여행학교'를 즐기며 진행할 수 있었다. 어찌 보면 그 첫 만남의 시간은 단 두 명뿐이지만 동학년이라는 작은 공동체가 만들어지는 시간이었을지 모른다.

이듬해, 또다시 동학년을 함께하기로 했다. 이번에는 학교의 교육철학뿐 아니라 학년의 교육철학을 세우기로 하고, 각자가 중요하게 여기는 교육철학을 내놓고 엮어서 하나의 문장으로 표현했다. 함께 선택한 중심 가치는 '소통', '협력', '배려와 나눔', '민주시민', '자발성과 자율성' 다섯 가지였다. 이들을 나타낼 수 있는 비유의 낱말을 떠올리고 하나의 문장으로 만들어 보았다.

> 서로 눈 맞추고(소통) 함께 손 맞잡고(협력) 서로의 빛이 되어 (배려와 나눔) 세상을 밝히려(민주시민) 내딛는 한 걸음(자발성과 자율성)

이렇게 아이들이 쉽게 이해할 수 있는 문장으로 만들고 보니 제법 멋진 문장이 되었다. 그리고 각각의 중심 가치는 어떤 활동을 할지 정하는 토대가 되었고, 학년 교육과정의 방향과 내용을 정하는 큰 틀이 되어 주었다.

본격적으로 학년 교육과정을 짜기에 앞서 파악해야 할 것들이 있었다. 학교에서 6학년으로 올라올 아이들을 평소 보기는 했지만 온전하게 이해하지는 못했다. 편견이 생길 수 있어 조심스럽지만, 아이들을 가장 잘 이해하고 있는 사람은 아이들과 함께 생활한 전 담임선생님이란 생각에 이야기 자리에 초대했다.

한 해를 어떻게 살았는지, 아이들은 무엇을 좋아하고 어떤 성향이 있는지, 어떤 관계의 모습을 보여 줬는지 들어 보며 새로운 학년을 준비했다. 6학년의 성취기준도 2~3번 꼼꼼하게 읽어 보며 서로 관련 있는 것들을 찾아보기도 하고, 아이들과 함께 해 보고 싶은 주제들을 떠올려 보았다. 작년에 의미 있었던 프로젝트와 보완이 필요하거나 제거할 프로젝트를 분류해 보기도 했다.

6학년의 교육과정을 '누구나 할 수 있는 교육과정'으로 만들고자 했으나 두 교사에게 주어진 자율성과 스스로 샘솟는 자발성, 그리고 멈추지 않는 욕심으로 실패하고 말았다. 작년에 아이들과 함께했던 주제들을 하나씩 검토하면서 소중했던 시간들, 아이들의 성장이 느껴졌던 많은 순간들이 떠올라 줄이지는 못하고, 축소하거나 보완하는 형태로 주제들을 선택했다.

어떤 주제들은 '개정교육과정'인 이유로 살을 더 붙이기도 했다. 2학기에 영화 촬영이 어려웠던 것을 떠올려 1학기로 영화 촬영을 옮기고, 겨울에 설거지가 힘들어 가을에 세계 요리를 하기로 했다. 그리고 세상의 문제들에 더 많은 관심을 가지고 세상의 변화를 위해 우리가 할 수 있는 일들을 찾아보는 주제도 계획하게 되었다.

큰 주제가 정해지면 '마인드맵' 형태로 주제를 펼쳐 나갔다. 떠오르는 아이디어들과 관련 있는 교과 자료와 내용, 성취기준에서 가져올 내용들을 잘 버무려 그려 넣었다. 그렇게 그려진 교육과정 '주제 맵'은 주제 시작부터 마무리 시기까지 자주 보면서 수정하고 보완할 수 있어서 좋았다. 그리고 아이들의 욕구를 반영하고 속도를 조절할 수 있게 군데군데 여백을 두는 것도 잊지 않았다. 우리의 계획과는 다르게 아이들이 더 좋아하고, 하고 싶은 것들이 생겨나기도 하고, 연계가 잘되지 않거나 크게 의미가 없는 것들은 빼기도 하기 때문이다.

주제 마인드맵이 어느 정도 만들어지면 구체적인 활동 내용과 피드백 방법도 함께 써서 넣었다. '여행학교'가 주제라면 아이들이 여행지를 조사할지, 여행지가 정해지면 어떻게 돈을 벌지 등 좀 더 자세하게 기록한다. 요리를 만들면 어떻게 맛을 보게 할 것인지, 세상 변화를 위해 공부한 내용을 어떻게 공유할 것인지, 피드백 방법들도 고민해서 기록해 둔다. 이것이 학습 내용과 평가 내용, 평가 방법이 되어 간다. 요즘 자주 거론되는 교수평기(교육과정-수업-평가-기록) 일체화가 아닐까 생각한다.

다음 순서는 활동에 필요한 시간을 예상해서 쓴다. 실제 수업을 하다 보면 예상과 다르게 시간이 사용되지만, 교사는 예상하고 조절할 수 있어야 하기에 꼭 필요한 단계이다. 활동 시간도 정해지면 무엇을 먼저 하고 후에 할지, 또는 어떤 활동은 동시에 진행할지 순서를 정하게 된다. 보통 이전 활동의 과정과 결과물이 다음 활동의 재료나 단계가 되는 형태로 순서를 정한다. 예를 들면, 세상 변화를 위해 세계의 문제점을 찾아본 후 한 가지를 선택하고, 그 선택에 맞게 포스터와 캠페인을 준비한 다음, 실제 캠페인을 펼치고 되돌아보기를 하는 형태이다.

시수와 순서 외에도 활동에 필요한 예산을 예상해 보기, 체험학습으로 연결 짓기, 전문가와 연결하기 등 교육과정 운영을 위해 필요한 사실들을 기록하기도 한다. 물론 완벽하지 않아도 괜찮다. 교육과정은 만들어 가는 것이기에 언제든 수정하고 보완할 수 있으며, 실제로도 2월의 교육과정은 매달 수정과 보완을 거쳐 만들어 갔다.

'마인드맵'으로 만들어진 교육과정을 표로 나타내는 작업을 했다. 이미 이야기를 함께했기에 둘이 나눠서 작업을 했다. 시기, 주제, 성취기준, 평가, 시수 등 교육과정에 들어가야 할 요소들을 담아 문서화했다. '마인드맵'을 표로 나타내는 작업은 꽤 많은 시간이 들었다. 교육과정을 다시 점검한다는 의미가 있었고, 빠진 성취기준이 없는지 확인하는 과정도 되었지만, 표로 자세하게 나타내는 과정이 꼭 필요한가라는 생각도 하게 되었다. 더 직관적으로 의미 있게 교육과정을 나타내고 싶다는 욕구가 피어올랐다. 좀 더 시간을 고민한다면 더 좋은 방식으로 표현하고 준비할 수 있을 것이라고 생각한다.

마지막으로 교육과정을 정말 제대로 만들어 가는 과정이 필요했다. 한 번 만들고 보지 않는 교육과정이 되지 않기 위해서, 그리고 두 반이 함께 의미 있게 교사도 아이들도 성장하기 위해서는 소통의 시간이 필요했다. 일주일에 한 번 2시간 정도는 교육과정을 보고 수업을 준비하는 시간을 함께 가졌다. 그 외에도 아침, 중간놀이 시간, 점심시간에 틈틈이 이야기를 나누었다. 수업은 어땠고, 아이들 반응은 어땠으며, 앞으로 이런 활동이 필요할 것 같다는 이야기를 수다 떨듯이 나누었다. 한 달에 한 번은 전체 교육과정 흐름 속에서 다음 주제는 무엇이고 어떻게 준비할지 이야기를 나누기도 했다. 이런 노력들은 교육 과정이 좀 더 구체적이고 의미 있게 만들어지는 원동력이 되었다.

## 나는 교사가 되었다

교육과정을 재구성하여 운영하면서 많은 어려움과 실패를 경험하게 되었다. 계획대로 되지 않아 더 많은 시간이 필요해지거나, 아이들이 몰입하지 못하는 경우도 있었으며, 시기가 맞지 않아 계획을 수정해야 하기도 했다. '국가 프로젝트'를 위해서는 민주화 과정과 국가 시스템에 대해 더 알아봐야 했고, 영화 상영을 위해서는 아이들과 상영제를 논의해야 했다. 하지만 어려움과 실패는 분명히 나에게 더 많은 성장의 기회를 주었다. 계획을 세우는 감각을 익히고, 아이들이 몰입할 수 있는 프로젝트 구성을 알아 가게 되고, 국가, 영화, 세계 등 프로젝트 주제에 대해 나도 더 잘 알게 되었다. 그리고 아이들과 소통하며 함께 만들어 가는 힘도 생겼다.

무엇보다 이 모든 과정을 혼자 한 것이 아니었다. 함께 교육과정을 고민하고 만든 동학년 선생님이 있었기에 더 풍성할 수 있었고, 뭔가 제대로 이루어지지 않을 때 낙담하지 않고 좌절하지 않으며, 함께 고민할 수 있었다. 신규라 누가 될까 봐 걱정된다 했지만, 신규이기 때문에 더 새롭고, 더 아이들과 친근하게 다가가는 선생님은 나에게도 많은 배움을 주었다. 지식과 지혜는 한쪽 방향으로 흐르는 것이 아니라 서로 넘나들며 성장한다는 것을 크게 깨달았다.

아이들도 이렇게 배우기를 바라는 마음이다. 마음껏 실패해 보고,

어려운 과정이 있을 때에는 소통하고 협력하면서 해결해 보고, 그러면서 조금씩 성공의 경험을 쌓아 간다면 분명 의미 있는 성장을 할 것이다. 삶을 통틀어 그러한 경험은 지속적인 성장을 위한 역량을 길러주고, 힘이 되어 줄 거라 믿는다. 내가 그런 경험을 통해 성장하고 있기 때문이다.

나는 오늘도 실패 속에서 동료와 함께 성장하고 있다. 그리고 교육과정과 지식의 전달자가 아닌 교사가 비로소 되었다.

# 2장

## 삶과 배움이 살아나는 수업

# 우리 반은 선생님이
# 두 분이에요

송남초등학교 1, 2학년은 '기초학습도우미'제 관련 예산을 지원받아 '학습도우미'분들과 함께 수업(교육활동)을 한다. 학습도우미분들은 주당 4일, 1교시부터 4교시까지 교실에 머물며 담임교사와 함께 아이들의 학습활동을 돕는다. 학교 밖 현장체험을 갈 때도 함께 따라간다. 다만, 예산 부족으로 3월부터 11월 말까지 운영하고, 1~2학년만 도움을 받아야 하는 아쉬움이 있다.

작년(2018년)의 '기초학습도우미'제 운영 방식은 올해(2019년)와 조금 달랐다. 작년에는 한 학년 2개 반에 1명의 학습도우미가 배치되어서, 수학 수업을 기준으로 하루 4시간 중 2시간씩 옮겨 다니며 도움을 주었다. 그래서인지 우리 반 소속이라기보다 학년 소속이라는 느낌이 강했다. 반면에 올해는 각 학급별로 학습도우미 선생님이 배치되어한 교실에 계속 머무른다. 그러다 보니 아이들과도 더 친밀해지고, 학습도우미 선생님이 오시지 않는 금요일에는 아이들이 선생님을 찾기도 한다. 아이들은 학습도우미 선생님을 그냥 '우리 반' 선생님으로 생각한다.

보통 다른 학교는 학습 부진아를 선정하여, 방과 후에 보충 지도를하는 방법으로 '기초학습도우미'를 활용한다. 때문에 송남초등학교에서는 정규 수업시간에 교사와 함께한다는 안내를 듣고, 무척 당황스러웠다. 거부감도 생겼다. 내 수업을 누군가가 하루 종일 들어와 참관을 한다니, 이 얼마나 부담스러운가? 고민이 되었다. 다른 방법은 없을까? 안 하겠다고 할까? 잠시간 머릿속이 복잡했다. '다른 선생님들은 부담스럽지 않나.' 하고 둘러보니 다들 괜찮은 모양이다. 하지만 내 생각은 기우였다. 수업을 참관 당한다는 부담감은 학습도우미 선생님과 만난 이튿날 바로 사라졌다.

사실 대부분의 교사들은 수업 중 누군가가 옆에서 도와주면 좋겠다는 생각을 많이 한다. 저학년은 특히 더 그렇다. 우리 반은 아이들이 16명인데 같은 말을 16번 반복한다는 느낌이 들 때가 많다. 그때 학습도우미가 같이 있으면 모든 아이들에게 더 많은 기회가 주어지고, 활동이 더 알차게 진행될 수 있다. 또 수업 중 도움이 필요한 아이들에게 바로 도움을 줄 수 있다. 내가 경험한 바로는 불편함보다 이로운 점이 훨씬 많다.

우리 반 학습도우미 선생님 별칭은 '호호 샘'이다. 우리 학교 선생님들은 부르기도 편하고, 정답기도 해서 별칭으로 많이 불린다. 우리 반 학습도우미 선생님도 처음으로 한 일이 별칭 만들기였다. 우리 반 아이들은 편안해 보이고 잘 웃으시는 호호 샘을 좋아하며, 잘 따른다.

○○이는 호호 샘이 집중적으로 도움을 주는 아이다. 가족 프로젝트를 진행하면서 내가 살고 싶은 집을 흙으로 빚어 보는 활동을 할 때다. 흙으로 빚기 전에 미리 밑그림을 그리는데, 호호 샘이 ○○이 옆에 찰싹 붙어 앉으셔서 도란도란 이야기를 하며, 그림 그리기를 도와주고 계셨다. ○○이도 오늘은 책상 밑으로 숨지 않고 제법 그림을 잘 그리고 있다.

그러다가 옆 친구가 자기 그림을 흘낏 쳐다보았다는 이유로 토라져서 교실 한쪽 구석에 쭈그리고 앉는다. 바로 호호 샘이 따라가 그 옆에서 마음을 풀어 주시려고 얘기를 건네고, 아이는 마음이 풀렸는지 금방 자리로 돌아와 앉아 다시 그림을 그리기 시작한다. ○○이는 친구들과 잘 지내는 법이 아직 서투르다. 친구들의 말에 금방 토라져서 교실 한쪽 구석에 종종 가 있곤 한다. 또 호호 샘한테 투정도 부린다. 그걸 호호 샘은 다 받아 주신다. 담임인 내가 보기에 호호 샘은 부처님이다.

수학 시간이다. 아이들이 어려워하는 덧셈, 뺄셈을 하고 있다. 내 설명이 끝나고 스스로 학습하는 시간 동안 가장 인기 있는 사람이 호호 샘이다. 여기저기서 호호 샘을 부르느라 바쁘다. ☆☆이와 덧셈을 열심히 하고 계시는 호호 샘 뒤에서 ○○이의 애타는 손짓이 귀엽기도 하고, 하려고 노력하는 모습이 너무 대견하기도 하다. 수업을 방해하는 행동으로 여러 번 지적을 들은 ◇◇이도 호호 샘 차지다. 호호 샘의 따뜻한 손길이 ◇◇이의 마음을 풀어 준다. 금방 얼굴에 웃음기가 돌아오고 다시 두 자릿수 덧셈을 하고 있다.

오늘도 우리 반은 호호 샘과 함께 신나고 즐겁게, '사랑반' 이름답게 저마다 사랑스러운 모습으로 하루를 보내고 있다.

# 1학년과 함께한
# 날들

"선생님! 나랑 같이 1학년 할래요? 체력만 좋으면 돼요. 걷는 것 좋아하면 더 좋고요!"

이 말에 홀랑 넘어가서 2년째 1학년을 하고 있다. 육아휴직 3년과 천안에서의 전입이라는 부담감을 가지고 시작한 1학년. '혼자가 아니라 앞에서 끌어 주는 선생님이 있으니 나는 그냥 하자는 대로 해야지'라는, 사실은 좀 가벼운 마음으로 시작하였다.

1학년으로 결정되자마자, 2월임에도 1학년은 시작되었다. 첫날 아이들을 맞이하는 입학식 준비. 목걸이 이름표를 만들고, 아이들에게 줄 선물을 구입하고, 포장하고, 책상이나 교과서, 사물함에 이름을 붙이고, 교실을 꾸미고…. 입학할 아이들을 생각하며 내 나름대로 1년 계획도 세우면서 기대에 부풀었다.

입학식은 3월 첫날 오후 2시. 새 학교, 새로운 선생님, 내가 더 긴장하는 것 같다.

교장 선생님은 아이들에게 예쁜 동화를 한 편 읽어 주시며 학교는 즐거운 곳임을, 담임은 아이들을 꼭 안아 주면서 학교는 포근한 곳이라는 마음을 갖게 해 주었다.

입학 초기 적응 활동. 학교의 이곳저곳을 안내하면서 여기는 밥 먹는 곳, 여기는 뛰어노는 곳, 여기는 조용히 걷는 곳, 어떻게 이용해야 하는지… 다 알고 있을 텐데도 장소가, 선생님이 바뀌었다고 모두 다 모르는 척하며, 하고 싶은 대로 하는 우리 아이들. 손은 이렇게 씻는 거야. 이는 이렇게 닦아야 돼. 화장실에서는 물을 내려야 해. 놀이터에서는 이렇게 노는 거야. 하나하나 차근차근 다시 배운다.

송남초등학교 1학년의 큰 주제는 '자연나들이'다. 4월부터 11월까지 8번에 걸쳐 숲 선생님과 함께 '영인산'의 곳곳에서 계절을 느끼는 '영인산 숲 체험' 수업, 연 2회 '봉수산' 등산, 미술관과 도예촌은 각각 연 4회 걸어서 다녀온다. '당림미술관' 관장님과 함께하는 예술수업, 도예촌 선생님과 함께하는 여러 가지 모양의 그릇 만들기, 서천 '생태체험관', '이안숲속' 체험학습, 자연에서 이루어지는 전래놀이, 그 외 통합교과에서도 봄, 여름, 가을, 겨울을 제대로 느껴 보고 놀아 보는 활동을 한다.

'영인산 숲 체험' 수업은 '빨리 가고 싶어요, 너무 좋아요'와 '또 가요? 힘들어요'가 섞인 활동이다. 산 오르내리기가 목적인 '봉수산' 등산은 '힘들었어요, 다시는 안 가고 싶어요'라고 하지만 '되돌아보면 기억에 남았다, 친구가 손잡아 줘서 고마웠다, 또 가고 싶다'라고 말하는 활동이다.

벚꽃 흩날리며 파릇파릇 새로 피어나는 봄, 시원한 강물 소리와 초록색의 싱그러움이 가득한 여름, 반짝이는 햇빛과 열매의 풍성함을 담은 가을, 쓸쓸함이 느껴지지만 다시 새 생명을 준비하는 겨울을 오롯이 느끼며 다녀오는 '자연나들이'는 아이들에게 다양한 감성과 자연이 주는 여유로움을 흠뻑 느끼게 한다.

다른 학년에서 하는 '계절 운동'이 없는 대신 1학년은 전래놀이를 사계절 내내 한다. 봄에는 실내놀이인 딱지치기, 고누놀이, 실뜨기. 여름엔 잡기놀이, 사방치기. 가을엔 강강술래, 비사치기, 투호놀이. 겨울엔 윷놀이, 목잡기, 팽이치기, 연날리기 등 여러 가지 전래놀이 방법을 마을 선생님과 함께 배우고, 친구들과 같이 즐긴다.

1학년 마무리로 사진을 보면서 1년을 되돌아보는 활동을 할 때 아이들이 말했다.

"와! 사진이 너무 예뻐요."

사진 대부분이 자연과 함께하는 아이들의 사진이다 보니 아이들도 예쁘고, 풍경도 예쁘고, 보는 내내 흐뭇한 미소가 지어진다.

# 우리 고장 답사

## 3학년 온양 전통시장 답사

우리 고장 아산 사람들이 하는 일과 의식주에 대한 정보를 얻기 위한 목적으로 각 학급 23명의 인원을 4모둠으로 나누어 보호자 3인, 담임교사 1인의 인솔하에 모둠별 리더를 중심으로 5월 29일에 온양 전통시장 답사를 다녀왔다.

주제중심의 프로젝트 활동에는 아이들끼리 소통하는 모습, 사전에 작성된 계획서대로 실천하는 모습, 돌아와서 발표 자료를 만드는 모습, 발표하는 모습 등 아이들의 많은 관찰점들이 포착된다. 교사는 이것을 놓치지 않고 메모해 두었다가 자기평가서와 소감문, 발표 자료 등을 토대로 평가 내용을 그때그때 입력하는 것이 좋다.

시장 답사를 위한 용돈 모으기는 학년 연계성을 가지고 지도하기 위해 계획하였다. 송남초등학교는 5학년 때에는 스키캠프, 6학년 때에는 여행학교를 가는데, 학년에 올라가자마자 계획을 세워서 여행비용을 아이들이 스스로 모을 수 있도록 한다. 3학년 아이들에게는 이 이야기를 하면서 돈을 모으는 것이 얼마나 어려운지, 돈을 쓰는 것은 얼마나 순식간인지를 느껴 볼 수 있게 하려고 '용돈 모으기' 과정을 넣었다.

| 계획 | 실천 | 공유 | 평가 |
|---|---|---|---|
| • 학교 버스 및 아산시 행복버스 지원 사업 공모 신청으로 버스 임차<br>• 용돈 모으기(만 원)<br>• 팀 구성하기<br>• 인터뷰 미션지 제작<br>• 사전 활동 계획서<br>• 사전 안전 지도 | • 인솔 교사와 보호자 역할-그림자<br>• 리더 중심으로 답사<br>• 시장 상인과 인터뷰<br>• 인증샷 미션 해결<br> -산, 들, 바다에서 나는 것, 의식주 관련 물건<br>• 온양 5일장 답사 | • 자료 정리<br>• 발표 자료 제작하기<br>• 제작된 자료 전시<br>• 발표회-팀별 발표, 상호 질문과 답변, 소감 나누기<br>• 소감문(문집글) 쓰기 | • 자기평가 및 상호평가서 작성<br>• 인솔 보호자와 담임 교사의 관찰평가-각 팀별 우수 학생 선정, 시상식 |

# 4학년 공주문화유산 답사

4학년 사회과 2단원 '우리가 알아보는 지역의 역사'는 현장 학습이나 조사 학습 등을 통해 우리 지역을 대표하는 문화유산을 알아보고, 우리 지역과 관련된 역사적 인물을 조사해 지역에 대한 자부심을 갖도록 하는 데 주안점을 두고 있다.

이에 우리 지역의 문화유산을 조사하면서 관심을 갖게 하고, 모둠 친구들과 현장 학습을 계획하며, 실제 체험학습을 다녀와 소개 자료를 만들어 발표하는 활동을 계획했다. 이를 통해 협력과 배려를 배우고, 발표하는 능력을 키우고자 우리 학교에서는 3년 전부터 실제 답사를 다녀오는 활동을 하고 있다.

2018학년도까지 4학년의 문화유산 답사 형식은 모둠별로 충청남도 한두 개 지역의 문화유산과 그 지역의 역사적 인물, 관련된 장소를 다녀온 후, 보고서를 작성하여 그 결과를 공유하는 형식이었다.

그런데 교육과정 평가에서 전세버스 비용이 부담되고, 몇 팀은 교사 차량으로 움직여야 해서 안전상 문제가 있으며, 무엇보다도 아이들이 답사 다녀온 후 점심 사 먹은 것만 기억에 남아 교육적 효과가 미비하다는 비판적인 내용이 있었다. 또한 답사에 필요한 시간도 사회과에 배당된 시간만으로는 준비와 마무리 시간이 부족하다는 평가도 있었다.

그래서 2019학년도에는 답사 형식을 바꾸어 충청남도 여러 지역의 문화유산과 역사적 인물을 사전에 조사, 발표하고 학급회의를 통해 답사 지역을 한 곳만 정한 후, 그 지역을 집중 탐구하는 전문가 학습을 계획했다. 답사를 다녀온 후에는 캐릭터, 홍보물, 신문, 만들기, PPT, 만화책 등 다양한 방법으로 발표 자료를 만들기로 했다.

답사 전에, 충청남도의 14개 시·군 가운데 아이들이 한 곳을 정해 그 고장의 지도를 통해 지형과 중심지를 살펴보고 문화유산을 조사하여 발표했다. 그리고 학급회의를 통해 답사할 지역을 공주로 정했다. 공주로 정한 까닭은 백제의 고도로 답사할 문화유산이 많기 때문이다.

전문가 학습을 위해 학급을 4개의 모둠으로 나누고 공주에서 답사할 문화유산을 장소별로 '곰나루터, 국립공주박물관, 송산리 고분군, 공산성' 네 지역으로 나누었다. 각 모둠별로 맡은 지역을 자세히 조사하고, 친구들에게 알려 줄 내용을 공부했으며, 퀴즈도 만들어 답사 학습지에 포함했다.

5월 10일 금요일 오전 8시 30분 공주로 출발했다. 오전에는 곰나루터, 국립공주박물관, 송산리 고분군을 오후에는 공산성을 답사하기로 했다. 장소에 도착하면 각 모둠원에게 부여된 번호끼리 모여 답사를 했고, 자기가 맡은 장소에서 전문가(문화 해설사)가 되어 다른 친구들에게 설명을 했다. 친구들의 설명을 듣고, 학습지에 있는 문제를 해결하고, 미션 사진을 찍는 등 모둠별로 답사활동을 진행했다. 각 장소별 인솔자는 교사가 아닌 전문가들이었고 그 전문가들이 문화 해설뿐 아니라 안전교육, 공공예절 등도 책임지고 안내했다.

답사를 다녀온 후에는 답사 때 함께했던 모둠별로 만화책, 문화유산 만들기, PPT, 안내 자료를 만들어 친구들뿐 아니라 후배, 선배들에게까지 공유했다.

답사할 고장과 문화유산을 아이들이 결정하고, 아이들이 전문가가 되어 다른 친구들에게 해설하는 등 아이들이 주도적으로 답사를 이끌다 보니, 처음에는 힘들어하고 어떻게 해야 할지 몰라 우왕좌왕하기도 했다. 답사할 장소를 정할 때는 문화유산이 아닌 놀러 가고 싶은 고장, 먹거리가 풍부한 고장을 중심으로 선정하여 회의를 다시 하기도 했다. 몇 번의 시행착오를 거치며 20명의 모든 아이들이 책임감을 가지고 열심히 참여했다. 답사할 때는 답사 장소에서 지켜야 할 안전, 공공예절도 스스로 잘 지켰으며, 자신이 만든 소개 자료를 친구와 후배들에게 설명할 때도 자신 있게 설명하는 모습을 보였다.

# 주제중심 통합학습(프로젝트 학습), 어렵지 않나요?

"'주제중심 통합학습(프로젝트 학습)' 어렵지 않냐고요? 어렵죠. 그러나 긴 호흡으로, 하나의 주제로 배움을 갖다 보면 아이들이나 교사에겐 행복한 피로감이 생긴답니다."

"특별한 '하나'라기보다는 아이들의 삶의 이야기를 이리저리 엮고 엮어 투박하고 소박한 구슬들이 '하나의 의미 있는 목걸이'가 되어 가듯 아이들의 가슴을 뛰게 하고 성장하게 하는 배움의 전략이라고 생각합니다."

2018년 2월, '교육과정 워크숍', 학년 교육과정 만들기를 하면서 처음 만난 송남초등학교. 1년 시수의 30% 이상을 다양한 프로젝트로 엮어, 아이들의 삶과 연결 짓는, 의미 있는 배움들로 살아 숨 쉬는 교육을 실천하고 있는 그곳에 내가 있었다.

'프로젝트 학습'을 제대로 해 본 경험이 없는 내가 만나야 할 프로젝트들로 인해 처음 1년을 따라가기 바빠 아플 겨를도 없었다. 대신 나를 이끌며 학년 교육과정을 꾸리느라 옆 반 멘토 선생님은 코피가 나고, 허리가 고장 나고…. 지금도 마음 한편에 미안함과 고마움이 남아 있다.

2018학년도 내가 만난 프로젝트는 '첫 만남, 전국시도 답사, 역사 답사, 온책읽기, 리더십캠프'였다. 모든 것이 낯설었지만 '왜' 해야 하는가에 대한 공감과 욕구로 옆 반 선생님, 아이들과 함께 프로젝트를 채워갔다. 해마다 만나는 새로운 아이들, 그들만의 특성과 요구를 담아내며 프로젝트는 계속 진화하고 있다.

## 최근 3년간의 5학년 프로젝트

2017학년도 5학년 프로젝트 학습은?
① 아이들 삶의 터전인 송악에서 시작하여 여기저기로 연결되고 공유되는 프로젝트, '○○샘의 새말냇가 살리기'
② 출발점 찾기 프로젝트-학교 주변 산책, 나물 캐기, 친구들과 비빔밥 만들어 먹으며 관계 맺기
③ 전국시도 답사 프로젝트, 내 앞치마 만들기와 향토요리대전

2018학년도 5학년 프로젝트 학습은?(이전 학년도 대비 달라진 것만 추가함)
① 아이들의 관계를 들여다보고 해답을 찾고자 고민하며 탄생한 '온책읽기 프로젝트'(윤숙희 작가의 『5학년 5반 아이들』 읽고, 아이들 삶으로 들어가기, 관계 맺기, 진로 탐색 더하기)

2019학년도 5학년 프로젝트 학습은?(이전 학년도 대비 달라진 것만 추가함)

① 알지만 내 삶까지 행동으로 익숙해지지 않는다는 아이들을 보며 고민하고 함께 만들어 간 프로젝트, 나의 인권, 너의 인권 함께 지키기 '인권 프로젝트'

② 역사를 모르면 미래는 없다. '역사 프로젝트'(역사 뮤지컬로 마무리)

③ 마을의 숲으로 들어가서 마을, 친구, 선생님과 느림, 도전, 발견, 믿음과 협력을 함께 느끼자. '숲길 프로젝트'

④ 학교가 변했어요. 우리가 학교 공간을 바꿔 보자. '공간 프로젝트'


2020학년도 5학년 프로젝트 학습은?(2019학년도 5학년 두 교사의 바람)

① 학생들과 함께 기획하는, 학생들의 욕구가 반영된 프로젝트

② 학생들 스스로 기획하고 채우는 프로젝트

③ 해결해야 할 문제 상황에서 출발하는 프로젝트

④ 프로젝트 학습의 끝은 감상이나 실행에 대한 평가만이 아닌, 실천과 아이들 삶과 이어지기, 지속시키기


## 프로젝트 학습 운영의 흐름

내게 '프로젝트 학습'의 첫 경험, 2018학년도 기억들, 참으로 귀중하다. 그런데 뭔가 2%의 아쉬움이 있었다. 시작, 그리고 실천과 평가가 유기적으로 연결되어 있지만, 함께 만들었던 시간들에 대한 충분한 공유, 마무리에 대한 욕심이 있었다. 그래서 2019학년도에는 시작

과 실행만큼이나 마무리 단계에 더 신경을 썼다.

'역사 프로젝트'의 예를 들면?

## 1. 시작
1-1. '역사란 무엇일까?', '나는 역사에 대해 얼마나 알고 있는가?', '우리가 함께할 역사 프로젝트는 이런 것이다', '나는 역사 프로젝트를 통해 이것을 특히 배우고 싶다', '나는 이 프로젝트를 이러한 마음으로 실천하겠다' 등등

## 2. 실행
2-1. 역사 답사 기획하기, 답사 실행하기, 답사 결과 공유하기, 평가하기

2-2. 교과서 기본 학습, 스토리텔링으로 역사 바로 알기 학습, 전문가 학습

2-3. 다섯 가지 역사책 읽고 온책 선정하기, 고려시대 노비의 삶을 다룬 서성자 작가의 『돌 던지는 아이』 2학기 온책읽기

2-4. 온책읽기 활동(내용 파악을 위한 퀴즈 만들기, 짝과의 대화, 짧은 연극 만들기, 등장인물의 성격 파악하기, 만약 나였다면? 감정이입하기 등등

2-5. 『돌 던지는 아이』 서성자 작가와의 만남(2019. 11. 26.)

2-6. 독립군 체험학교(천안 독립기념관, 2019. 11. 28.)

2-7. 『돌 던지는 아이』 역사 뮤지컬 만들기(2019. 12. 19. 공연)

## 3. 마무리
3-1. 역사 프로젝트 배움의 시간 영상 함께 보기(시작-실행을 담은 영상)

3-2. 나에게 역사 프로젝트는 (    )이다. 배움 서클을 만들고 39명 함께 공유하기

3-3. 나의 역사 프로젝트 자기평가

3-4. 나의 배움, '마음밭 공책'에 기록하고 공유하기(구글에 탑재)

3-5. 학기 단위로 '송남기사'로 남기기(옥구슬진구슬 1, 2회 발행)

## 사례: 너의 인권, 나의 인권, '인권 프로젝트'

5학년의 가치 중 하나는 '공존'이다. 너와 나, 분리된 삶이 아닌 함께 살아가기, 함께 행복해지기를 실현하는 5학년이다. 그 가치에 맞게 2018학년도까지 6학년 사회 교과에서 다루던 '인권'이 '2015 개정교육과정'에서 5학년으로 변경된 것은 우리 5학년에게 행운이었다.

우리 5학년은 사회와 도덕 교과에서 찾은 주제에 국어, 미술, 음악을 융합해 '인권 프로젝트'를 계획했다. '인권 프로젝트'는 과거의 학생은 좋은 배움, 좋은 지식을 습득하는 수동적이고 약한 존재이지만, 지금의 학생은 자신의 삶을 선택하고, 결정하고, 행하는 주체자로 바라봐야 하고, 충분히 잘할 수 있다는 믿음에서 출발했다. 또한 학생으로서 권리를 제대로 알고, 다양한 사회문화 속 한 구성원으로서 세상의 남을 어떤 눈으로 바라봐야 하는지 고민하고, 실천했으면 하는 바람

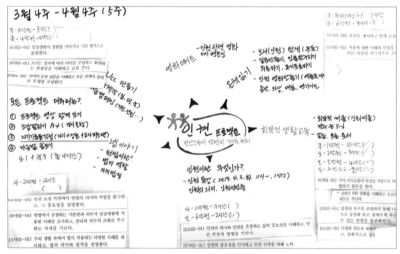

인권 프로젝트 맵

으로 시작했다.

### (1) 1단계: 이웃의 삶 속에서 인권을 찾아봐요(인권영화 데이트)

인권 관련 영화를 만남으로써 인권에 대한 인식, 우리 삶 주변에 인권이 있음을 발견하는 시간으로 진행했다.

2019년 2월, 5학년 교육과정을 만들어 가는 시점에서 이웃 ○○초등학교 5학년 선생님과 학년 교육과정을 공유하는 대화 속에서 인권영화 데이트 이야기가 나왔다. 추천 영화가 〈변호인〉으로 좁혀졌으나, 2시간이라는 짧은 시간 안에 영화를 감상하고 영화 속 인권에 대한 이야기를 나누는 과정까지 소화하기는 어렵다고 판단했다.

그래서 이곳저곳을 탐색하다 '국가인권위원회'에서 만든 〈다섯 개의 시선〉, 〈여섯 개의 시선〉 등 옴니버스 인권영화가 있음을 알게 되었다. 5학년 아이들에게 적절한지 미리 보기를 하고, '배움 학습지'를 재구성하면서 첫 번째 활동, '인권영화 데이트'를 했다. 다섯 개의 시선 중 '배낭을 멘 소년, 철이의 반란, 봉구는 배달 중' 등을 보았다.

### (2) 2단계: 찾아가는 아동권리교육

아산시청에서 추진하는 '찾아가는 아동권리교육'을 신청하여 운영했다. 12세 5학년이 어떤 권리를 누리고 있는지, 나뿐만 아니라 친구의 권리도 지켜 주고 있는지 살펴보기도 하고, 「유엔아동권리협약문」을 읽어 보면서 아동권리에 대해 인식을 높였다.

### (3) 3단계: 10권 인권 도서와의 만남

인권 관련 독서 활동을 진행했다. 5학년 두 교사는 '천안 두정도서관, 아산 중앙도서관'에서 아이들과 읽을 인권 도서를 10권씩 대여했다. 겹치는 책도 있고, 서로 다른 책도 있었기에, 각각의 책에 대한 탐색과 정보를 공유하여 10권으로 압축했다. 10종류의 책을 2세트씩 구입하여 일주일 동안 독서 집중 기간을 운영했다.

아이들에겐 다소 생소한, '인권'이란 단어를 무수히 만나면서 장애 인권, 노예 인권, 남녀 인권, 학생 인권 등 다양한 각도에서 바라보게 되는 인권에 대해 더 깊이 생각하는 시간을 만들었다.

### (4) 4단계: 10권의 인권 도서 중 한 학기 한 권 선정하기, 그리고 배움 이어 가기

10권의 책 중에 아이들은 각자의 속도에 맞춰 독서를 한다. 일주일 이란 기간이 충분하지 않기에 가정에서도 책을 들고 가 읽을 수 있게 열어 주었다. 자신이 읽은 책 중에서 가장 인상 깊은 책, 함께 고민해 보고 싶은 책을 나름의 이유를 들어 추천하는 시간을 가졌다.

"제가 읽은 인권 도서는 『인권아, 학교 가자』입니다. 우리 학생도 인권이 분명 있기에 선생님들 마음대로 하지 않았으면 좋겠어서 이 책을 추천합니다."

추천의 시간을 갖고 투표를 했다. 공개 투표였지만 친구들의 생각에 의지하며, 따라가지 않는 주체성을 보여 줬기에 안심하고 결과를 지켜봤다. 10권 중에서 4권으로 순위는 좁혀졌고 다시 투표를 진행해 최종적으로 『스토의 인권 교실』이 선정되었다.

선정된 책 한 권, 아이들의 욕구를 반영해 다양한 활동으로 이어 갔다. 짧은 연극으로 꾸며 보기, 질문 만들어 퀴즈 풀기, 하브루타 질문법을 활용해 짝과 책 이야기하기, 정지영상으로 꾸미고 등장인물 되

어 보기, 인터뷰하기 등 같은 책을 읽고, 책 속에 함께 빠져드는 시간
이었다.

### (5) 5단계: 인권영화 만들기

송남초등학교는 '예술꽃 씨앗(새싹)학교'를 6년째 운영 중이다. 사업
비 덕에 모든 학년은 아이들의 발달과 특성에 맞게 영화 프로그램을
진행한다. 2018학년도 5학년 영화 프로그램은 3월 '첫 만남 프로젝트'
와 연계하여 '친구 어울림' 주제로 영화 5편을 제작했었다. 2019학년
도는 '인권 프로젝트'에서 영화 배움을 소화하기로 했고, 인권에 관한
다양한 이야기를 짧은 영화로 제작했다.

5학년에게 주어진 영화 사업비는 200만 원이었고, 아산시 도고면
에 위치한 'BCPF콘텐츠학교'와 함께 영화를 제작하기로 했다. 우선
두 담임교사는 각 반별로 3개 그룹으로 나누고, 아이들이 만들고 싶

인권영화 만들기

은 영화 속 메시지(기획 의도), 주제, 스토리를 만들어 내는 시간을 가졌다.

3개 그룹으로 나누는 것도 쉽지 않았다. 조직을 위한 1단계로 감독을 정했다. 다행히 우리 1반에서는 3명이 자천, 타천으로 선정됐다. 2단계는 시나리오 작가 2명씩 짝을 이뤄 감독과 팀이 되었다. 이것 또한 교사의 개입 없이 아이들에게 맡겼다. 마지막 단계로 연기자 선택만 남았다.

"원하는 곳에 이름표를 붙여 주세요. 다른 친구 눈치 보지 말고 소신껏."

균형 있는 조직을 위해 다시 한 번 조정의 시간을 가졌고, 3개의 그룹으로 나누었다. 아이들은 누구와 함께하든 일단 팀이 꾸려지면 각자의 역할에 최선을 다한다. 무리 밖으로 탈출하려는 아이도 있지만 '팀은 함께 간다'는 생각이 아이들에게 가득해서 팀원들은 뛰쳐나가려는 친구를 그냥 두지 않는다. 프로젝트마다 팀 리더가 있고, 각자의 역할에 구멍이 나면 프로젝트 끝이 어떨 것인지, 송남 아이들은 잘 알고 있다.

4월 17일, 4명의 'BCPF콘텐츠학교' 강사와 4번의 만남, 1회에 4시간으로 영화 6편을 제작했다. 한 팀당 8시간으로 5분짜리 영화를 만든 셈이다.

송남초등학교는 '예술꽃 씨앗, 새싹학교'를 운영했다. 그래서일까? 학교에는 예술꽃 예산으로 구입한 영화제작 장비가 풍부하다. 비디오 카메라, 작은 소리도 잡아 주는 털 무성한 붐마이크, 분장 박스, 옛날 의상도 30벌 정도 구비되어 있다. 어쩌면 이런 장비들 덕분에 영화 제작을 쉽게 시도하는지도 모르겠다.

## (6) 6단계: 인권영화제 열기

영화 촬영을 마치고 편집의 기간을 일주일 둔 후 5월 초 인권영화 상영회를 진행했다. 편집까지도 아이들에게 경험을 주는 6학년 영화 수업과 달리, 5학년은 편집 기술에 의미를 두지 않았다. 편집 활동 자체도 의미 있지만 5학년 '인권 프로젝트' 안에서의 성취기준을 생각할 때 붙잡지 않아도 된다고 판단해서다.

영화 상영을 위해 홍보 포스터도 제작했다. 아이들은 흥행 영화(《극한직업》, 〈안시성〉, 〈7번 방의 선물〉, 〈증인〉) 포스터를 분석하면서 계획을 세웠다. 그리고 만들었다. 손재주가 좋은 팀원이 있는 경우는 손으로, 손재주에 자신 없는 팀은 컴퓨터를 선택했다. 그래서 다양하다. 저마다의 강점을 활용해 작업했다.

티켓도 만들었다. 티켓 값은 300원. 서로 다른 모양, 크기로 제작한 티켓을 300원이라고 꾹꾹 눌러 쓰면서 아이들은 어떤 마음이었을까?

 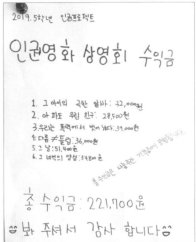

인권영화 상영 홍보 포스터와 수익금 알림

설렘일까? 뿌듯함일까?

아이도 어른도 300원이지만, 수익금이 나눔에 기부된다는 안내 덕분인지 10,000원을 투척하고 가신 학부모님들도 많다. 상영회 후 확인해 보니 221,700원이라는 수익금이 모였다.

5학년은 프로젝트에 투자되는 예산을 아이들에게 공개한다. 활동에 최선을 다해 달라는 담임들의 신호이다. 투자 대비 1/10의 수익금이지만 영화를 제작하면서 영화제작법, 시나리오 쓰기, 대본 만들기, 연기, 촬영, 팀워크, 포스터 제작, 홍보, 상영회 준비, 상영회 당일 많은 사람들 앞에서 기획 의도 말하기 등등 배움이 된 많은 경험들을 얼마로 책정할 수 있을까?

홍보도 끝나고, 중간놀이 시간과 점심시간에 '가온누리(다목적실)'에서, 3일 동안 여섯 편의 영화가 상영되었다.


### (7) 7단계: 인권영화 평가하기(감동 점수, 칭찬과 격려, 지지)

인권영화 만들기 평가는 어떻게 하면 좋을지 고민하다 아이들에게 온전히 맡겨 보자는 생각으로 정리됐다. 우선, 여섯 작품에 대한 칭찬과 격려의 쪽지를 맘껏 표현하자고 했다. 또 친구들의 쪽지로 충분이 피드백이 되었지만, 송남초등학교에서 금기시하는 '상장'을 수여하기로 했다.

상을 주자니, 특별한 누군가 남들보다 잘하는 아이에게 주는 상에 대한 거부 문화가 분명 있었다. 그걸 뛰어넘는 무언가가 필요했고, 그래서 구안해 낸 것이 연기 부문, 시나리오 부문, 팀워크 부문, 촬영 부문, 상영회 부문 등 5개 부문을 정해 친구의 평가를 받아 보기로 했다.

'어느 한 팀에게 편중되면 어쩌지? 친한 친구에게 투표하면 어쩌나.'

하는 걱정은 정말 나만의 걱정이었다. 자기 작품에 애정이 있겠지만 아이들도 나름 공정한 평가를 하려고 고심했음을 안다. 이번 평가 방법을 공지하니 한 아이가 내게 묻는다.

"샘, 팀워크 부문은 팀원만이 제대로 알 수 있는데, 다른 팀 친구들이 어떻게 평가하죠?"

"그렇구나. 그럼 어떻게 할까?"

그렇게 아이들과 평가 방식에 대한 논의를 하고, 4개 부문은 모든 친구들의 평가를 받는 것으로, 팀워크 부문은 '팀 자랑'을 하기로 했다.

"우리 팀은 시나리오가 덜 짱짱했는데 협력하여 좋은 작품이 나왔어요."

"우리 팀은 제작 기간 동안 한 번도 안 싸웠어요. 대단하죠?"

그렇게 상장은 완성되었고 교사인 내가 아닌 시상하는 부문까지도 아이들이 하도록 했다. 친구 앞이라서 조금 장난스럽기도 하고 진지함은 부족했지만, 표정은 기쁨 가득이었다.

### (8) 8단계: 인권 토론하기+인권 모의재판

국어 시간 토론 수업과 연계하여 '인권'을 주제로 '디베이트(입론, 반박, 요약, 최종 주장)'를 했다. 옆 반에서는 모의재판도 했단다. 각 반 아이들의 요구, 담임교사의 의지에 따라 프로젝트 큰 방향은 유지하면서, 자율성을 보장한다.

### (9) 9단계: 인권노래 만들기(개사하기)

〈천 개의 바람이 되어〉 곡을 개사하여 인권 노래를 만들었다. 미술 시간에 '캘리그래피'를 공부하고 개사한 가사를 표현하여 영상으로도 제작했다.

### (10) 10단계: 인권 홍보 포스터 제작하기
「세계인권선언문」을 공부하고 그중에서 하나씩 선택하여 포스터를 제작했다.

### (11) 11단계: 인권 프로젝트 돌아보기(평가하기)
모든 프로젝트의 끝은 4시간의 마무리 시간을 갖는다.

① '인권 프로젝트' 영상 함께 보기

그동안의 활동을 10분 이내로 제작, '비디오쇼'라는 어플을 활용해 핸드폰에 모아진 사진과 동영상으로 우리가 함께 달려온 '인권 프로젝트' 시간을 스토리로 제작하여 공유한다.

인권 프로젝트 영상 함께 보기

② 나에게 인권 프로젝트란?

영상을 보며 아이들은 각자 그 프로젝트 기간의 기억과 추억을 되돌아본다. 그리고 A4 용지에 자신에게 '인권 프로젝트'는 무엇인지, 왜 그렇게 생각했는지 이유를 쓴다. 그리고 모두발언의 형태로 공유한다.


③ 고마움과 미안함 표현하기

팀을 이뤄 프로젝트를 완성해 내는 것은 쉽지 않다. 남들보다 더 헌신한 아이들은 자신처럼 열심히 하지 않은 친구들을 원망할 수도 있다. 그런 아이들에게 나는 이렇게 말해 준다.

"세상의 일은 1/n로 나눌 수는 없어. 자신이 팀을 위해 더 할 수 있었던 것은 그만큼 나에게 역량이, 지식이, 나눔이 가능해서야. 더 한 것에 대해 손해라고 생각하지 않았으면 좋겠어."

끄덕끄덕하지만 불편한 내색을 보이기도 한다. 서서히 알게 될 것이라 믿는다. 몇 배 그 이상 역할을 해낸 아이들은 이날, 이 시간에 팀원들로부터 '고맙다'라는 말을 여기저기서 듣는다. 힘들었던 순간에 대한 보상이 되었을까? 또, 고마움만 표현하지 않는다. '미안했어'라고도 말한다. 서로의 감정을 나눈다. 행복한 순간이다.


④ 자기평가하기, '마음밭'(배움일기를 쓰는 공책 이름) 쓰기

앞의 2시간은 한 교실에 모두 모여 공유하는 것이었다면 나머지 2시간은 각 교실 각자의 자리에서, 프로젝트를 어떤 자세로 활동했는지, 배움은 무엇이었는지, 특별히 기억하고 싶은 것은 무엇인지에 대해 스스로 답한다. 아이들은 꾸밈없이 진솔하게 자신을 평가한다. 그리고 '마음밭' 쓰기를 한다.

### (12) 12단계: 인권 프로젝트 기사로 알리기

프로젝트가 끝날 때 활동한 것은 아니고, 6월에 국어 수업 기사문 쓰기와 연계하여 1년의 활동을 기사로 표현했다. 1인 1기사문 쓰기를 했고, 아이들은 인쇄 매체로, 학교 누리집에 탑재하여 5학년 1학기 삶을 공유했다. 2020학년도에는 그때그때 그 순간에 기사화하기를 활동의 끝으로 실천해 보기로 한다. 이렇게 현재의 아쉬움은 내년의 계획이 된다. 그래서 매년 더 업그레이드되면서 더 바빠지나 보다.

## '프로젝트 학습' 돌아보기

2018년 2월 '교육과정 워크숍', 첫 만남에서 5학년 교육과정의 강점을 나열하면서 동학년이 될 전입 교사 6명을 설득하는 시간이 있었다. 그 자리에서 임○○ 선생님과 2018학년도 멘토와 멘티로 인연을 맺었다.

"캠프가 많다. 고학년 특성상 프로젝트 비율이 높다."

임○○ 선생님의 이야기에 함께하게 되었지만, 프로젝트 경험이 없던 나는 멘토 교사에게 기댈 수밖에 없었다. 내게 무엇을 하고 싶은지, 우리가 함께할 프로젝트에서 바꿀 점은 없는지 수없이 의견을 물었으나, 그저 생소하고 낯설어서 어렵게만 느껴졌다. 그렇다 보니 2017학년도 버전에 '온책읽기' 하나만 더 얹어 2018학년도를 운영했다.

2019학년도 내 멘토 임○○ 선생님은 다른 학년으로 갔고, 멘티 생활 1년 차인 나는 어쩌다 멘토가 되어 버렸다. 2019년 1월부터 5학년 교육과정이 내 머리를 가득 채웠고, 새로 팀을 이룰 박○○ 선생님과 고민을 나누기 시작했다.

　2018학년도 버전을 바탕으로 무엇이 좋았고, 무엇이 아쉬웠는지, 계속 가져갈 것과 새로 바꾸고 싶은 것을 끊임없이 이야기했다. 그 결과, '첫 만남, 전국시도 답사, 역사 답사, 리더십 프로젝트'는 유지하고, 새롭게 '인권 프로젝트'가 추가되었다. '원예 치유'는 '숲길 프로젝트'로 변형하여 운영하기로 했다. 야생화를 학교 상자 화분에 가져와 심는 활동보다 직접 숲을 거니는 것이 좋겠다는 생각해서였다.

　4월 어느 날, '공간혁신 사업 공모' 관련하여, 어느 한 학년에서 '공간 수업'을 해 보자는 이야기가 나왔고, 5학년이 덜컥 참여하기로 하는 바람에, 처음 계획에도 없던 10시간짜리 '공간 프로젝트'도 실행했다. 그러다 보니 2018학년도보다 더 바쁜 1년을 보내게 되었다.

　2018 버전과 다르게 2019 버전의 원칙은 프로젝트 기간이 겹치지 않게 하자는 것, 하나의 프로젝트가 완전히 끝나야 다음 프로젝트를 시작한다는 것이었다. 철저하게 이 원칙을 지키려고 노력했다. 교사와 아이들을 위한 원칙이었다. 그리고 두 번째 원칙은 프로젝트의 시작은 오리엔테이션으로, 마지막은 평가와 소감 나누기로 공유의 시간 갖기, '마음밭 쓰기'를 4시간 편성해 운영하는 것이다. 실행만큼 마무리도 중요한 단계임을 알기에 급하게 매듭짓는 방식이 아닌 충분히 돌아보는 시간을 갖고자 했다.

　매년 새롭게 만날 아이들을 생각하며 교육과정을 기획하다 보면 작년의 것을 버리기보다 추가되는 것이 많다. 그러면 한 해 한 해 더 바빠진다. 이제 욕심을 내려놓고 교실 관계를 세우며 배움을 채우는, 여유로운 1년이 되어야겠다는 생각이다.

# 교실 속 친구들과
# 자신을 바라보게 한 '온책읽기'

## 일단 시작해 봅시다!

송남초등학교에서는 교육과정 재구성이 자유롭고, 지역 내 인적 자원 활용도 자유롭고, 예산 사용도 자유롭고, 업무지원팀 덕분에 업무로부터도 자유롭다. 교사가 마음만 먹으면 어떤 교육과정이든 실현할 수 있는 곳이다. 그래서 가능했을 수도 있었던, 나의 교직생활 중 첫 번째 '온책읽기' 수업은 옆 반 선생님의 제안으로 시작되었다.

5학년 아이들과 긴 시간 함께 한 '온책읽기' 수업은 아이들과 두 담임 모두 서로의 관계를 돌아보게 했고, 아이들의 꿈을 찾게 해 주었으며, 한 뼘 더 성장했다고 스스로를 격려하게 해 주었다.

2018년 5학년은 아이들의 관계 문제가 참 어렵게 시작되었다. 43명의 5학년 아이들이 여러 그룹으로 나뉘어 있다 보니 서로 간에 소통이 안 되고, 갈등이 생기면 과거의 문제부터 터져 나와 해결이 어려운 상황이 계속되었다. 그 상황을 해결하기 위한 상담에 두 담임이나 아이들 모두 많은 에너지를 쏟아야 해서, 1학기 말에 이르러서는 5학년 모두가 참 많이 지쳐 있었다.

옆 반 선생님과 이런 문제를 해결하기 위해 이런저런 방법을 모색하던 중, 서로의 관계를 들여다보게 해 주는 책을 가지고 수업을 해 보자는 결론에 다다랐다. '일단 시작해 봅시다'로 의기투합한 두 담임의 의지로 2학기 국어과 교육과정 재구성을 하게 되었다.

## 『5학년 5반 아이들』과의 만남

『5학년 5반 아이들』의 주인공은 같은 반 일곱 명의 친구들이다. 5학년 우리 아이들은 이 책을 읽으면서 일곱 명 친구들 각자 자신의 이야기 속에 얽혀 있던 사건과 그것의 인과관계를 알아보았다. 또한 사춘기로 접어들며 여러 가지 고민을 마주한 일곱 주인공들에게서 나의 모습과 친구들의 모습을 떠올려 보았다. 꿈을 향해 나아가는 장미를 통해 각자의 진로에 대해 고민해 보는 시간도 가졌다.

## 교육과정 함께 만들기

아이들로부터 교육활동에 대한 '책무성'(책임이나 의무를 지려는 성질이나 태도)을 끌어내는 것은 어렵지 않다. 교육과정 계획에 아이들의 의견을 포함시키면 된다. 우리에게 '온책읽기' 수업은 장기간의 활동이었기 때문에 책무성을 잃어버리면 활동에 따라 결정되는 팀원들끼리 갈등을 빚게 되며, 애초에 시작했던 관계 개선의 목적도 함께 사라져 버릴 거라 생각했다. 그래서 책을 읽어 가며 아이들이 해 보고 싶은 활동을 교육과정에 반영했다.

## '온책읽기' 수업을 위한 교육과정 재구성 내용(일부)

| 주제 | 단원명 | 성취기준 | 활동 내용 | 평가 내용/방법 |
|---|---|---|---|---|
| 국어<br>41<br>차시 | 문학이<br>주는<br>감동<br>(8+2차시) | •자신이 좋아하는~<br>•쓰기의 과정을~<br>•자신의 성장과~ | •제목과 표지 보며 내용<br>추론하기<br>•주인공 관계도 그리기<br>•친구들과 소리 내어 윤<br>독하기<br>•실감 나게 읽기<br>•독서퀴즈 만들기<br>•내가 주인공이었다면~<br>•책을 읽고 해 보고 싶은<br>활동을 자유롭게 말하<br>고 선택하기<br>•'나'의 이야기 써 보기-<br>문집 프로젝트와 연계<br>•나의 주장을 전달하고<br>상대방을 설득하기<br>•'사진그림책' 만들기-<br>요약하기, 미술 교과와<br>연계<br>•연극 대본 쓰기, 연극<br>하기<br>•'나'의 이야기를 쓰기<br>위한 사전 활동<br>•작가와의 만남-윤숙희<br>선생님 | •'나'의 이야기<br>쓰기/학년 말<br>문집 출판<br>•여러 가지 독후<br>활동 중 나에게<br>맞는 활동 선택<br>하고 집중하여<br>표현하기-노래<br>만들기, 사진그<br>림책, 연극하기<br>의 세 가지 표<br>현 활동<br>•마음밭 글쓰기<br>(작가와의 만<br>남 후기, 나에<br>게 온책읽기가<br>남긴 의미)<br>•자기평가서 |
| | 4.<br>글의<br>짜임<br>(8차시) | •글의 짜임에~<br>•적절한 설명~<br>•내용을 추론하며~ | | |
| | 7.<br>인물의<br>삶 속으로<br>(7차시) | •작품 속 인물의~<br>•설득하거나~ | | |
| | 10.<br>글을<br>요약해요<br>(8차시) | •글의 짜임에~<br>•작품 속 인물, ~ | | |
| | 11.<br>문학<br>작품을<br>새롭게<br>(8차시) | •작품에서 말하고~<br>•작품 속 인물의~ | | |
| 음악<br>8<br>차시 | •표현:<br>바른<br>자세로~<br>•생활화:<br>음악을~ | •바른 자세와~<br>•상황이나 이야기를~<br>•생활 속에서 음악을~ | •장미의 노래 가사에 곡<br>을 붙이기<br>•리듬 듣고 리듬악기로<br>쳐 보기<br>•가사에 맞추어 4마디<br>곡 완성하기<br>•'날개의 꿈' 작곡하기<br>•함께 노래 부르기/여러<br>사람 앞에서 노래하기 | •완성된 노래<br>(4/4박자, 곡의<br>느낌 살리기,<br>태도, 호흡)<br>•자기평가서 |

제안하고 실제 함께 한 활동

| 아이들이 제안한 활동 | 교사가 제시한 활동 |
|---|---|
| • 실감 나게 읽기(86~87쪽 태경이 부모님 부부싸움 장면)<br>• 독서 퀴즈 만들기<br>• 또 다른 책 읽어 보기(책 뒷부분 58권의 책 목록)<br>• 작가와의 만남<br>• 연극, 영화로 바꾸기(각색)<br>• 동생들이 읽을 수 있도록 그림책으로 바꾸기 | • 내가 ○○였다면…(주인공의 입장이 되어 보기)<br>• 노래 만들기(82쪽 '날개의 꿈')<br>• 작가에게 궁금한 것 물어보기<br>• 어른이 된 『5학년 5반 아이들』써 보기(이것은 실천으로 옮기지 못했음)<br>• 여덟 번째 주인공 '나' 이야기, 학년 말 문집 프로젝트와 연결)<br>• 가장 재미있는 부분 베스트 1~3위 선정하기 |

## 표현하기

국어 교과 시간을 활용하여 마지막 일곱 번째 주인공의 이야기까지 모두 읽은 후, 독후 활동으로 아이들과 교사가 제안한 '연극, 사진, 그림책, 노래짓기'의 세 가지 표현활동을 하기로 했다.

연극은 마을 극단에서 활동 중인 '마을교사' 선생님, 사진그림책은 매 순간 아이들의 활동 모습을 카메라에 담아 주셨던 우리 학교 교장 선생님과 5학년 2반 담임교사, 노래짓기는 5학년 1반 학부모이자 마을에서 작곡 수업을 하고 계신 ○○이 어머니와 5학년 1반 담임교사가 함께 진행했다.

마을에서 활동하시는 숨은 전문가와 함께하는 활동이었기에 진로와 관련지어 선택할 수 있도록 배려했다. 실제로 카메라 촬영감독이 꿈인 2반의 박○○은 사진그림책 팀에 들어가 카메라를 다루는 기술을 관심 있게 배울 수 있었고, 작곡가가 꿈이었던 1반의 김○○은 노래짓기 팀에 들어가 여러 가지 리듬을 익히고 음을 쪼개며 작곡을 경

연극으로 표현하기

험했다.

표현활동으로 완성한 세 가지 독후 활동의 작품은 학부모 공개수업을 통해 공유했다.


## 작가와의 만남

송남초등학교에서는 해마다 아이들이 선정한 작가를 초청하여 '작가와의 만남'을 진행한다. 우리 5학년은 '온책읽기'를 하면서 아이들의 삶 속으로 들어온 『5학년 5반 아이들』의 작가님에 대해 궁금한 점이 생기게 되고, 자연스럽게 '작가와의 만남'에서 만나 뵙고 싶은 작가로 윤숙희 작가님을 선정하였다.

작가님에게 궁금한 점을 묻기도 하고, 작품에 대한 작가님의 이야기도 들었다. 아이들이 만든 노래를 직접 들려 드렸는데, 작가님이 무척 감동하셨다. 또 그 모습을 보며 아이들도 뿌듯했다고 이야기했다.


## '온책읽기' 수업 마치기

그동안 진행한 프로젝트의 마무리는 항상 글쓰기로 해 왔던 터라 아이들과 함께 '나에게 온책읽기란?'이라는 질문을 던지며 그간의 활동을 돌아보는 시간을 가졌다. 또한 온책읽기를 마무리하며 '마음밭(배움일기를 쓰는 공책)'에 담고 싶은 내용을 붙임종이에 적어 다 함께 공유해 보는 활동도 진행했다.

활동을 돌아보는 글쓰기를 하며 지난 시간을 떠올려 보게 했던 이유는 온책읽기에 대해 종합적인 생각과 느낌을 쓰기보다 자신들이 하고 싶어 했던 독후 활동, 곧 연극, 노래짓기, 사진그림책 만들기의 활동에 대한 즐거움만 적을까 걱정되어 미리 손을 썼던 것이기도 하다. 다행히 아이들의 글 속에서는 온책읽기 수업에 투입한 많은 시간과 비례하듯 많은 의미와 가치들이 쏟아져 나왔다.


## 선생님! 다음 '온책'은 뭐예요?

"선생님! 다음 '온책'은 뭐예요?"라고 묻는 아이들….

"음…. 다음 온책은 너희들이 『5학년 5반 아이들』 책 뒤에서 찾아낸 1, 2순위 책을 읽을 거야. 그런데 그 책은 이젠 수업시간에는 못 읽고,

너희들이 심심할 때 읽으면 돼."

"『바닷속 태양』하고 『수상한 전학생』이요? 그 책은 언제 주실 거예요? 저는 『수상한 전학생』 먼저 읽고 싶어요."

"왜?"

"왠지 제목을 보니 재미있는 일이 일어날 것 같아서요."

아이들에게 책 좀 읽으라고 매일같이 잔소리하기보다, 학급 내에서 수업시간을 통해 읽었던 온책읽기가 더 큰 성장과 의미를 가져다준다는 것을 알게 되었다.

온책읽기를 마치고 7명의 주인공으로 이루어진 『5학년 5반 아이들』의 여덟 번째 주인공을 자신으로 하여 글을 썼다. 아이들은 글 속에 어떤 메시지를 담을 것인지, 어떤 등장인물을 데려오고 만들어 낼 것인지, 배경을 어디로 잡아야 하는지를 고민하며 열심히 글을 썼다.

내 교직생활 첫 번째 온책읽기는 관계가 좋지 않은 아이들로부터 시작되었고, 아이들 각자가 자신의 꿈과 친구에 대해 관심을 갖는 것으로 마무리되었다. 옆 반 짝꿍 이○○ 선생님께도 감사한 마음을 남겼다. 같은 학년 선생님과 교육과정 운영에 대해 자유롭게 소통하고, 고민을 함께하며, 협력하는 모습을 우리 아이들도 지켜보며 무언가 느꼈을 것이라 생각한다.

'내년에 만날 아이들은 어떤 특성(문제?)을 가지고 나에게 올까?' 하는 기대감을 심어 준 '온책읽기' 수업이었다.

# 글로벌 민주시민으로 성장하는
## '세상 변화' 프로젝트

'세상 변화 프로젝트'를 하게 된 까닭은 두 가지다.

첫째, 민주주의의 원리를 존중하고 실천하는 태도를 가지며, 개인의 행복을 추구하는 동시에 국가와 사회의 발전에 공헌할 수 있는 사람으로 성장하도록 기회와 환경을 만들어야 한다는 것이다.

둘째, 지구촌의 갈등과 문제들은 서로에게 영향을 주고 있으며, 같은 인간으로서 가지는 인권은 누구에게나 중요한 가치이기 때문에 민주시민으로서 공헌할 수 있는 국가와 사회의 발전 영역을 세계의 지구촌으로 확장해야 한다는 것을 배우기 위해서다.

따라서 세계화 시대에 지구촌 평화를 위협하는 다양한 갈등 사례를 알아보며, 이를 해결하기 위해 주도적으로 계획을 세우고, 실천하며, 나뿐만 아니라 지구촌 공동체가 함께 행복하게 살 수 있는 세상을 만들기 위해 노력하고, 기여의 즐거움을 느끼게 하고 싶었다. 또한 자신의 재능이나 노력을 나눌 수 있는 다양한 형태의 봉사활동에 대해 알아보고, 이를 생활 속에서 실천하도록 했다.

# 교육과정 재구성

교과별로 분리된 성취기준과 교육 내용을 '세상 변화'를 중심으로 재구성하였다. 사회과에서 얘기하는 지구촌 평화와 발전을 위해 노력하는 세계시민, 세계화 시대의 인류 문제 파악과 해결, 그리고 도덕과에서 제시하는 갈등의 평화적 해결 등을 프로젝트의 중심 내용으로 하였다. 또한 문제와 해결 방법을 찾고, 토론하고, 표현하고, 글로 쓰는 과정에서 국어의 언어적 기술을 익히며, 프로젝트 활동을 하며 소통과 협력, 자발성의 역량을 키울 수 있도록 구성했다.

세계의 갈등과 문제들을 선택하고, 해결 방법을 찾고, 실천하는 모든 과정에서 아이들의 선택과 다양성을 존중하고, 이를 실현할 수 있도록 교사들은 멘토로서, 지지자로서 활동했다.

# 실천 과정

## (1) 동화책으로 세상 만나기

세상의 여러 문제들에 대해 생각할 거리를 주는 동화책을 함께 읽는 활동을 했다. 한 편의 동화책을 서로 다른 친구가 만나 함께 읽고, 동화책에 대한 느낌을 나누었다. 또한 동화책에서 찾은 갈등과 문제들에 대해 생각하고 토론하는 시간을 가졌다.

그리고 동화책을 읽으며 찾은 세상의 갈등과 문제들을 낱말로 나타내고, 분류하는 활동을 했다. 크게 다섯 가지로 분류하고, 자신이 관심 있는 분야를 선택했다. 이후 관심 분야에 대해 조사하고 탐구하며,

해결과 실천 방법을 함께 찾아보기로 했다.

### (2) 세상의 문제들 조사하고 탐구하기

세상의 여러 문제들을 다양한 방법으로 조사하고 탐구하는 과정을 통해, 좀 더 자세하고 정확하게 문제를 파악할 수 있었다. 알고 있던 것보다 더 많은 문제들과 심각함을 알게 되어 더욱 진중한 모습들을 보였다. 조사하고 탐구하기 활동을 마치고 생각과 느낌을 표현했다. 현실을 파악하고 이해하기도 하며 의지와 다짐을 표현하는 아이들도 많았다.

### (3) 세상의 문제들 알리기와 공감 활동하기

자료 조사와 탐구를 바탕으로 우리 수준에서 할 수 있는 일들을 알아보고, 제안하며 동참할 수 있도록 캠페인과 공감 활동을 준비했다. 기부가 가능한 단체들이 있는 경우 모금함을 만들기도 했다. 각 분야별 탐구 활동을 바탕으로 세상의 문제들을 알릴 수 있는 자료, 동화책, 공감을 위한 활동을 기획하여 '나눔주간' 동안 학교의 다양한 곳에서 알리고 실행했다.

'아동인권' 모둠은 경제적 이유로 배우지 못하고 일하는 아이들을 알리며, 'UN아동권리협약'에 대해 설명했다. '자유침해' 모둠은 사회의 불합리성인 빈부격차, 아직 남아 있는 계급 사회, 성차별 등 인권과 자유를 침해하는 내용을 알렸으며, 빈부격차에서 오는 상실감을 느껴 보는 공감 활동을 했다. 빈부격차를 줄이려면 세금제도 개선과 복지를 강화해야 하고, 기부 문화를 확산해야 한다고 주장하며 계급 사회와 성차별이 없어지도록 인식 변화, 법 마련을 주장했다. 다른 모둠들도 문제를 알리고, 공감하며, 해결 방법을 찾는 활동을 했다.

### (4) 나눔 실천 사례로 대화하기

오랜 기간 나눔을 실천해 온 교장 선생님을 교실로 초대해 이야기를 들어 보고, 나눔에 대해 서로 생각을 나누어 보았다. 나눔을 시작하게 된 계기, 나눔의 방법, 나누며 배우는 것들에 대해 진솔하게 이야기 나누고 공감할 수 있었다.

### (5) 신생아 '모자 뜨기'

세상에 태어나는 많은 아이들이 영양실조와 저체온 등으로 세상과 이별하는 것을 안타깝게 생각하고, 함께 마음을 나누는 의미로 '모자 뜨기'를 하였다. 처음 뜨개질을 하는 아이들은 어려워했으나, 내 손으로 직접 한 올 한 올 뜨개질을 하며 어려운 나라의 아이들을 생각하고, 공감하는 기회를 가졌다.

### (6) 네팔 친구들과 교류하기

영어 시간에 배운 영어로 네팔의 아이들과 편지 교류를 했다. 아이들은 구글 번역기를 돌려가며 나를 소개하는 이야기와 우리가 어떻게 생활하고 있는지 공유하는 이야기를 담아 편지를 썼다. 또 세상의 물건을 함께 쓰기 위해 자신이 가지고 있는 물건들을 정리해서 모았다.

편지와 모은 물건은 매년 겨울방학에 네팔 교육 봉사를 가시는 교장 선생님께 전달했고, 교장 선생님이 네팔 아이들에게 전해 주셨다.

# 3장

## 성장과 발달을 돕는
## 평가

# 배움을 돌아보는
# 평가와 소통

　대부분의 학교가 그러하듯이, 송남초등학교도 교육과정 운영 계획을 세울 때 평가 계획을 수립하여 안내를 하고, 과정 중심 평가를 하며, 나이스에 누가 기록을 하고, 그 결과를 가정에 통지한다. 또한 교사들은 피드백, 학생의 성장발달, 수업 개선 등 평가의 본질을 염두에 두면서 학년별로 다양한 평가 방법을 활용한다.

　2013~2014년, 송남초등학교 교원은 교육과정 운영과 수업 공개를 포함하여, 평가에 대한 고민과 연수를 많이 했다. 지식 중심, 결과 중심 평가 방식에서 과정 중심, 성장 중심 평가로의 전환이었다. 서술형, 논술형 평가를 통해 학생의 사고력을 높이고, 성장을 돕기 위해 지혜를 모았다. 학기 말, 학년 말에 몰아서 진행하는 수행평가 방식 벗어나기, 수업에서 일어나는 많은 현상과 결과를 바탕으로 정성적인 평가와 기록, 소통에 주목하기 시작했다.

　2015년부터 학생 성장발달을 위한 평가 방향, 방법에 대한 논의가 본격적으로 시작되었다. '안승문' 교수를 모시고 스웨덴 사례와 성장발달책임교육에 대한 강의를 들으며, 그간 이루어져 온 교육과정과 평가에 대한 성찰을 많이 했다. 물론 사회 구조적으로 실현 불가능한 영역도 확인했다.

주제중심 통합학습(프로젝트 학습), 교과 영역, 생활교육에 대한 평가 등 학생 성장을 돕기 위한 교육과정 설계, 평가, 소통 방식이 새롭게 실천되었다. 단, 성장발달을 지원하기 위한 평가로 큰 방향만 합의하고 학년별, 교사별 실천 방법은 모두 다르게 적용되었고, 방법이나 양식도 다 달랐다.

　정성과 열정이 더해진 『학교생활 이야기』(학교 안내 책자)는 가정과 진술하게 소통되었고, 9월 성장발달 대화, 3자 대화(학생, 학부모, 교사)를 통해 가정과 학교가 지원할 것이 무엇인지 소통했다. 약 3년 동안의 과정에서 성장한 아이들과 학부모, 교사는 학습과 교육 전반에 대해 신뢰를 구축하는 데 큰 역할을 했다.

　그 후 과정 중심 평가 연수, 교사 교육과정 세우기 연수를 거쳐 성취기준의 중요성을 모두가 인식했고 교육과정 설계, 운영, 평가, 소통은 일체화의 경험으로 순환되었다.

　처음 교육과정을 구성할 때 자칫 범하기 쉬운 오류는 활동만 있고 성장과 배움이 결여되는 것이다. 따라서 한 사람 한 사람의 성장과 배움을 위한 상시적인 피드백을 고민해야 한다. 이를 돕는 것이 성취기준을 기초로 평가 내용과 방법을 정하는 것이다. 무엇을 어떻게 평가할지 정해지면, 무엇을 가르치고 학습하게 될지 명료해진다. 이를 바탕으로 1차 계획된 내용을 수정하고 보완해 가는 과정이 '백워드 교육과정' 설계와 실행이다.

　'백워드 교육과정' 설계는 성취기준(바라는 목표나 결과)에서 출발해 교육과정을 설계, 디자인하는 방식이다. 이해와 심화, 전이, 효과적인 사고능력을 학습하는 것이 목적이며, 교육 목표를 효율적으로 달성할 수 있게 한다. 평가 내용을 정할 때 학생들이 과정과 결과를 나타낼 수 있는 구체적인 결과물을 제안할 때 도움을 주기도 한다. 결과물을 공유하고 나누는 과정에서 피드백이 자연스럽게 이루어지며, 학습 과정과 결과에 대한 성취감을 맛볼 수 있게 된다.

송남초등학교는 새 학년이 시작되기 전, 2월 교육과정 워크숍에서 이를 염두에 두고 성취기준 카드(교수평 카드), 성취기준 목록 등을 준비하여 교육과정 설계에 들어간다. 여기서 학년별 세부적인 주제나 교육과정 흐름, 평가 내용이 함께 나오는 구조로 연결된다. 이는 과정과 결과의 분리 이원화에서 일체화 경험이고, 교육과정 설계와 실행, 평가, 소통을 자연스럽게 잇고자 함이다. 이를 통해 학생의 성취감을 높이는 결과와 학년별, 교사별 교육과정 운영에 대한 자존감과 전문성 향상이 이루어진다.

국가수준 교육과정, 지역수준 교육과정은 미래 사회에 갖추어야 할 역량을 제시하고 있다. 송남초등학교도 학교수준 역량을 설정하여 교육과정에 반영한다. 교육과정 워크숍을 통해 10대 핵심역량에서 7대 핵심역량과 교육의 가치로 변화했고, 이를 성취기준과 연결한다. 구성원의 합의된 가치와 역량은 학습과 생활교육 효과를 높인다.

송남초등학교는 '주제중심 통합학습(프로젝트 학습)'을 많이 한다. 따라서 평가 계획도 주제별 교육과정 계획표에 함께 제시한다. 이는 일반적으로 많이 하는 교과별 내용을 제시하고, 평가 계획은 따로 각 교과의 영역별로 한두 개씩 제시하는 방법과 다르다.

다음 5학년 '배틀트립 프로젝트' 교육과정 계획을 보면 성취(평가)기준, 활동 내용, 평가 내용. 평가 방법을 한눈에 알아볼 수 있다. 다른 학년도 이와 같은 방법으로 제시한다. 다만, 아래 표에서 '(★ 평가 기록)'이라는 게 눈에 띄는데, 2020학년도 5학년에서는 평가 결과를 모

## 2020학년도 5학년 '배틀트립 프로젝트' 교육과정 계획(일부)

| 순 | 활동명 | 성취기준 | 관련 교과 | 활동 내용 | 평가 내용 (★ 평가 기록) | 평가 방법 |
|---|---|---|---|---|---|---|
| 1 | | | | | | |
| 2 | 교과 탐구 "제대로 알고 지나 가자! 개념 탐구" | [6사01-01] [6사01-02] [6사01-03] [6사01-04] [6사01-05] [6사01-06] | 사 | • 우리 국토의 위치와 영역을 알고 우리 국토를 구분하는 기준 살펴보기(4)<br><br>• 우리나라의 지형과 기후의 특징, 자연재해의 종류와 대책 탐색하기 (지형 4+기후 4)<br><br>• 우리나라의 인구 분포, 도시 발달, 산업과 교통의 발달 과정에서 나타난 특징 살펴보기(4) | • 국토를 구분하는 기준, 위치, 행정 구역 알기<br>• 우리나라의 자연환경 파악하기<br>• 우리나라의 인문환경 파악하기 | • 서술형 (지필)<br>• 상호평가 |
| 3 | 여행 상품 개발 하기 | | 사 국 실 | • 팀 구성하기(강원, 전라, 충청, 경기, 서울, 경상, 제주)(2)<br>• 계획서 만들고 역할 나누기(2)<br>• 맡은 지역 자연, 인문환경 조사하기, PPT 활용하여 발표 자료 작성하기(11)<br>• 발표 및 질의응답(4)<br>• 피드백, 수정, 보완하기(4) | • 우리 나라 자연환경, 인문환경 비교 분석하기<br>• ★ 협력, 팀 수행능력<br>• ★정보 탐색, 수집, 보고서 작성하기<br>• 의사표현능력, 존중, 배려하는 행동 하기 | • 포트폴리오 (보고서)<br>• 관찰평가<br>• 자기평가<br>• 동료평가 |

두 기록으로 남기는 것은 쉽지 않은 일임을 감안하여, 기록으로 남길 것을 미리 정해 놓는 방법을 시도하는 것이다. 이는 다른 학년과 다른 부분으로, 학년 말 평가회 때 함께 살펴볼 부분이다.

평가는 수업이나 활동 과정 중에 수시로 이루어지며, 하나의 프로젝트나 활동이 끝나면, 특별한 경우가 아닌 한 반드시 평가를 한다. 평가 방법은 체험과 활동 중심 수업이 많아서 그런지, 학년 공통적으로 자기평가, 동료(상호)평가 비중이 높다.

모둠별로 활동을 하다가 문제가 생기면 하던 일을 중단하고, 다시 의견 조율을 하며, 문제를 해결하거나 새롭게 접근하는 모습은 쉽게 볼 수 있다. 다른 모둠이나 친구의 활동 결과물을 보고 칭찬과 격려, 조언, 더 나아가 상장을 만들어 주기도 하며, 상호평가를 하는 모습 또한 쉽게 볼 수 있다. 프로젝트 마지막 활동으로 그동안의 활동 결과를 돌아보며 이야기 나누기, 글쓰기를 하기도 한다. '마음밭, 배움일기' 등 아예 글쓰기 전용 공책이 있는 학년도 있다.

평가 결과를 가정(학부모)과 소통하는 방식은 다양하다. 학부모 다 모임, 3자 대화, 상담 등을 통해 교사와 학부모가 직접 만나 소통하는 방식은 학교 차원에서 공통적으로 이루어진다. 이 자리에서 학력과 생활 등 학생 개인에 대한 전반적인 내용들이 이야기되고, 학생의 성장발달을 위해 학교와 가정(학부모)이 함께 노력할 점을 찾아 실천한다.

1학년부터 6학년까지 대부분의 학급에서 학년 말에 문집이나 영상 자료 등을 만든다. 그 속에는 아이의 한 해 동안 성장발달 모습이 담겨 있다. 학생 개인별 포트폴리오 또한 대부분의 학급에서 볼 수 있다. 이 포트폴리오 역시 학생의 성장발달 모습이 담겨 있다. 문집이나 영상, 포트폴리오 등은 학기 말이나 학년 말에 가정으로 보낸다. 평상시에도 온라인 소통방, 학급 신문, 활동 결과물 등을 통해 수시로 가정(학부모)과 소통한다.

1학기 말, 학년 말에는 학업성적관리 규정에 의거해 평가 결과를 문장으로 기술하여 가정에 통지한다. 1학기 말에 보내는 것은 학년별로 자유롭게 양식을 만들어 기록하고 통지한다. 학년 말에는 나이스에

○○○의 성장 이야기
계획–실행과 실천 과정–결과–배움과 성장의 의미–새로운 목표

| 프로젝트<br>교과 | 내용 | 나 되돌아보기 | 2학기 성장 목표 |
|---|---|---|---|
| 성장 | – 플래너 활용하기<br>　(내 삶 디자인하기)<br>– | 매주 플래너를 받아서 꼬박<br>꼬박 쓰려 했지만~ | 매주 플래너를~ |
| 역사<br>프로젝트 | – 역사 속 사건이나~<br>– | 위안부 할머니들의 이야기<br>를 듣고~ | 역사책을 더 많이~ |
| 수학 | # 배움 내용<br>– 각기둥과 각뿔<br>–<br># 배움 과정<br>– 수학 메타인지 활용<br>– | 수학에서 원의 넓이를 구하<br>는 공식을 잘 알게 됐고 백<br>분율을 이용해 퍼센트로 나<br>타내고 물건의 원래 가격과<br>할인율을 이용해서 할인되<br>는 가격을 알 수 있게 됐다.<br>~ | 2학기에는 반드시 19<br>단까지 외워서 수학<br>문제를 훨씬 쉽고 빨<br>리 풀 것이고~ |
| 창체 | – 학급 자치 활동<br>　(이끎이 역할)<br>– | 학급에서 이끎이를 하면서<br>병아리의 밥과 물도 잘 챙겨<br>줬다. ~ | 2학기에도 모둠원들<br>을 잘 이끌 것이고 ~ |
| 송남<br>역량 | – 시간 관리 능력<br>– | 쉬는 시간에 가끔씩 늦을<br>때도 있지만 보통 시간을 잘<br>~ | 수업시간에 다른 물<br>건을~ |
| 6학년 1학기를 (열심히)<br>살아온 나에게 보내는 편지 | ○○아, 너는 1학기 동안 참 열심히 살아온 것 같아. 내가<br>생각해도 참 대단해~ | | |
| 선생님의 응원 | 열정과 집념으로 목표를 성공으로 만들어 가는 ○○이에게<br>무엇인가를 시작할 때 자발적으로 시작하거나 그 필요성에<br>공감하고~ | | |
| 6학년 1학기를 살아오며 성장한 나에게 보내는 친구들의 응원 | | | |
| 김○○ | | | |
| 이○○ | | | |
| ○○○ | | | |
| ○○○ | | | |
| ○○○ | | | |
| 가족의 응원 | | | |

기록한 학교생활기록부 자료를 바탕으로 하여 가정에 통지한다.

6학년의 경우, 학기 말에 일정한 기간을 정해 한 학기 동안 했던 모든 것을 꺼내 놓고, 돌아보기를 하기도 한다. 그렇게 돌아보기 한 것을 가정(학부모)과 함께 공유하고 소통한다.

처음 언급한 대로 송남초등학교의 평가와 기록, 소통은 다른 학교와 비슷하다. 다만 평가의 본질을 생각하며, 학생의 성장발달을 돕는 방향을 원칙으로, 학년(급)별로 자율성이 존중되고 있는 것은 분명하다. 평가는 결과로 끝이 아니라 끊임없이 학생 성장을 지원하며 수업 성찰이라는 연속된 과정과 일부이며 전체이다.

3부

교육과정, 꽃을 피우다

# 1장

## 무학년제로 운영하는
## 어울림 교육

# 삶과 배움이 꿈틀대는
# 진정한 송남의 축제, 나눔주간

송남초등학교는 매년 10월 셋째 주에 5일 동안 무언가를 나눈다. 그 무언가가 글로 다 표현될 수는 없다는 걸 알지만 소중했던 시간을 되돌리며 마음을 담아 보기로 한다.

시작은 '나눔장터'였던 걸로 기억한다. 내게 필요하지 않게 된 물건을 기부하거나 샛별관(체육관)에 모여 서로에게 필요한 것을 나누었다. 그곳에서 모인 수익금으로 주변의 어려운 이웃을 도우며 '나눔'에 대해 이야기를 나눴던 것 같다. 그 후로 한 해 한 해 지나면서 아이들, 교사, 학부모가 제안한 내용이 더해지고 빼지며 다채로운 '나눔주간'이 운영되고 있다. 2019학년도에는 방과후 발표회, 버스킹 공연, 재능판매, 동아리 축제, 나눔장터, 나눔 프로젝트 등이 이루어졌다.

방과후학교 아이들의 작품이 전시되고, 방과후학교 음악 공연(하모니카, 바이올린, 우쿨렐레, 사물놀이)과 각 학년에서 배운 음악 공연(유치원 소고, 1~2학년 오카리나, 3~4학년 리코더 합주, 5~6학년 단소와 소금, 밴드 공연), 개인별 공연(댄스, 피아노 독주 등)이 버스킹 형태로 이루어진다. 버스킹 공연은 선생님과 아이들의 신청을 받아 교직원회의에서 시간을 조율하고, 중간놀이 시간, 점심시간에 '물고기 광장'에서 공연을 한다. 기존의 학예회나 발표회와는 다르게, 특별한 사전 준비

없이 평소 익힌 것을 발표한다.

유치원 아이들의 귀여운 모습은 존재 자체로 무대를 빛나게 한다. 서툰 몸짓도 예쁘고 실수마저 고맙다. 그 작은 몸으로 열심히 무언가를 해내고 있는 꼬마 아이들 덕분에 보는 내내 미소를 머금게 되니 말이다. 유치원과 어린이집을 졸업하고 학교라는 곳에 입문해 좌충우돌하며 성장한 1학년 아이들이 유치원 동생들 공연을 바라보는 마음은 또 어떨까?

"선생님, 나도 유치원 때 조기서 공연했었다요~ 아, 유치원 때가 좋았는데~."

"선생님, 마음이 쫄았었는데, 하고 나니 뿌듯해요."

종알종알 쏟아 내는 1학년 아이들, 오카리나 합주를 끝내고는 솔직하게 말해 주는 아이들은 또 얼마나 대견한지. 볼수록 예쁘고 기특한 아이들 덕분에 참 흐뭇하고 행복한 시간이다. 이제 이 따스한 공간을 떠나야 하는 나는 많이 아쉽기도 하지만 그저 고·맙·기로 한다.

공연 일정을 가정에 안내하여 함께하실 수 있는 부모님들은 자유롭게 공연을 관람하실 수 있다. 아이들이 펼치는 진솔하고 맑은 공연은 부모님들 마음을 잔잔히 파고들고, '우리 아이가 어느새 이만큼 컸구나!' 함께한 부모님들과 감동을 나누고 소소한 이야기가 오가는 자리. 함께했던 그 따스한 기억으로 부모라는 막중한 일을 힘내서 해 나가는 게 아닐까? 공연을 보고 감동한 만큼 기부하는 재미도 쏠쏠하다. 아이들, 부모님, 교직원 모두가 자신이 느낀 감동만큼 모금함에 감동을 넣어 준다. 100원도 좋고 10,000원도 좋고.

'물고기 광장' 주변에서는 아이들이 자신의 재능을 판매한다. 나름대로 가격을 매겨 집에서 만들어 온 쿠키를 판매하는 아이, 네일아트를 해 주는 아이, 풍선 인형을 만들어 주는 아이 등 시끌벅적 재미있다. 아이들이 판매해서 번 수익금은 모두 기부를 한다.

2학년 친구들이 해 준 네일아트 덕분에 매니큐어가 다 벗겨질 때까지 아이들 모습 떠올리며 순간순간 미소 지었던 기억이 난다. 우리 학교 선생님들도 다 그랬지만, 9월에 새로 오신 이세중 교장 선생님이 네일아트 받고 아이처럼 좋아하시던 모습은 누구보다도 아이들 마음속에 뿌듯하게 간직되겠지. 참 재미난 학교.

나눔장터는 해를 거듭하며 장터에 임하는 아이들의 시선과 태도가 성장하는 듯하다. 내 것을 기꺼이 나누고 배려하며 약속을 지키는 모습, 서로에게 배우는 모습도 참 보기 좋다. 재미난 풍경이 여기저기서 수시로 발생하기 때문에 웃음을 포착하기도 쉽지만, '아차' 하면 놓치기 쉬운, 그야말로 장터 그대로 살아 있는 모습을 만날 수 있다.

아이들에게 경제 개념을 알게 하고, 서로가 불편한 일이 생기지 않

풍선 인형 만들어 주기

도록 '공정거래위원회'가 구성되어 활동도 한다. 올해는 특히, 6학년 친구들의 경매 제안으로 더 재미나고 흥미로운 모습이 펼쳐졌다.

6학년이 되면 1학년부터 거듭해 온 경험이 쌓여서일까? 나눔장터를 보는 눈이 넓어지는 듯하다. 장터를 앞두고 3일 전인가 제안된 경매 코너가 성공적으로 이루어지는 건 그동안 함께해 온 세월과 서로의 의견을 듣고 받아 주는 민주적인 회의체계 덕분이 아닐까? 뭔가 제안하고 좋다 싶어 합의되면 큰 힘 들이지 않고 협력하여 이루어 내는 학교. 이게 바로 송남초등학교의 진짜 매력이 아닐까?

또 하나 빼놓을 수 없는 풍경. 6학년 친구들이 자기만큼 큰 우드록을 들고 학교 곳곳을 돌아다니던 모습이다. 이게 뭔가 하고 들춰 보니 6학년 친구들이 야심차게 준비한 '세상 나눔 프로젝트'였는데, 내용은 이렇다. 세계의 사람들이 함께 생각하고 고민해야 하는 여러 가지 문제에 대해 토론하고 자료를 준비해서 동생들, 선생님, 학부모님께 설명

나눔장터

을 해 준다. 설명을 잘 듣고 마음이 움직이면 기부를 하는 거다. 나도 수돗가 앞 텐트에 끌려 주머니에 있던 돈을 모두 털어 넣었다. 어찌나 열심히, 또 친절하게 설명하던지 더 많이 기부하지 못한 아쉬움은 장터 날 더했더란다.

'세상 나눔 프로젝트'에서 6학년 친구들이 찾은 키워드는 인권 보호, 자유 침해, 나는 지금 행복합니다, 전쟁난민, 환경오염, 지구온난화 등이었다. 열심히 준비하고 설명한 만큼 생각의 깊이도 커졌을 테고 캠페인으로 모은 기부금을 어떻게 쓸지 토의하고 결정하는 과정에서 아이들은 또 한 뼘 성장했겠지. 관심을 가지고, 고민하고, 실천하며 성장해 가는 6학년 친구들 덕분에 나와 세계가 연결되어 있고, 우리가 함께 해결해야 할 문제임을 깨닫는 참 고마운 시간이었다.

"얘들아, 6학년 언니들이 영어 그림책 읽어 준대. 도서관으로 가 봐."

6학년 친구들의 '동생들에게 영어 그림책 읽어 주기', '세상 나눔 프로젝트'를 영어 수업과도 연계하여 진행한다.

1학년들은 그저 책 읽어 준다는 소리에 솔깃해서 도서관으로 달려간다. 아이들을 쫓아가다 보면 재미난 장면을 더 많이 발견할 수 있다. 아이들은 어른보다 재미있게 사는 법을 알아채는 감각이 발달해 있기에. 어려운 영어를 동생들에게 읽어 주기 위해 열심히 연습하는 사춘기 언니, 오빠들 모습을 떠올리니 그 따뜻하고 폭신폭신한 마음에 또 한 번 웃게 된다.

1학년은 '나눔주간'에 앞서 직접 흙을 파헤치며 고사리손으로 캔 고구마를 학교와 동네 이웃에게 나눔을 했다. 비뚤배뚤한 손편지를 보시고, 아이들은 이런 작은 일에도 고마워하는구나! 느끼셨을까? 1학년 아이들이 할 수 있는 나눔은 또 뭐가 있을까? 생각하다가 교육과정과 연계하여 나뭇가지 모빌을 만들어 걸고 복도를 가을 분위기 나게 꾸미기도 했다. 아이들과 나눔에 대해 이야기를 나누고 작게나마 실천한 일이 참 소중했다.

올해는 3,320,030원으로, 역대 최고의 기부금을 모았단다. 기부금을 어디에, 얼마를 기부할지는 전교생이 모인 전교자치회의에서 결정한다. 먼저 기부할 곳을 제안하는 아이들이 나와 어디에 기부했으면 하는지, 왜 그곳에 기부했으면 하는지를 설명한다. 그러고 나서 전교생이 무기명 투표를 한다. 투표 결과 올해는 '유니세프', '그린피스', '오병이어(반찬배달)', '따또바니(네팔 봉사)', '위안부 할머니'로 정해져, 적은 금액이나마 골고루 기부를 한다.

'나눔'을 주제로 각 학년에서 아이들과 이야기 나누고, '하고 싶은 나눔'을 실천하며, 그 자체가 교육과정이 되고 즐겁게 배우는 의미 있는 시간. 송남초등학교를 사랑하는 모든 이들이 행복했으리라 믿어 의심치 않는, 삶과 배움이 꿈틀대는 진정한 송남의 축제, 나눔주간.


자유롭고 다채로운 표정과 속삭임이 오가고,
웃음과 감동이 넘실대며
'너와 나 기대어 여기저기 별의별 꽃으로 피어나는'
행복한 배움터에서
참 맑고 보송보송한 아이들 보며 맘껏 웃을 수 있어
그저 감사한 선생은
책임질 일이 점점 늘어나는 어른이 되어도
그 맑고 순수했던 마음은 지켜 갈 수 있는 세상이면 좋겠다는
철없는 생각을 한다.

# 송남초에는 캠프가 많다던데,
# 어떤 것들이 있나요?

송남초등학교에는 많은 캠프가 있다. 정기적으로 하는 것도 있고, 학년 교육과정을 운영하면서 필요에 따라 수시로 하는 캠프도 있다. 주로 5~6학년에서 한다.

"아니 애들이야 당연히 좋아하지만, 선생님은 힘들지 않으세요?"

"그러게요. 힘은 들죠. 그래도 하고 나면 하길 잘했다 싶어요. 아이들끼리, 또 저와 아이들, 학부모, 관계도 좋아지고, 아이들 성장하는 모습도 볼 수 있고…."

## 다 함께하는 '다함께캠프'

'다함께캠프' 기간이 다가오면 6학년 교실에는 한숨 소리가 늘어 간다. 다함께캠프 하루 전, 6학년 교실에는 긴장감마저 맴돌기 시작한다.

"선생님, 저 내일 아플 예정이에요."

"어…. 갑자기 두통과 감기몸살이!"

다함께캠프는 '전교자치모둠'이 가족이 되어, 1박 2일 동안 함께 참여하는 캠프다. 다함께캠프에서 6학년은 최고 학년으로 모둠의 리더가 되어 1박 2일 동안 후배들을 이끌어 주고 도와주는 역할을 해야 한다. 그래서 앞서는 걱정과 부담에 6학년 교실에서는 아플 예정이라는 아이들이 하나둘 나오기 시작한다.

230명이 참여하는 1박 2일 캠프라니. 아이들의 식사는 어떻게 하며, 잠은 어디에서 자고, 1학년부터 6학년까지 함께할 수 있는 활동들은 무엇일지, 처음에는 상상조차 가지 않았다. 교사인 나도 한 번도 제대로 텐트를 설치해 본 경험이 없는데, 아이들이 가능할까 걱정도 되었다.

하지만 전교자치모둠별로 아이들이 직접 텐트도 치고, 식사도 준비하며, 1박 2일을 함께한다. 아이들도 충분히 스스로, 함께 해낼 수 있음을 경험하고 배우는 캠프. 그것이 바로 송남초등학교의 다함께캠프다.

송남초등학교는 가진 것이 많지만, 그만큼 없는 것도 많다. 어떤 활동을 채워 넣기 위해, 또는 학교의 교육철학을 위해 필요 없다고 생각하는 활동을 없애기도 한다. 그래도 그 활동에서 얻을 수 있는 교육적 가치들을 유지하기 위해 새로운 활동을 만들어 내기도 한다. 송남초등학교는 '스카우트' 같은 청소년 단체가 없다. 청소년 단체 활동에서 누릴 수 있는 리더십, 캠프, 단체 생활 등에서 얻는 교육적 가치를 우리만의 방식으로, 더 교육적 가치가 있는 방식은 무엇이 있을까라는 고민 속에서 다함께캠프를 진행한다.

내가 송남초등학교에 왔을 때는 이미 다함께캠프가 자리 잡아 안정적으로 운영되고 있었다. 어떤 식으로 변해 왔는지 모르지만, 두 번 경험한 바로는 아이들이 성장하는 게 눈에 보였고, 송남초등학교에 있는 동안 아이들과 함께, 더 즐겁게 하고 싶은 활동이다. 다른 학교에 가서도 꼭 함께해 보고 싶은 활동 중 하나다.

다함께캠프의 목적과 방침

## 1. 다함께캠프 목적
- 문화예술 체험활동과 연계하는 야영 수련 활동
- 학생 스스로, 무학년 모둠 활동으로 선후배가 서로 기여하는 자리가 되도록 함(2019 전교자치회 모둠과 연계)
- 전교생이 함께하는 야영 수련 활동으로 배움과 나눔, 함께 성장하는 행복한 학교가 구현되도록 함
- 일회성 행사가 아닌 친환경적이고 학생 주도적인 학생 수련 활동 문화가 정착되도록 함
- 농촌지역 중소 규모 학교에 맞는 야영 수련 활동 문화 토대를 구축

## 2. 다함께캠프 방침
- 학생 스스로 설영, 취사, 프로그램 활동을 진행하도록 함
- 무학년 모둠을 통하여 선후배가 모둠활동을 함께 계획하도록 함
- 모둠 사전 활동과 진행 활동을 교사가 함께 지도하여 건강한 문화를 만들어 가도록 함
- 교육과정과 연계된 활동을 통해 잠재적 교육과정이 구현되도록 함
- 전교생이 참여하므로 화기·교통·생활 안전교육이 이루어지도록 함
- 함께하며 서로 경청하고 배려하는 학생 문화가 성장하도록 함
- 설영, 철영 시 아버지 모임 협조
- 학부모 간식 제공 금지
- 스마트폰 1박 2일 사용 안 하기(게임기 포함)
- 모둠별 조끼를 착용하고 활동에 임함
- 취사는 안전을 위해 한곳에서 준비하고 진행함(샛별관 아래 주차장 또는 수돗가 부근, 탁자 제공)

① 학생 준비

2학기가 시작되면 매달 한 번씩 있는 '전교자치회' 시간에 모둠별로 '다함께캠프'를 준비하는 시간을 갖는다.

아이들이 준비해야 할 가장 중요한 것은 바로 먹거리! 5, 6학년은 모둠의 리더로서 가장 많은 준비가 필요하다. 저학년 아이들에게는 구하기 쉽고, 가격이 저렴하고, 무게가 적게 나가는 것을 부탁한다. 고기, 쌀과 같이 모두가 필요한 재료들은 각자 1인분씩 들고 오게 한다. 조금씩 가지고 오는 게 더 어렵다며 고학년들이 나누어 가지고 오는 모둠도 있다.

식사를 준비할 때에는 몇 가지 규칙이 있다. 밥, 국, 반찬은 꼭 필요하다. 반찬은 대부분 삼겹살을 많이 선택한다. 삼겹살을 선택하지 않은 아이들은 반찬으로 떡볶이나 스파게티, 수프 등 다양한 음식을 요리한다. 단, 컵라면, 라면, 3분 조리용 등 인스턴트식품은 안 된다. 직접 요리한 음식이어야 한다.

먹거리 준비물을 정할 때 특히 중요한 부분은 무게나 양을 정확히 해야 한다는 것이다. 아이들은 1인분이 어느 정도인지 감을 잡지 못한다. 너무 적게 또는 너무 많게 준비물을 들고 와 저녁과 아침을 준비하는 데 어려움을 겪는다. 그래서 삼겹살 같은 경우 200g이 성인 기준 1인분임을, 쌀은 4분의 1컵이 1인분임을 알려 준다. 그러면 조금은 쉽게 이해를 한다.

미리 준비물을 정해도 준비하는 기간과 실제 캠프를 하는 날 차이가 나다 보니 저학년 아이들은 무엇을 얼마나 가지고 오는지 잊기도 한다. 특히, 저학년 학부모들은 '다함께캠프'를 처음 경험하기 때문에 어떤 물품을 어느 정도 준비해야 하는지 모르시는 경우가 많다. 그래서 6학년 아이들은 '전교자치모둠'의 동생들에게 재료와 준비물을 하나하나 적은 종이나 붙임종이를 나누어 준다. 협의가 끝난 후 나누어 주지만 잃어버린 친구들이 있을 것 같다며, 캠프 전날에도 쉬는 시간마다 모둠 아이들을 찾아다닌다. 그러고 나서 준비물이 적힌 종이를 열심히 나누어 준다. 6학년 교사는 아이들에게 '준비물 목록표'를 미리 받아 스캔해 놓고 있다가 잃어버렸다는 연락이 오면 바로 보여 준다.

고학년은 텐트 치는 연습을 한다. 5학년과 6학년은 캠프에서 모둠의 엄마 아빠, 리더가 되어 주도적으로 움직여야 한다. 텐트는 1년에 한 번 쳐 보는 것이고 5, 6학년이 주도했기 때문에 5학년(작년 4학년)은 텐트 치는 것을 어려워한다. 6학년은 작년에 한번 해 봐서 5학년보다 빨리 배우지만, 그래도 미리 한번 해 보는 것이 큰 도움이 된다고 말한다.


② 교사 준비

교사들은 회의를 통해 작년의 평가를 바탕으로 수정, 보완해야 할 부분들을 확인하고 필요한 물품, 작년에 부족했던 물품을 추가로 구매한다. 무엇보다 교사들은 담당 전교자치모둠별 아이들의 준비물 목록을 확인한다.

교사들도 텐트 치는 연습을 한다. 한 교사당 2개의 모둠을 맡고 있기 때문에 4개의 텐트를 쳐야 하는데, 교사들이 치는 방법을 모르면 아이들에게 도움을 줄 수가 없다. 그래서 교사들의 요구에 의해 텐트 치기 연수가 진행되었고, 이런 준비를 한 덕분에 올해는 텐트를 정말 빠르게 치고, 다음 활동으로 넘어갈 수 있었다.

### ③ 모둠별 교실 이동, 준비

평소보다 더 들뜬 모습, 양손 가득 짐을 들고 오는 날, 바로 '다함께 캠프' 날이다. 학교에 온 아이들은 일단 모둠별 교실로 모이고, 가져온 식재료를 모둠별로 모아 교무실, 행정실, 교장실 등의 냉장고에 넣어 정리한다. 다음으로 행복한 캠프를 위한 1박 2일 동안의 약속을 정한 후, 각자 스스로의 목표를 정한다.

### ④ 텐트 치기

텐트 치기는 5, 6학년을 중심으로 이루어지니까 5, 6학년이 더 고생을 한다. 2019학년도에는 5, 6학년의 힘을 덜어 주고자, 모두가 리더의 역할을 맡아 기여하고 책임지는 방식을 도입했다. 곧, 방수포 리더, 플라이 리더, 망치 리더, 매트 리더 등의 각 역할별 리더를 만들어 서로 분업할 수 있는 기초를 마련해 주었다. 그래서인지 2019학년도에는 작

텐트 치기

년보다 빠르고 체계적으로 텐트를 완성했다.

#### ⑤ 미니 올림픽

'미니 올림픽'은 6학년 아이들의 준비와 진행으로 이루어진다. '다함께캠프' 평가회에서 6학년이 진행했던 '미니 올림픽'은 언제나 긍정적인 피드백을 받는다. 동생들에게 큰 인기를 얻으며, 봄에 진행하는 '놀이한마당'을 6학년이 진행하는 것도 좋겠다는 의견이 나올 정도로 인기가 있다.

미니 올림픽이 재미있었던 이유는 같은 아이들이기 때문에 아이들의 시선과 입장에 오롯이 들어가 재미있는 게임이 무엇인지 누구보다 잘 알고 있기 때문일 것이다. 미니 올림픽 준비 과정은 별다른 게 없다. 아이들이 준비하고 만들어 가는 활동이기 때문에 교사의 역할도 오히려 간단하다. 교사는 지원, 확인의 역할만 하면 된다.

먼저, 미니 올림픽 때 하면 재미있을 것 같은 게임을 칠판에 브레인스토밍한다. 그러면 아이들의 의견만으로도 즐거운 미니 올림픽 후보 게임들이 칠판에 빼곡하게 적힌다. 6학년 아이들은 6년의 송남초등학교 생활을 통해 미니 올림픽이 무엇이고, 그때 어떤 게임이 진행되는

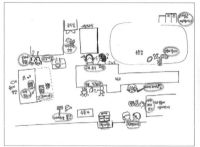

미니 올림픽-위치도와 물풍선 오자미

지, 어떤 게임이 재미있었는지 기억하고 있다.

다음으로, 칠판을 빼곡히 채운 게임들 중 공감도 투표를 받아 13~15개 정도의 게임을 선택한다. 한 게임당 2~3명의 진행자가 필요하기 때문에, 그해의 학생 수에 맞춰 게임의 개수가 정해지게 된다. 다만, 작년에 '페이스페인팅'을 진행하는 데 인원이 많이 필요했다는 의견을 고려해, 페이스페인팅과 같이 시간이 오래 걸리고, 진행자가 많이 필요한 것들은 미리 고려하여 게임의 개수를 정한다.

이제 각 게임별로 필요한 인원수를 정한 후, 진행자를 정한다. 진행자들은 게임 방법과 필요한 준비물, 장소를 정한다. 미니 올림픽을 진행하기 바로 전 시간에 샛별관(체육관)에서 외부 초청 공연을 진행하기 때문에 샛별관을 제외한 공간에서 진행된다. 샛별관에서 공연을 하면 미리 준비를 해 놓을 수 없기 때문이다. 또한 실내는 신발을 신고 벗기가 힘들어 대부분의 활동이 외부에서 진행된다.

아이들이 게임과 장소를 정하면 교사는 학교 지도를 그려서 미니 올림픽 확인표 뒤에 붙여 준다. 아이들이 게임 장소를 찾아가는 데 도움을 주기 위해서인데, 2018년과 2019년에는 교사가 지도를 그렸지만 내년에는 꼭 아이들의 힘으로 지도까지 완성할 수 있는 기회를 제공하면 좋겠다는 생각을 했다.


⑥ 저녁 식사

저학년 아이들은 가장 기다리고, 고학년 친구들은 가장 큰 걱정이 시작되는 식사 시간. 저학년들에게 구체적인 일을 부탁하면 함께 협동하며 할 수 있다고 이야기하지만, 막상 요리 시간이 오면 정신없음과 혼란스러움 속에서 고학년들이 일을 다 하는 경우가 많다. 그래서 올해는 모두가 리더라는 모토 아래 각각의 리더를 정할 수 있도록 도와주었다.

캠프 계획을 짤 때 '밥 리더, 국 리더, 반찬 리더, 청결 리더, 안전 리더, 상차림 리더, 뒷정리 리더, 설거지 리더' 등 모두 리더가 될 수 있도록 도와주었다. 모두가 리더라는 생각을 하니, 각각 자신이 리더인 부분에 대해서는 더 책임감을 가지고 함께 일을 해결하기 위해 노력하는 모습을 보였다.

그래도 고학년들은 자신이 최고의 리더라는 생각에 배가 고파도 동생들을 먼저 챙겨 주었다. 어른들도 쉽지 않은 일이라고 생각하는 일을 초등학생들이 해내고 있었다. 캠프가 끝난 후 각 학년 교실에 모여 마음 나누기 활동을 할 때, 아이들은 작은 투덜거림을 시작한다.

"우리 모둠 애들이 많이 먹어서 저는 고기 진짜 조금밖에 못 먹었어요."

"다 챙겨 주고, 먹으려고 하니까 밥이 없는 거 있죠."

피곤함과 힘듦에 몸이 녹초가 되고, 밥을 많이 못 먹은 서운함과 함께, 그래도 자신이 모둠을 위해 이렇게나 기여했다는 당당함과 뿌듯함이 눈에 가득 담겨 있다.

저녁 식사 준비 시간이 되면 교사들은 안전사고의 위험이 있기 때문에 담당 모둠 아이들이 사고가 나지 않도록 주의 깊게 살펴본다. 그리고 칼질, 가위질, 간 맞추기 등 대부분의 일들을 아이들이 할 수 있도록 믿고 기다려 준다. 교사는 안전을 위해 세 마디 말만 한다.

"선생님한테 확인을 받고 불 켜세요."

"칼, 가위 조심해서 사용하세요."

"뛰어다니지 않았으면 좋겠어요."

저녁 식사 준비

　송남초등학교의 고학년은 이미 다양한 요리 경험이 있고, 이러한 경험을 통해 안전하게 요리할 수 있는 기능을 갖추었다고 생각한다. 무엇보다 다양한 요리 실습 시간마다 교사들이 안전교육을 철저히 해왔고, 그런 경험들이 쌓여 지금의 능력을 갖춘 아이들이기 때문에 요리 시간에 큰 어려움 없이 해 나간다.

　물론 칼을 위험하게 잡고 요리를 하고 있는 아이들이나, 간 맞추기를 너무 어려워하는 아이들인 경우 자잘한 도움을 제공한다. 그래도 아이들이 스스로 할 수 있음을 믿고, 기다려 주고, 기회를 제공하니, 아이들이 이내 해결해 내고 스스로 해냈다는 자신감과 더 큰 기쁨을 누리고 있는 모습을 확인할 수 있다.

　캠프 때 가장 인기 있는 메뉴인 삼겹살이 지글지글 익고, 부대찌개가 보글보글 끓는 저녁 식사 시간은 아이들에게 힘들기는 하지만, 최고의 성취감과 함께 맛있고 즐거운 시간으로 남지 않을까 하는 생각을 한다.

### ⑦ 레크리에이션, 장기자랑, 캠프파이어

아이들이 가장 기대하는 시간이자, 모든 아이들이 부담 없이 즐길 수 있는 '레크리에이션'. 배부르게 밥도 먹었겠다, 이젠 신나게 즐길 시간이 다가온 것이다. 레크리에이션은 전문 강사를 불러 아이들이 더 신나게 뛰어놀 수 있는 시간을 마련해 준다. 모둠별로 함께 뛰어놀고, 함께 응원하면서 아이들의 눈빛이 한결 더 편하게 보인다.

레크리에이션과 캠프파이어를 동시에 진행하려니 장소가 고민이 되었다. 캠프파이어는 운동장에서만 가능한데, 레크리에이션이 끝나고 이동을 하게 되면 분위기가 흐트러지기 때문이다. 하지만 운동장에서 하게 될 경우는 큰 음악 소리 때문에 동네에서 불편해할 수 있고, 너무 열린 공간이어서 집중도가 떨어질 수 있다는 단점이 있다. 결국 레크리에이션은 샛별관에서, 캠프파이어는 운동장에서 진행했다. 내년에도 교사들은 아마 같은 고민을 할 것이고, 언제나처럼 장단점을 비교해 보며, 해매다 더 좋은 대안들을 찾아낼 것이다.

### ⑧ 취침

직접 '다함께캠프'를 보지 않은 분들은 '1, 2학년이 학교에서 잠을 잘 수 있다고요?'라는 질문을 가장 많이 하실 것 같다. 1, 2학년은 희망을 받아 학교에서 잘 사람만 교실과 돌봄교실에서 잔다. 저학년 선생님들은 아이들과 함께 교실에서 자야 하기 때문에 더 어려우실 것 같다.

남자 선생님들은 아이들을 지켜 주기 위해 돌아가며 밤새 불침번을 서신다. 텐트에서 잠을 자는 것이 무섭다던 아이들도 모두 함께 도란도란 이야기하다 보면 어느새 잠이 든다. 혼자서는 해낼 수 없지만 함께하기 때문에 경험할 수 있는 소중한 시간이다.

### ⑨ 기상, 아침 산책, 아침 식사, 정리

아침이 오면 아이들은 평소보다 일찍 일어나 하루를 맞이한다. 아무도 깨우지 않았는데 새벽부터 일어나 돌아다니는 아이들을 위해 선생님들은 모닥불을 다시 피워 주시기도 한다.

"선생님, 어제 추웠어요."

"선생님, 쟤가 코를 너무 골아요."

"눈떠 보니 제 침낭이 바닥에 뒹굴고 있었어요."

평소에는 쉽게 할 수 있는 경험이 아닌 텐트에서 잠자기이기 때문일까? 아이들의 다양한 반응과 함께 아침을 맞이하는 경험이 나 또한 새롭고 즐거웠다.

기상과 함께 아이들은 아침 산책을 나간다. 학교 가까이 있는 '외암민속마을'을 한 바퀴 돌아오는 코스는 개운한 아침을 맞이할 수 있게 도와준다. 몇몇 아이들은 아침 운동이 너무 힘들다고 이야기한다. 실제로 힘들다는 저학년 아이들을 업고 다니는 6학년들도 종종 볼 수 있다. 고학년이 걱정되는 교사들은 '아이들이 직접 걸어갈 수 있게 도와주세요'라고 이야기한다.

"선생님, 머리가 너무 아파서 못 가겠어요."

"선생님, 안 갈래요."

칭얼거리는 1학년 동생에게, "반이나 와서, 돌아가는 길이 끝까지 가는 길보다 더 멀어요"라면서 걱정과 함께 설득하고 설득하며, 한 걸음 한 걸음 나가는 6학년들이 대견하다. 같이 산책을 하며 나는 고학년 아이들의 힘듦을 공감하고, 이해할 수 있었다.

아침 산책을 다녀온 아이들은 배가 고파졌는지 다급하게 아침 식사 준비를 시작한다. 아침의 인기 메뉴는 샌드위치였다. 어쩌다 '토르티야' 같은 음식을 하는 아이들도 있지만, 대부분 달걀과 베이컨을 이용한 샌드위치를 요리한다. 아침 운동의 여파로 식욕 폭발을 경험한 아이들은 아침을 맛있게 먹고, 텐트 정리를 시작한다.

텐트는 치는 것보다 가방에 모든 부품이 들어갈 수 있도록 접어서 넣는 것이 더 어렵다는 것. 미처 몰랐다. 아이들은 아침부터 땀을 뻘뻘 흘리며, 텐트를 온몸으로 누르고 접었다. 텐트를 모두 정리했을 때 캠프가 이제 정말 끝나 간다는 후련함을 느꼈다.

텐트 정리가 끝나면 각 모둠 교실로 돌아가 처음 캠프를 시작할 때와 같이 '되돌아보기'를 시작한다. 내용 정리를 너무나 잘해 주시는 5학년 선생님 덕분에 틀이 잡힐 수 있었는데, 붙임종이의 색에 맞추어 칭찬, 배움, 제안에 대해 적어 보고 공유하는 시간을 갖는다. 표현하지 않으면 몰랐을 칭찬과 고마움, 배움에 대해 함께 공유하며, 칭찬을 받는 사람도 하는 사람도 고마운 시간이 된다. 함께해야 해결할 수 있다는 5학년 아이의 배움처럼 함께의 가치, 책임과 배려의 가치를 깨닫게 된 시간이었다.

모든 교사들이 1박 2일 동안 아이들을 위해 개인적인 시간, 가정을 잠시 포기하고, '다함께캠프'를 하는 이유는 아이들이 직접 몸으로 경험하며 깨닫게 되는 다양한 가치와 배움 때문일 것이다. 다 함께 어울리며 함께하는 것의 소중함과 협동해야만 더 잘할 수 있다는 것을 배우는 아이들. 그 아이들을 보면서 힘듦과 피곤함을 잊는 교사들. 보람과 만족감이 교사들과 아이들로 하여금 다함께캠프를 계속하게 하는 건 아닐까? 송남의 문화로 꽃피우기 위해 더 노력하는 것이 아닐까?


## 리더십을 키우는 '리더십캠프'

"얘들아, 올해 우리가 가장 많이 사용한 단어가 뭐라고 생각해요?"
"리더요."
그렇다. 리더 역량. 송남초등학교 5, 6학년은 귀에 딱지가 앉도록 리더라는 말을 듣고 말한다.

Q  '리더십캠프'가 뭐예요?
A  '성공이란 무엇일까?', '행복이란 무엇일까?'에 대해 학생들 스스로 해답을 찾아가는 캠프라고 생각하면 된다. 성공이란 '행복한 삶'일 것이다. 학생들 개개인의 행복, 타인과의 관계 속에서 행복을 찾는데, 5학년 단계에서의 리더십 및 팔로우십 프로그램을 기획하여 목표 명료화, 감정 조절, 오픈스페이스 토론을 통한 소통법, 문화예술적 감수성을 혼자가 아닌 다 함께 누리는 예술제로 현재의 나, 미래의 자신을 준비하는 과정으로 '리더십캠프'는 운영된다.

Q  송남초등학교에서 말하는 리더의 모습은 어떤 것인가요?
A  자기 삶을 건강하게 개척하는 사람, 나 혼자가 아닌 여럿이 그

행복을 이뤄 가게 하는 사람, 나의 앎을 나눌 수 있는 사람, 변해 가는 환경 속에서 학습력, 기억, 논리력, 문제해결력 등을 상황에 맞게 조합하여 활용할 수 있는 사람이 리더라고 생각한다.

Q 송남초등학교 '리더십캠프'는 어떤 활동, 어떻게 진행되나요?

A 5학년 학년 말, 12월에 진행된다. 송남초등학교에서 6학년이 최고의 리더력을 보여 줘야 한다면, 이전 학년인 5학년 때 리더 교육을 5학년 교육과정 안에서, 학년 말 '리더십캠프'를 통해 그런 리더력을 발휘하게 될 6학년을 준비한다고 보면 된다.

**① 리더십 강의 1: 리더란?**

'가온누리(다목적실)'가 오늘만큼은 특별한 곳이 되었다. 음악을 좋아하는 아이, 댄스하는 아이들이 아닌 딱딱하고 기다란 책상들이 그 자리를 대신했다. '리더십캠프'라는 커다란 글씨, 그렇다. 바로 이곳에서 2일 동안 5학년 아이들은 리더십캠프를 한다.

첫 번째 리더십 강의는 교장 선생님과 함께하는 시간이다. 에베레스트 등반을 여러 차례 성공한 교장 선생님께 강의를 부탁했고, 흔쾌히 아이들과 만나 주실 것을 약속했다. 험난하고, 포기하고 싶은 순간이 자주 찾아오는 등반에 도전으로, 그 높은 곳을 오르고야 만다는 것을, 그래서 리더는 도전이라는 두 글자를 자기의 것으로 만들어야 한다는 것을 강조하셨다.

**② 리더십 강의 2: 리더의 행동이란?**

리더의 행동 발견을 위해 세 가지의 영상으로 진행했다. 협력, 비난보다는 응원과 지지하기, 팀가이스트(팀정신, 팀워크) 영상으로 리더가 어떤 행동을 해야 하는지에 대해 아이들의 발견을 기다렸고, 아이들은 찾아냈다.

### ③ 리더십 강의 3: 리더의 언어란?

"누군가의 말 때문에 상처받았던 적이 있었나요? 그날의 기억을 '딕싯카드'로 이야기해 봅시다."

"이번에는 반대의 경우입니다. 힘을 얻었던 기억을 떠올려 '딕싯카드'로 이야기해 봅시다."

아이들은 짧은 시간인데도 많은 딕싯카드 중에서 그때의 상황과 마음을 표현하는 이미지를 찾아내어 친구들과 공유했다. 아픈 기억이었을 거고, 기억으로 꺼내고 싶지 않았겠지만 이야기한다. 친구들은 그런 친구의 기억에 함께 마음을 나눈다.

딕싯카드를 공유하면서 아이들은 찾아낸다. 어떤 말을 하면 상처가 되고, 어떤 말은 힘이 되는지, 자연스럽게 알게 된다. 이어서, '토닥토닥' 카드를 활용해 힘이 되는 카드 2장으로 친구들을 만나 서로 말해 본다. 그리고 만난 친구들과 스티커를 주고받는다. 이곳저곳에 스티커를 붙이고선 8장을 붙였다며 자랑까지 한다. 아이들은 이번 활동을 하면서 공감의 언어, 서로 존중하는 언어, 힘이 되어 주는 언어, 칭찬과 사과의 언어를 행동으로 배웠으니, 앞으로 삶에서 활용하는 것만 남았다. 그것 또한 믿는다. 아이들이 앎을 실천할 것이라는 믿음이 송남초등학교 교사들에게는 있다.

콜라주로 리더십 표현하기

### ④ 리더십 강의 4: 목표 명료화 콜라주로 리더십 표현하기

"과거의 나와 지금의 나, 지금의 나와 앞으로의 나를 비교한다는 것이 무엇일까요? 주변의 누군가와 비교하기보다 과거의 나보다 현재의 나가 좋은 변화가 있다면 그것이 곧 성장 아닐까요?"

목표를 콜라주로, 현재의 나는 어디에 집중하고 있는지, 6학년이 된 자신은 무엇을 기대하고 목표를 두고 있는지 잡지의 이미지를 선택하고, 오리고, 붙이는 과정에서 아이들은 무수히 많은 생각을 했을 것이다. 아이들의 콜라주 작품을 보면, 평소 무엇에 흥미 있어 하고, 무엇에 고민이 있고, 어디에 마음의 에너지를 쏟고 있는지 알게 모르게 표현된다. 아이들은 미처 모르겠지만 관찰자로서, 동행자로서 교사들은 그게 보인다. 그래서 아이들의 콜라주를 보는 재미가 크다.

⑤ 리더십 강의 5: 오픈스페이스 토론

"내가 생각하는 송남학교란?"

"누구? 무엇을 위해 노력하고 싶은가?"

"2020 우리가 행복해지기 위해 무엇을 할 수 있는가?"

크게 세 가지의 질문에 대해 아이들과 함께 고민하여 아이들 스스로 해답을 찾도록 진행한다. 멘티미터.com과 멘티.com을 활용해 아이들의 생각을 분석하여, 그 결과를 한눈에 볼 수 있다.

첫 번째 질문에 대해서 아이들은 자유, 배움, 나눔, 협동 순으로 송남초등학교의 삶을 표현했다. 두 번째 질문에 대해서는 '모두를 위해'라는 답변이 월등히 높게 나타났다. 송남초등학교 아이들은 '나'보다는 '우리'를 생각한다. 학교의 비전인 '너와 나 기대어 꽃피다'는 아이들의 삶에, 프로젝트에, 아이들 마음에 깊숙이 자리하고 있다고 볼 수 있다.

세 번째 질문에 대해서는 아이들의 답변이 추상적인 것부터 매우 구체적인 것까지 매우 다양하다. 아이들이 실천으로 옮기려면 행동이 좀 더 구체적일 필요가 있어, 다시 한 번 생각의 기회를 준다. 그리고 함께 공유했다.

아이들의 바람을 나열하고 공감도를 평가한다. 여기서 높은 공감도를 얻은 활동은 좀 더 자세한 계획으로 이어진다. 아이들은 원하는 주제로 팀을 만들고 구체적인 계획을 만들어 본다. '누가, 언제, 어디서, 무엇을 어떻게, 공유'로 나누어 생각하며 채워 간다. 2020학년도 6학년이 되어 지금 이야기한 것을 실행하는 아이들이 벌써부터 기대된다.

잠간잠깐 지루함에서 벗어나지 못하고 힘들어하는 아이들도 있었지만 제법 의젓하게 '리더십캠프'에 참여했다. 2일간의 캠프에 대한 생각이 궁금했다.

"강의가 많아 지루할 줄 알았는데, 여러 선생님들이 오셔서 리더에 대한 이야기를 해 주시고 활동을 하고 보니 리더가 뭔지 알겠어요."

"그동안 리더는 그냥 앞에서 이끄는 사람 정도로만 생각했는데, 리더에게 필요한 행동과 언어, 마음 등 많은 것들이 있다는 것을 알게 되었어요."

아이들의 모두발언을 듣고 '리더십캠프'라는 주제로 '마음밭(배움일기를 쓰는 공책)'을 쓰며 캠프를 마무리했다.


## 학기 말을 마무리하며 '마무리캠프'

'마무리캠프'는 말 그대로 학기 또는 학년을 마무리하는 방법으로 캠프를 진행하는 것이다. 송남초등학교에서는 5~6학년 중심으로 마무리캠프가 운영되고 있으며 주로 학기 말에 진행된다. 5학년은 2018학년도와 2019학년도 모두 1학기 말에 마무리캠프를, 6학년은 2019학년도에 '졸업캠프'라는 이름으로 졸업 한 주 전에 캠프를 했다.

마무리캠프에서 주로 하는 활동은 자기 자신, 친구, 교사와의 관계를 위한 활동과 1학기 되돌아보기다. 마무리캠프를 하면서 학생들의 학년에 대한 소속감이 상승하고, 어려웠던 관계도 개선되면서, 지난 시간을 돌아보고 스스로를 반성할 수 있는 유익한 시간을 가질 수 있다.

마무리캠프는 즐기고, 느끼고, 공유하고, 소통한다. 기본 운영 방침은 정해져 있지만 운영되는 프로그램은 매해, 교사마다 다양하게 바뀌며 운영한다.

2019학년도 5학년이 진행한 마무리캠프는 1박 2일의 일정으로 운영되었다. 첫째 날은 6교시까지 정상 수업 후, 3시 30분부터 '목표 다짐'을 시작으로 아이들이 준비한 자치 프로그램, 교사들이 준비한 회복적 서클, 칭찬과 격려하기, 모닥불 놀이로 진행했다. 둘째 날은 아침 식사, 마무리 소감 나누기를 했다.

### ① 기획하기(2019년 7월 15일 캠프 4일 전)

'마무리캠프'는 기획 단계부터 아이들과 함께한다. 자치 프로그램은 무엇을 할지, 누가 그 역할을 할지, 어떻게 진행할지(진행요원도 지원을 받는다)를 아이들이 정한다. 또한 첫 끼 저녁의 메뉴와 재료, 레시피 조사 등 한 끼 식사를 위한 준비도 아이들 몫이다. 교사는 그저 거들 뿐이다.

### ② 마무리캠프 오리엔테이션 '캠프 목표 다짐'

의미 있는 활동을 위해 프로그램 진행 전 '목표 다짐'을 한다. 프로젝트의 시작이든 캠프든, 모두 시작하는 마음을 중요하게 생각한다. 캠프를 통해 단순히 노는 것이 아니라 캠프에서 어떤 배움을 찾을 것이며 어떻게 성장할 것인지, 어떤 자세로 친구들과 함께할 것인지를 이야기하고 다짐하면서 캠프에 좀 더 진지하게 참여하고 적극적인 자세로 임할 수 있다.

### ③ 학년자치 프로그램(1)

학년자치 프로그램(1) 시간에는 아이들이 직접 준비한 런닝맨이다. 5학년 아이들이 함께 즐기고 싶은 프로그램을 학년회의를 통해 결정했고, 진행요원이 진행한다. 여러 명의 진행요원은 자신의 강점을 살려, 누군가는 자치 프로그램(1)을 또 누군가는 자치 프로그램(2)에 배치되어 역할을 다한다. 우리가 이미 알고 있는 런닝맨이지만, 소박하게 붙임종이를 등에 붙이고, 떼어지지 말라고 한 번 더 테이프를 붙여 주는 것 외에 특별할 것이 없지만, '샛별관(체육관)' 범위 내에게 신나게 뛰고 웃으며 즐겁다.

### ④ 저녁 식사와 뒷정리, 휴식

마무리캠프에서 아이들의 자치력을 높이고 즐겁게 참여할 수 있는 활동이 저녁 식사 준비다. 재료를 각각 분담하여 가져와 저녁 식사를 준비하고, 뒷정리까지 마무리하는 과정을 통해 스스로 사회를 살아갈 수 있는 능력을 기르게 된다. 7월 초에 전국가상시도 답사 프로젝트의 하나인 '향토요리대전'을 성공적으로 치른 덕분인지, 아이들의 음식 재료를 보는 시선과 재료를 다루는 손놀림에 자신감이 가득하다.

저녁 식사가 끝나 갈 무렵 ○○이가 계단에 앉아 뒤늦은 식사를 하고 있다.

"○○아, 왜 이렇게 오래 먹고 그래?"

"친구들 챙기느라 이제 첫 숟갈이에요."

요리사로 활약한 ○○이는 친구들에게 저녁의 기쁨을 양보하고 기여하느라, 허겁지겁 늦은 저녁을 해결한다. 참 고마운 아이다.

### ⑤ 학년자치 프로그램(2)

자치 프로그램(2)는 '미니 올림픽'이다. 뽕망치와 냄비, 림보, 실내화 던지기, 이어달리기 등 총 네 가지 종목을 아이들은 준비했고, 진행했다. 준비물 준비, 진행까지 본인들이 직접 하다 보니 아이들이 더욱 재

있게 참여한다. 선생님들의 염려와는 다르게, 아이들이 대부분의 활동을 준비해도 충분히 잘할 수 있다.

⑥ 학년자치 프로그램(3)

세 번째 자치 프로그램은 1학기 마무리 회복적 서클, '친구 격려하기'다. 우선 친구들의 이름이 적힌 A3 종이를 '가온누리(다목적실)' 4면에 붙이고, 학생들에겐 40장의 붙임종이를 나눠 준다. 자신을 제외한 친구들의 강점을 적는다. 그러고 나서 친구 이름이 적힌 A3 종이에 자신이 쓴 붙임종이를 붙인다. 평소 친밀함이 덜한 친구에게도 써야 하기에 고민하는 아이들이 많이 보이긴 하나, 1학기 생활 속에서 친구에 대한 기억을 찾아낸다. 친구 칭찬하기와 격려하는 쪽지 기록하기가 끝나면 둥글게 둘러앉아 함께 이야기를 나눈다.

"친구들이 써 준 쪽지들을 읽어 보고, 특별히 마음이 움직이는 글

회복적 서클-친구 격려하기

이 있나요? 소개해 볼까요?"

"제가 노력하는 부분이 있었는데, 친구들이 그런 저의 모습을 보고 있는 줄 오늘에서야 알았어요. 그래서 고마워요. 그리고 꾸준히 노력했던 저에게도 칭찬하고 싶어요."

이 활동으로 만들어진 A3 종이는 학생 1명당 4장이 모아진다. 1학기 말 성장파일을 가정으로 보낼 때 이것 또한 함께 보냈다. 학부모님들의 반응이 좋다. 자녀의 학교생활에서 학력보다 우선순위인 친구 관계를 가장 잘 설명해 주는 근거가 된다. 자녀를 바라보는 친구들의 시선을 알 수 있는 좋은 정보가 된다.

### ⑦ 모닥불, 그리고 눈물

아이들이 '가온누리'에서 친구의 강점을 이야기하며 '회복적 서클'을 하는 동안 교육지원팀 복○○ 선생님은 모닥불을 만들고 계셨다. 캠핑용 작은 화로였지만 39명이 둥글게 둘러앉으니 제법 분위기가 좋다. 잔잔한 배경음악이 울려 퍼진다. 5학년 동학년 박○○ 선생님은 아이들에게 긴 이야기를 들려준다. 이야기 속에는 '어머니'가 등장한다.

"5학년 여러분도 혹시 부모님께 서운한 이야기를 하거나 가슴 아프게 해 드린 적 없나요? 이 자리에서 부모님께 드리고 싶은 이야기가 있다면 해 볼까요?"

"오빠 때문에 신경 쓸 일이 많은데 저까지 걱정 드리는 것 같아 요즘 엄마에게 죄송했어요."

"저는 아빠가 저의 학교 이야기를 듣고 싶어 물어보시는데 귀찮다며 문 닫고 들어가는 일이 많았어요. 아빠가 힘들었을 것 같아요."

"요즘 짜증 내서 죄송해요."

엄마, 아빠를 생각하며 꺼내 놓는 이야기는 모두 미안함이고 고마움이다. 우는 친구의 어깨를 토닥이며 자신도 꺼이꺼이 운다.

잔잔한 음악은 이제 음악이 아닌 아이들의 울음소리로 채워졌다. 아이들의 울음에 나도 눈물이 났지만 우는 아이들이 지금의 자리에서 충분히 울기를 기다렸다. 그리고 지금의 울음을 잊지 않고 내일 다시 하루가 시작되면 부모님께 달라진 아들, 딸이 되기를 바랐다.

**⑧ 취침, 기상, 짐 정리, 아침 식사, 캠프 소감 나누기 그리고 추억**

남학생은 도서실에서 2반 선생님과, 여학생은 돌봄교실에서 나와 함께 밤을 보냈다. 아이들은 중간에 깨거나 아픈 데 없이 아침을 맞았다. 아침 식사를 간단히 하고, 마무리캠프 1박 2일에 대한 생각을 나누며 캠프를 마무리했다.


## 무언가 다른 '스키캠프'

"다른 학교도 스키체험을 하는데, 송남초등학교는 다른가요?"
"네, 달라요. 특별함이 한 가지 있어요."
'스키캠프'라 하면 청소년 단체 활동의 하나로 희망을 받아 겨울방학 중 운영하거나, 작은 시골 학교의 장학지원, 교육복지, 돌봄지원 프로그램으로 추진되는 경우가 많다. 하지만 송남초등학교는 체육교과 수업이면서 3월 초 12월에 있을 '스키캠프'를 생각하며 '스캠급여통장'을 제작하고, 계획하는 시간을 갖는다. 실과 '용돈 관리'와 연계하여 캠프 경비 23만 원을 어떻게 모을지, 어떤 기여를 할지, 부모와 합의(근

로계약서 작성)를 통해 계획하고, 실행한다.[7]

스캠급여통장은 돈으로 쌓는 것이 아니라 가족을 위해 할 수 있는 기여 목록에 따른 결과가 쌓인다. 예를 들어, '설거지'라면 설거지 시간 20분을 최저시급(8,350원)으로 환산한 금액을 누적해 나간다. 기여에 대한 가상화폐가 쌓이는 것, 12월 스쿨뱅킹이 작동하면 체험경비를 학부모가 자녀의 기여통장을 확인하고(차용증 작성 완료) 납부하게 된다.

스키캠프 일주일을 앞둔 시점에 그동안 적립한 기여 금액을 확인하며 체험경비에 부족한 금액만큼 차용증을 기록한다. 채권자는 학부모, 채무자는 학생으로 공식적인 문서의 형태로 진행한다. 초등학생에게 뭐 이런 경험까지 시키나 하겠지만 약속에 대한, 의무에 대한 책임성을 강조하기 위함이고, 몸으로 익히게 하고자 하는 것이라 아이들도 학부모도 이 과정을 긍정적으로 생각하신다.


'스키캠프'를 마치고 돌아온 다음 날, '교사·학부모 공동성장 연수'에서 만난 옆 반 학부모님이 반갑게 웃으며 말을 건넨다.

"차용증 너무 신선했어요."

12월 '스키캠프' 안내와 함께 납부 안내장을 보내고 스쿨뱅킹만 작동시키면 될 텐데, 송남초등학교 5~6학년 선생님들은 편하고 단순한 방법을 선택하지 않는다. 매월, 격주, 또는 매주 확인하는 번거로움을 감수하고, 아이들의 꾸준한 기여 실천과 목표액을 향한 노력, 통장 관리력을 몸으로 익히도록 이 방법을 선택한다.

---

7. 이와 같은 방식으로, 6학년 여행학교(수학여행) 경비도 보호자와 '근로계약서'를 작성하고, 기여를 통해 체험경비를 아이들 스스로 모은다.

# 근로계약서

○○○(이하 '고용주'라 함)과(와)  ○○○(이하 '근로자'라 함)은 다음과 같이 근로계약을 체결한다.


1. **근로계약 기간**: 2020년 (  )월 (  )일부터 2020년 (  )월 (  )일까지
2. **근무 장소**:
3. **업무의 내용**:
4. **근로 내용 및 시간**:
5. **근무일/휴일**:  매주 (  )일(또는 매일 단위) 근무,
   　　　　　　　　　 주휴일 매주 (  )요일
6. **임금**
- 월(일, 시간)급: (    　 )원
- 상여금: 있음 (    　 )원, 없음(    　 )
- 상여금 지급 조건:
- 임금 지급일: 매월(매주 또는 매일) (  )일(휴일의 경우는 전일 지급)
- 지급 방법: 근로자에게 직접 지급 (  )
   　　　　　　 근로자 명의 예금통장에 입금 (  )
7. **근로계약서 교부**
- 고용주는 근로계약을 체결함과 동시에 본 계약서를 사본하여 근로자의 교부 요구와 관계없이 근로자에게 교부함(근로기준법 제17조, 제67조 이행)
8. **기타**


- 이 계약에 정함이 없는 사항은 근로기준법령에 의함.


2020년   월   일

(고용주) 사업체명:

연락처:

대표자:                                                                    (서명)

(근로자) 주소:

연락처:

성명:                                                                      (서명)


〈근로계약서 작성 시 유의할 점〉

1. 고용주와 임금을 협상하여 정한다.

　단, 시간당 최저임금(8,590원, 2020년 기준) 이상을 받아야 한다.

2. 1시간을 기준으로 일한 시간만큼 비율로 받는다.

　(30분을 일할 경우 임금의 반만 받는다.)

3. 마땅히 해야 할 일에 대해서는 받을 수 없다.

　예: 내 방 청소, 내 책상 정리 등등

4. 단순한 용돈(친척, 부모님, 기타 이웃)은 통장에 저축할 수 없다.

# 가족과 함께하는
# 즐거운 한마당

송남초등학교는 격년으로 '놀이한마당'과 '생태한마당'을 진행한다. 올해 '놀이한마당'을 했으면, 내년에는 '생태한마당'을 하는 식이다. 가족 단위로 참여할 수 있게 휴일인 토요일에 한다.

## 놀이한마당

놀이한마당은 다양한 체험과 놀이, 체육대회로 진행한다. 유치원을 포함하여 전교생이 참여하고, 특별한 사전 연습 없이 실시한다. 학부모와 지역 주민이 협력하여 다양한 상설 '체험 부스'를 만들고, 체험 부스의 특성에 맞게 학부모 지원단을 적절히 활용한다.

먼저 '교직원회의'에서 전에 했던 놀이한마당 평가에서 나왔던 문제점과 장점을 바탕으로 계획을 세우고, '교사-학부모 연석회의'에서 놀이한마당의 방향, 계획을 공유한다. 놀이한마당 진행에 학부모도 참여하는 만큼 학부모의 의견에 따라 계획이 바뀌기도 한다. 연석회의 결과를 참고하여 교직원회의에서 계획안을 완성한다('생태한마당'도 같은 방법으로 계획을 세운다).

놀이한마당 프로그램은 다른 학교와 크게 다르지 않다. 다만, 아이들이 놀이한마당에 참여하는 방식은 조금 다르다. 아이들은 모둠(전교자치 모둠)별로 움직인다. 한 모둠에 1학년부터 6학년까지 섞여 있고, 6학년과 5학년이 리더가 되어 활동하고 싶은 놀이한마당이나 체험 부스에 돌아가며 참여한다. '전교자치 모둠'은 놀이한마당뿐만 아니라 다함께캠프, 전교자치회의 때도 모둠별로 활동을 한다.

학년별로 달리기도 하지만 1, 2, 3등 등수를 나누지 않는다.

송남초등학교는 학부모의 자발적 참여가 높다. 놀이한마당도 학부모 도우미, 학부모 지원단, 교사가 함께 프로그램을 진행한다. 2016학년도에는 닫는 마당을 학부모님들이 직접 진행했다. '강강술래' 노래를 하고 춤을 추며 모두가 하나 되는 감동. 비록 전입 첫해의 뻘쭘함으로 그무리 속으로 들어가지는 못했지만, 아직도 신선한 충격으로 남아 있다.

2018학년도에는 놀이한마당을 준비했다가 미세먼지 때문에 하지

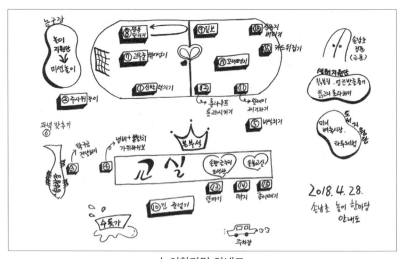

놀이한마당 안내도

못했다. 아쉬움에 몇 개 학년은 점심 도시락까지 준비해 와 학교 샛별관(체육관)에서, 느티나무 아래에서, 학년별로 놀다 갔다.

교직원 평가회에서 앞으로도 미세먼지 때문에 하지 못할 가능성이 있으니 기간을 정해 학년별로 하거나 '생태한마당'만 하자는 의견이 나왔다. 하지만 가족과 함께하는 프로그램의 의미와 중요성이 크다는 이유로 그 의견은 부결되었고, 앞으로도 계속하기로 했다. 다만, 샛별관이나 교실에서 하는 방안도 고려하자고 의견을 나누었다.


## 생태한마당

생태한마당은 선생님, 부모님, 친구들과 함께 이야기도 하고, 점심도 같이 먹고, 놀이도 하면서 우리 마을의 둘레길을 걷는 행사다. 아이들은 우리 마을 곳곳을 돌아보며 우리 마을을 더 잘 알게 되고, 사랑하는 마음을 갖는다. '생태놀이'나 주변 자연환경을 돌아보며 생태감수성을 기르고, 가족과 둘레길을 걸으면서 가족사랑의 추억도 쌓는다.

생태한마당은 학부모 '생태지원단'과 '마을교사'들이 진행을 한다. 원래 생태한마당도 놀이한마당처럼 '전교자치 모둠'으로 진행했으나, 지난 평가회에서 학년별로 움직이는 게 낫겠다고 결정되어, 2019학년도에는 학년별로 생태한마당을 진행했다.

생태한마당 당일이 되면 학생과 학부모는 각 학년 교실에 모여, 먼저 생태한마당에 임하는 마음을 칠판에 적어 보고, 학부모끼리 서로 인사를 하며 간단한 자기소개를 한다. 평소에 알고 지낸 사이도 있고,

이번 기회를 통해 누구의 엄마, 아빠인지 알게 되기도 한다. 다음으로, 생태지원단과 마을교사로부터 오늘 둘러볼 마을 둘레길에 대한 간단한 설명을 듣는다.

마을 둘레길은 서로 다른 6개의 코스로, 학년별로 한 개의 코스를 걷는다. 다음 생태한마당 때는 다른 코스를 걷게 되며, 학교에 다니는 동안 서로 다른 세 개의 코스를 걷는 셈이 된다. 거리는 학교에서 출발하여 다시 학교로 돌아오는데, 약 2km에서 3km 정도 된다.

중간에 휴식 시간과 간식 시간도 있고, 미션도 수행한다. 미션은 걸어가다 발견한 꽃과 풀, 나뭇가지를 이용해서 만들기. 만든 작품을 사진으로 찍어 각 학년이 공유하고, 미션이 끝나면 자연으로 돌려준다. 둘레길에서 볼 수 있는 여러 가지 식물, 들꽃, 들풀 이름도 알아보고 설명도 듣는다. 마을 이름 유래, 주변 자연환경의 특징도 알아본다. 학년에 따라 공동체 놀이도 한다.

생태한마당-마을 둘레길 걷기

둘레길을 걷고 학교에 오면, 나무로 만든 '완주 목걸이'나 소원지를 써서 학교 울타리에 걸어 둔다. 2019학년도에는 교육청에 문화 공연을 신청하여 공연도 보았다. 점심 식사는 둘레길을 걷다가 적당한 장소에서 먹은 해도 있고, 학교에 와 학년별로 모여 같이 먹기도 한다.

놀이한마당과 생태한마당은 학교 안에서 교육공동체 구성원 모두가 참여하는 유일한 행사(활동)로 교직원, 학생, 학부모, 마을 주민이 함께한다. 이를 통해 얻는 교육적 효과도 크다. 다만 밖에서 하는 활동이다 보니 날씨나 기후 변화의 영향을 받을 수밖에 없어, 이에 대한 대처 방안을 고민해야 한다. 이 또한 지금까지 그래 왔던 것처럼 교육공동체 모두가 머리를 맞대고 좋은 방안을 찾아 슬기롭게 해결할 거라 믿는다.

# 동생들과 함께하는
# 기여와 배움의 시간

"선생님! 그러면 우리도 밥 빨리 먹어요?"

1학년 동생들에게 학교를 소개해 주고, 급식실에서 어떻게 행동해야 하는지 알려 주자는 의견을 제시했을 때 우리 반 아이들이 던진 질문이다. 6학년이지만 아이는 아이다. 점심을 빨리 먹을 수 있다는 생각을 먼저 하니 말이다.

"학교에서 꼭 소개해 줄 장소는 어디일까요?"

"학교를 어떻게 소개해 주면 좋을까요?"

두 가지의 질문을 가지고 아이들은 모둠별 회의를 시작했다. 가온누리(다목적실), 급식실, 샛별관(체육관)뿐만 아니라 야외 수도, 목공실, 교장실 등 학교의 이곳저곳을 소개시켜 주고 싶다는 아이들의 목소리가 들려왔다. 입학식 때 손을 잡고 함께 입장했던 1학년 동생들이기에, 6학년 아이들의 눈빛에서 설렘과 기대감이 보였다.

즐거운 마음으로 시작했던 '학교 소개하기', 30여 분이 흘렀을까? 6학년 아이 하나가 내게로 와 SOS를 부탁하며 투덜거린다.

"아니, 선생님, 저 좀 도와주세요. 못하겠어요."

학교에 들어온 지 일주일도 되지 않은 1학년, 마구 뛰어다니는 1학년을 쫓아 뛰어다니기가 쉽지 않았던 모양이다. 송남초등학교에 첫 발령을 받아 6학년만 2년을 맡아 본 내게도 1학년 아이들의 마음을 사로잡는 일은 어려운 미션이었다. 격려와 응원을 전해 주며 옆을 바라보았을 때, 6학년을 졸졸 따라다니는 1학년들도 보였다.

"선생님, 우리 모둠 1학년은 엄청 귀엽고 착해요."

투덜대던 아이는 자신과는 다른 그 모습을 바라보며 한숨을 한 번 내쉬고, 또다시 열심히 달리기 시작한다.

열심히 달리는 아이의 뒷모습을 보고 시선을 돌리니 바나나를 한 개씩 손에 쥐고 있는 모둠, 앉아서 바나나를 먹고 있는 모둠이 보였다. 갑자기 웬 바나나? 아이들은 교장 선생님이 주셨다며 신나서 이야기했다. 교장 선생님께서 언제 '학교 소개하기' 활동을 하는지 물어보셨는데, 바나나를 한 아름 준비해 놓고 아이들을 맞이해 주셨던 것이다.

바나나를 사 놓고 기다리시는 교장 선생님뿐만 아니라 교무실과 행정실에 온 아이들에게 교무실과 행정실에서 하는 일을 이해하기 쉽게 설명해 주시는 선생님들, 수업시간임에도 소란스러움을 이해해 주시는 다른 학년의 선생님들 덕분에 아이들이 더 즐겁고 편안하게 학교 소개를 할 수 있었다.

학교 소개가 끝난 뒤 6학년 아이들은 1학년 동생들과 함께 급식실로 들어갔다.

"숟가락, 젓가락은 이렇게 잡고 식판을 잡으면 편하지?"

"밥을 받을 때는 '감사합니다'라고 인사드리자."

평소에 편식을 하던 아이도, 급식실에 들어오면 신나게 친구와 이야기하던 아이도, 동생들을 가르쳐 주어야 한다는 마음에 어느새 의젓한 모습이다. 1학년 동생들이 어리다는 생각에 모든 것을 해 주고 싶어 하는 아이들도 있었다.

1학년 동생들과 화전 만들기

"1학년 동생을 도와주고 싶은 마음은 이해하지만 1학년도 성장할
수 있는 기회가 필요해요. 동생이 할 수 있는 일은 동생이 할 수 있도
록 도와주세요. 동생에게 배울 수 있는 기회를 주세요."

이렇게 말하자 6학년 아이들도 금방 이해하고 다른 방법의 도움을
찾기 시작했다. 1학년과 함께한 시간이 힘들었다는 아이도, 힘들었지
만 뿌듯하다는 아이도 있었다. 이 외에도 6학년은 1학년 아이들과 '화
전 만들기'와 '송편 만들기'를 함께 하고, 책도 읽어 준다. 1학년 아이
들끼리만 하기 어려운 활동을 할 때 도움을 준다.

화전 만들기를 할 때는 두 번째 만남이라 그런지 1학년과 6학년 모
두 긴장감과 어려움보다는 편안함과 익숙한 표정이다. 6학년 아이들은
1학년 동생들과 함께 반죽을 하고, 꽃잎이나 쑥을 반죽 위에 올릴 수
있게 도와주었다. 특히 6학년 아이들은 여러 번의 '캠프' 경험으로 가
스레인지를 사용하는 것에 익숙하기 때문에, 불을 사용하는 것은 6학

년들이 담당했다. 자기들끼리 있을 때와는 다르게, 동생을 먼저 챙기고, 먼저 먹이는 모습이 내게는 잔잔한 감동이었다.

가을에는 '송편 만들기'도 함께 했다. 1학년의 눈높이에 맞추어 송편에 깨 앙금과 초콜릿 앙금을 준비했다. 6학년 아이들은 초콜릿 송편에 당황했다.

"초콜릿을 넣어요? 맛없을 것 같은데…."

이렇게 말하던 6학년 아이들은 1학년을 도우며 다양한 송편을 창작해 냈다. 돼지 모양, 강아지 모양, 변기 모양 송편 등 1학년과 6학년 아이들은 창의성과 촉감놀이, 그 어딘가의 즐거운 '송편 만들기' 시간을 가졌다.

1학년 선생님의 배려로 6학년도 송편을 한 쟁반 가져가서 같이 먹었는데, 초콜릿 송편에 언제 당황했느냐는 듯, 깨 앙금 송편보다 초콜릿 송편을 더 좋아했다.

얼핏 보면, 6학년이 1학년에게 도움을 주는 것 같지만, 6학년 아이들도 리더십과 포용력을 기를 수 있는 기회가 될 뿐만 아니라 1학년과 함께 봄 느끼기, 가을 느끼기 수업을 한 것이나 마찬가지다. 6학년에도 소중했던 시간이다. 6학년 아이들은 모르겠지만, 내 눈에는 1학년을 통해 6학년 아이들도 성장하는 모습이 보인다. 지금 당장은 힘든 기억이 많다 해도 나중에 생각하면 1학년과 6학년 모두에게 값진 시간, 함께 성장하는 시간으로 남을 것이다.

6학년의 수업 속에는 1학년뿐만 아니라 5학년, 2학년과 4학년이 함께해 준 '세계 프로젝트' 수업도 있다.

6학년 2학기 사회의 큰 부분을 차지하는 '세계'. '세계 프로젝트'의 마무리인 '세계요리대전'. 자신이 담당한 나라의 랜드마크를 만들고,

요리를 만들어 박람회 형식으로 소개하는 시간이다. 2018학년도에는 5학년 동생들에게, 2019학년도에는 세계와 관련된 단원이 교과서에 나오는 2학년과 4학년에게 박람회를 열었다. 설명을 들은 사람은 음식을 맛볼 수 있는데, 쉬는 시간에는 다른 학년들도 자유롭게 와서 설명을 듣고, 음식도 맛보는 시간을 가졌다.

물론, 6학년끼리만 해도 되는 프로젝트일지도 모른다. 평소에도 반 친구, 학년 친구들과 함께 공유하는 활동을 자주 했다. 그래도 다른 학년에게 공유한다는 사실만으로도 아이들은 훨씬 진지하게 활동에 임하는 모습이었다. 어떻게 설명해야 후배들이 더 쉽게 이해할까 고민하고, 어떻게 하면 후배들이 내가 만든 요리를 맛있게 먹을까 생각하며 활동한다.

"선생님, 애들이 제가 만든 요리 맛없다고 할 것 같아요. 다시 만들어 보려고요."

무엇보다 평소 학습을 어려워하는 아이들이 동생들에게 설명을 해 주면서 자신감을 갖는다. 친구들에게는 대부분 도움을 받던 아이가, 후배들에게는 도움이 될 수 있다는 사실만으로도, 그 아이는 충분히 자신감과 자존감을 얻는 시간이 된다.

덧붙여, 중요한 것은 다른 학년과 함께 만들어 가는 수업을 할 수 있는 것은 다른 학년 선생님들이 이해해 주시고, 함께 고민할 수 있는 소통의 장이 마련되어 있기 때문이라고 생각한다.

올해는 또 어떤 프로젝트를 구상하고 함께할까? 6학년 아이들은 또 어떤 기여와 배움 속에서 성장할까?

# 2장

# 교육과정에
# 상상을 더하는 교육

# 예술,
# 송남에 꽃피다

송남초등학교는 언제나 활기차다. 쉬는 시간이나 여유 시간에 할 일이 없어 심심해하는 아이들을 보기 어렵다. 30분 동안 있는 중간놀이 시간에는 언제나 놀이를 즐기느라 바쁘다. 지난여름 중간놀이 시간에 2학년 아이들이 스케치북에 무언가를 적으며 역할놀이를 하고 있었다. 무엇을 하는지 궁금해서 가 보니 영화를 찍는다고 한다. 카메라는 손가락으로, 슬레이트는 스케치북으로 대신하여 진지하게 놀이를 한다. 아이들이 만든 놀이는 '영화놀이'란다.

15년 동안 아이들과 함께 지냈지만, 영화놀이를 만들어서 하는 경우는 처음이다. 아이들이 어떻게 이런 놀이를 할까? 아마도 '예술꽃 씨앗(새싹)학교'와 연계한 영화 수업의 영향일 것이다. '예술꽃 씨앗(새싹)학교'를 통해 2014년도부터 쭉 이어져 온 문화예술교육은 감성을 풍부하게 하고, 관계를 맺어 가는 매개체가 되었으며, 사람의 이야기를 예술에 담아 삶의 가치와 즐거움을 높이는 기회가 되었다. 아이들 삶에 스며든 것이다.

'문화체육관광부'와 '한국문화예술교육진흥원'은 문화예술교육 운영 의지가 높은 전국 400명 이하 소규모 학교를 '예술꽃 씨앗학교'로 선정하여 문화예술교육 예산을 4년 동안 지원했다. 송남초등학교는 이 공모사업에 선정되어 '예술꽃 씨앗학교' 4년, 그 후 기업의 후원을 받아 '예술꽃 새싹학교' 2년을 운영하였다.

'예술꽃 씨앗학교'를 시작한 첫해에는 교사의 예술 감수성을 깨우는 활동을 많이 했다. '영화캠프'를 통해 학생들이 배우는 과정을 직접 해 보고 전시회, 감상회, 강연회, 토론회, 워크숍 등 영화문화예술과 접목한 교육 방법을 모색하고 실천하는 시간을 가졌다. 이는 학생과 함께 호흡하며 예술교육을 하는 밑바탕이 되었다.

'예술꽃 씨앗(새싹)학교' 예산은 전문 강사와 함께 교육과정과 연계하여, 학년 특성에 맞는 연극, 영화 교육을 하는 데 주로 사용했다. 저학년부터 종이 스톱모션, 몸짓놀이, 연극, 시나리오 쓰기 등을 통해 영화와 친해지고 가까워지다가 5, 6학년 때 한 편의 영화를 완성하여 상영회까지 하는 순차적인 과정을 밟았다. 즉, 연극과 영화를 중심으로 나선형 교육과정을 운영한다고 할 수 있다.

카메라와 캠코더를 들고 학교 여러 곳을 돌아다니는 아이들의 얼굴에는 생기가 넘친다. 영화 촬영 중이라며 조용히 하라고, 손가락을 입에 갖다 대며 손을 흔드는 아이들의 진지한 얼굴을 보면 웃음이 나오기도 한다. 부모님들 앞에서 연극 공연을 마치고 무대를 내려오는 3학년 아이들의 얼굴은 드디어 해냈다는 자신감과 성취감으로 빛난다.

2학년은 그림책을 선정하여 주요 장면을 정하고, OHP 필름과 나무 막대로 그림자 인형을 만든 후, 대사를 녹음하여 영상극 공연을 한다. 5학년은 모둠별로 '인권'이라는 주제를 정해 영화를 촬영하고, 상영회를 한다. 6학년은 마을의 역사 인물을 찾아 직접 조사하여 영화를 만들거나, '온책읽기'와 연계하여 읽은 책을 바탕으로 영화를 만들기도 한다. 또한 연출팀, 의상팀, 분장팀, 편집팀, 홍보팀, 음향팀 등을 따로

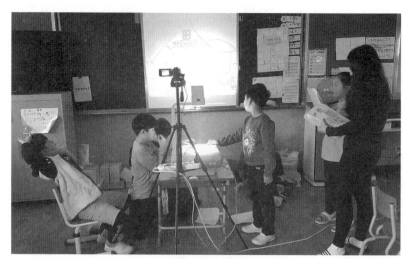

2학년 영상극 만들기

정해 영화를 촬영하고, 아이들뿐만 아니라 학부모, 마을 주민 등을 초대해 상영회를 한다. 5, 6학년 상영회는 입장료를 받아 수익금 전액을 '나눔주간'에 기부를 한다.

연극과 영화는 종합예술이다. 텍스트를 읽고 시나리오를 쓰며 음악, 미술, 연기 등을 경험한다. 함께 작품을 완성해 가며 때로는 다투고 배려하며 협력한다. 연극과 영화를 만들면서 아이들은 훌쩍 성장한다. 또한 예술과 문화를 사랑하고 즐기며 표현하는 사람으로 자란다.

2019학년도에 '예술꽃 씨앗(새싹)학교' 사업이 끝이 났다. 2020학년도에는 예산 지원이 없어 전문 강사와 함께하는 활동은 못할 수도 있다. 하지만 그동안의 경험을 바탕으로 학년별 특성에 맞는 연극, 영화 수업은 계속될 것이다. 실제 2019학년도에는 전문 강사의 도움 없이 '영화 동아리'는 아이들이 주체가 되어 담당 교사와 함께 영화를 촬영하여 상영회까지 했다.

송남초등학교에서는 '예술꽃 씨앗(새싹)학교' 운영 이전부터 문화예술교육의 중요성을 알고, 학년별 선택과 집중의 '문화예술집중학습'을 운영하였다. 학년별로 '문화예술집중학습' 예산도 책정돼 있다. 이는 현재 진행형이고, 학년이나 담임교사의 역량에 따라 다양한 방식으로 운영된다.

학교에서 걸어갈 수 있는 거리에 '당림미술관'과 '외암도예촌'이 있다. 아이들은 이곳에서 작품 감상, 창작 활동을 한다. 미술관에서 강사가 학교로 와 아이들과 작품활동을 하기도 한다. 또한 송악 지역에는 연극, 사물놀이, 미술, 서각, 도예, 무용, 악기(우쿨렐레, 드럼) 등에 재능이 있는 예술인들이 많이 산다. 학교에서는 교육과정 운영에 필요할 때 이러한 예술인들과 협력 수업을 한다.

"이번에 미술 시간에 수채화를 깊이 있게 해 보고 싶어요."

"○○ 어머니가 수채화에 재능이 있으세요. 한번 연락해 보세요."

5학년 아이들은 5회에 걸쳐 ○○ 어머니와 함께 수채화 수업을 했고, 수채화에 대해 좀 더 깊이 있게 배울 수 있었다.

복도를 걷다 보면 아이들이 연주하는 악기 소리가 들린다. 1, 2학년은 오카리나, 3, 4학년은 리코더, 5, 6학년은 소금과 단소. 학년별로 집중해서 다루는 악기들이 있어 송남초등학교 아이들은 누구나 한두 개의 악기는 연주할 수 있다.

매년 10월 '나눔주간'이 되면 학년별, 개인별 버스킹 공연이나 장기자랑을 한다. 그리고 12월이 되면 학년별로 '마무리잔치'를 한다. 이 자리에서 아이들은 부모님이나 다른 아이들 앞에서 그동안 갈고닦은 자신의 끼를 마음껏 펼친다. 5학년은 리더십 캠프에서 역사 뮤지컬을 공연하고, 모둠별 연주회도 한다. 이 외에도 다함께캠프나 학년 교육과정 운영 등을 통해 자신의 예술적 재능을 표현할 기회가 많이 있다.

송악 마을에는 마을축제(송악놀장, 골목예술제)가 열린다. 마을 골목 곳곳에 아이들과 마을 어른들의 미술 작품이 전시된다. 아이들 공연(밴드, 댄스, 노래극)도 펼쳐진다. 마을 어른들의 연극 공연과 밴드, 타악기 연주, 중학생들의 밴드와 댄스 공연도 볼 수 있다. 학교 안에서뿐만 아니라 마을에서도 살아 있는 예술교육이 이루어진다. 특히, 문화예술이 사람들의 삶 속에서 어떤 역할을 하는지 몸으로 배울 수 있다.

예술은 사람을 변화시킨다.

자신의 삶을, 이웃을, 지역을, 사회를

그리고 세상을 변화시킨다.

송악마을예술제-6학년 밴드 공연

문화예술교육을 생활 속에 담아 직접 체험하고 느끼지 않았다면, '예술꽃 씨앗(새싹)학교'를 운영하지 않았다면, 아이들은 '영화놀이'를 만들어 친구들과 함께 놀이로 즐길 수 있을까 하는 생각이 든다. 우리에겐 어렵게만 느껴졌던 영화가, 나와는 가깝지 않다고 생각했던 예술이, 아이들에게는 놀이가 되고 즐거움이 되었다.

# 산에서
# 배워요

 

송남초등학교는 전교생이 매년 '산 탐사'를 간다. 1학년은 봉수산, 2학년은 남산, 3학년은 황산, 4학년은 영인산, 5학년은 설화산, 6학년은 광덕산을 오른다. 2학년은 '생태지원단' 어머니들의 도움을 받아 남산에서 '생태놀이'를 하고 왔다. 5학년은 2019년 4월에 발생한 설화산 산불 현장을 직접 보고 왔다. 2018학년도 6학년은 광덕산에 갔다가 친구가 던진 돌에 맞아 머리를 다친 일도 있다. 좋은 일, 좋지 않은 일, 우여곡절이 많지만, 교사나 아이들의 특성에 따라 오르는 산이나 등산 코스가 달라지긴 해도 '산 탐사'를 건너뛰는 일은 없다.

2018학년도에는 1학년 아이들과 함께 봉수산을 갔다. 아이들의 체력을 생각하여 1학기에는 봉수산 배틀바위까지, 2학기에는 정상까지 등반했다. 1학기 땐 여러 번 주저앉고, 맨몸으로 올라가기도 힘들어해 교사가 가방을 들어 주어야 할 때가 많았다. 하지만 2학기 땐 정상까지 쭉쭉 잘 올라갔다. 힘들지만 정상에 오른 뿌듯함에 함박 웃는 아이들의 모습은 형언할 수 없는 행복이다.

2019학년도에는 4학년 담임으로 영인산에 갔다. 가을이 시작되는 10월 초 아침. 출석 확인, 컨디션 확인 후 학교 버스에 올랐다. 4학년 아이들이 올라가는 산이니 '봉수산보다는 힘들겠구나!' 하고 걱정을 하는 나와는 달리, 4학년 40명의 아이들은 일단 학교를 벗어나 산에 간다는 마음으로 한껏 들떠 있다.

재잘재잘, 아이들의 목소리를 듣다 보니 어느새 영인산 초입 주차장에 도착했다. 앞에는 교육지원팀 선생님이, 끝에는 교장 선생님이 따라오기로 하고 아이들과 정상을 향해 출발했다. 구름이 잔뜩 끼어 다소 쌀쌀한 날씨였으나 아이들은 아랑곳하지 않고 씩씩하게 올라갔다. 하지만 주차장을 벗어나 본격적인 등산로에 들어서자 여기저기서 헉헉거리며 힘들다는 소리가 나오기 시작했다. 그리고 앞에 간 사람들과 거리가 점점 멀어졌다. 앞선 아이들도 점점 속도가 느려졌다. 우리가 오르는 길은 오르락내리락, 은근히 힘든 길이었다.

"힘내, 다 왔어."

내려오는 등산객들이 격려해 주셨다.

"얘들아, 다 왔대. 가자!"

아이들이 힘을 내기 시작했다. 하지만 정상이 쉽게 보이지 않는다.

"선생님, 다 왔다는데 언제 도착해요?"

"아, 아저씨가 거짓말했어. 다 왔다더니."

점점 볼멘소리가 터져 나올 때였다.

"선생님, 저기 좀 봐요. 엄청 예뻐요."

빽빽한 나무숲을 빠져나오니 눈앞에 시원한 전망이 펼쳐졌다. 탁 트인 능선을 보니 힘들었던 산행이 한순간에 즐거움과 행복으로 바뀌었다. 우리는 그 모습에 홀려 내리막길을 순식간에 내려갔다.

"선생님, 아무래도 길을 잘못 들었나 봐요. 정상은 이쪽이 아닌 것 같아요. 돌아왔나 봐요. 정상까지 가기엔 시간이 부족하고…."

앞장서던 선생님이 말씀하셨다.

"정상은 멀어요. 그냥 상투봉에 올라갔다 내려와서 점심 먹을까요?"

"그래요. 그럼, 상투봉으로 가요."

가파른 계단을 올라 드디어 상투봉에 올랐다.

"자, 기념사진 찍자. 이리로 모이세요."

"아, 싫은데."

힘들어 사진 찍기 싫다고 투덜대던 아이들도 휴대폰을 들이대자 다 같이 활짝 웃는다.

상투봉을 내려와 잔디광장 한쪽에서 점심을 먹었다. 점심을 먹고 잠깐의 자유 시간. 아이들은 넓은 잔디광장을 뛰어다니고 굴러다녔다. 술래잡기에 흠뻑 빠진 아이들을 보니 힘겨움은 없어진 지 오래고, 즐겁게 웃는 얼굴은 보는 사람도 행복하게 만들었다. '저렇게 예쁜 아이들이 어째 교실에서는….'

놀던 자리를 정리하고 우리는 산림박물관을 거쳐 산을 내려왔다. 산림박물관에서 내려오는 길이 가팔라 넘어진 아이도 있었으나 다행히 큰 부상은 없었다. 그렇게 순조롭게 반쯤 내려오던 중 앞장선 선생님이 당황한 모습으로 뒤로 오셨다.

"◇◇이가 없대요. 혼자서 산림박물관 밑에 있다는데?"

"예? 뒤에 교장 선생님과 같이 오지 않나요?"

뒤를 돌아보니 교장 선생님 혼자 오고 계셨다.

"교장 선생님, ◇◇이 못 보셨어요?"

"◇◇이 먼저 가지 않았나?"

"아니요. 지금 길을 잃어버려 산림박물관 밑에 있대요. 제가 다녀올 게요."

그렇게 선생님은 왔던 길을 다시 올라가셨고, 우리는 '영인산 휴양림사무소' 앞에서 기다리고 있었다. 그렇게 몇 분이 지나 선생님은 ◇◇이를 찾아 함께 내려오셨다. 산림박물관에서 내려올 때 길이 가팔라 발이 살짝 삐었고, 잠깐 쉬고 있는데 우리가 다 갔다고 했다. 다행히 크게 다치지 않았고 주변에 계시던 분이 연락을 해 줘서 빨리 찾을 수 있었다. 주차장까지 내려가서 버스를 타기에는 시간이 모자라 버스를 영인산 휴양림사무소 앞 주차장으로 오라 해서 타고 내려왔다.

"오늘 힘들었지?"

"네, 하지만 재미있었어요. 또 오고 싶어요."

"산이 너무 예뻤어요. 가족들이랑 또 올 거예요."

아이들은 '산 탐사'를 통해 우리 고장의 자연환경을 알아보고, 생태 감수성을 기른다. 자연의 변화에 경이로움을 느끼고, 생명의 소중함을 배운다. 힘들게 오르는 과정에서 친구를 격려하고 응원하며, 서로 돕고 배려하는 마음을 나눈다. 어려움을 이겨 내며 성취감을 맛보기도 한다.

학교에 도착해서 아이들을 보내고 나니 피곤함이 한꺼번에 몰려온다. 게다가 아이를 잃어버려 십년감수했던 산행이라 피곤함이 더 컸다. 다시는 산에 가고 싶지 않을 만큼. 그래도 내년이 되면 또 아이들과 산에 갈 것이다. 아이들이 배우고 겪는 것을 나도 똑같이 경험하고 배우기 때문이다. 아니 내가 더 많이 배운다.

# 떠나요~ 제주도,
# 6학년 여행학교 동행기

**2019. 5. 27. 월**

학교에서 오후 5시 출발. 오창에서 비빔밥을 먹고 청주공항으로 갔다. 낮에 바람이 많이 불고, 비가 오는 바람에 비행기가 늦게 떠 밤 9시 넘어 출발했다. 제주에 밤 10시 넘어 공항에 도착하고, 숙소에는 11시 넘어 들어갔다.

**2019. 5. 28. 화**

아침은 제주에 머무는 동안 샌드위치(식빵, 잼, 양배추, 햄, 달걀부침, 치즈)와 죽(수프)으로 간단하게 먹었다. 아이들은 이렇게 간단히 먹는 게 괜찮단다.

둘째 날은 관광버스로 전체가 같이 움직인다. 먼저 4·3 평화공원에 갔다. 버스에서 내리니 차가운 바람과 청명한 하늘이 우리를 맞았다. 찬 바람에 정신이 번쩍 나고, 오랜만에 보는 맑고 푸른 하늘에 감탄이 절로 나왔다.

맑은 하늘을 만끽하며 위패봉안실에 갔다. 모두 14,256위의 4·3 희생자 위패가 봉안되어 있었다. 벽면을 가득 둘러싸고 있는 이름을 보면, 이렇게 많은 사람들이 국가권력에 의해 희생될 수 있다는 게 믿기

위령비 닦아주기

지가 않는다. 몇몇 아이들은 방명록에 글을 남겼다.

"아픈 마음이 낫기 바랍니다."

"아픔과 상처가 보듬어 고쳐지길 바랍니다."

아이들은 봉안실을 나와 준비해 온 헝겊으로 위령비를 닦아 주었다. 어제 비가 와서 그런지 비교적 깨끗한 상태였다.

"하늘이 다 닦아 준 것 같아요. 닦아도 아무것도 묻지 않아요."

그러고 나서 4·3 평화공원 기념관에 가 4·3과 관련한 자료와 영상, 사진, 백비 등을 둘러보았다.

다음은 올레길 7코스를 걸어 황우지 선녀탕에 갔다. 바닷가에 바위로 둘러싸여 만들어진 웅덩이가 위쪽에서 보면 선녀가 목욕할 만하다는 생각이 든다. 선녀탕에서 잠깐 놀다가 바로 옆 황우지 해안의 12개 동굴을 보았다. 이 동굴은 일제 강점기 때 일본군이 미군을 막기 위한 자폭용 어뢰를 숨겨 놓은 곳이라 한다. 외돌개와 푸른 바다를 보며 쉬다가 점심을 먹으러 갔다.

점심을 먹고 월정리 해수욕장에 갔다. 바람이 세게 불어 추웠지만 아이들은 신나게 물놀이를 했다.

저녁은 뷔페 식당을 갔다. 해수욕장에서 노느라 배가 고팠는지 식당 음식이 거덜 날 정도로 다 먹었다. 저녁을 먹고 동문 야시장에 갔다. 야시장을 둘러보고, 길거리 음식도 사 먹고, 숙소로 돌아왔다.


### 2019. 5. 29. 수

셋째 날부터는 모둠별로 학교에서 계획한 곳을 돌아다닌다. 한 모둠 당 9~11명씩 네 모둠이 각자 움직이고, 모둠별로 교사 한 명이 그림자로 따라다닌다. 교사는 아이들이 움직이는 것에 관여하지 않고, 안전 관리만 하면서 따라다닌다.

3모둠은 자신들이 조사한 대로 버스 터미널 앞 정류장에서 버스를 기다렸다. 그런데 정류장 아닌 곳으로 버스가 지나갔다. 아이들이 당황하는 것을 보고 할머니 한 분이 터미널 안에서 타야 한다고 알려 주셨다. 터미널 안에서 282번 버스를 타고 내려야 할 곳에서 내려 첫 목적지인 헬로키티 박물관에 무사히 들어갔다.

박물관을 나와 점심 먹을 식당을 찾아 걸었다. 큰 도로 옆을 따라 걷는 거라 위험하긴 했지만 아이들이 조심해서 잘 걸었다. 한참을 걸었는데 식당도 안 보이고, 둘레에 건물도 안 보이고, 도로만 보이니 걱정이 됐나 보다. 갑자기 멈춰 이야기를 나눈다.

"식당이 있는지 없는지 모르겠으니 점심을 먹지 말자. 배고프면 다음 장소인 옐로우카페에서 먹으면 된다."

아이들은 식당을 150미터 앞에 두고 지나오다 본 피규어 박물관으로 돌아갔다. 피규어 박물관에서 피규어를 산 아이들이 많았다. 예상하지 않은 지출이 생긴 것이다.

여행학교에서 아이들은 자신이 쓸 돈을 자신이 벌어서 가져온다. 3월 여행학교 경비를 예상해 부모님과 '근로계약서'를 작성하고, '가족을 위한 기여' 실적을 최저시급으로 환산해 여행학교 통장에 적립한다. 그렇게 모아 온 금액은 여행학교 활동에 여행경비로 사용된다. 그리고 아이들이 쓸 돈이 정해져 있다. 정해진 금액으로 점심, 저녁도 먹고, 교통비도 쓰고, 간식도 사 먹는다. 그 금액을 넘어 돈이 부족하면 하고 싶은 것을 할 수 없다. 어떻게 돈을 쓸 것인지 스스로 계획을 세우고, 계획에 맞게 돈을 써야 한다. 피규어 박물관에서 돈을 많이 쓴 아이들은 옐로우카페에서 음료를 사 먹지 못했다.

아이들끼리 다니면서 도저히 해결이 어려울 때 교사 찬스를 쓸 수 있다. 단, 2일 동안 세 번만 쓸 수 있다. 아이들은 피규어 박물관에서 옐로우카페까지 가는 방법으로 콜택시를 부르는 데 찬스를 썼다. 덕분에 카페를 쉽게 갔다(작년에 카페를 찾다가 둘레를 몇 바퀴 돌면서 시간을 허비한 경험이 있다).

카페에서 나오니 오후 3시 정도. 순조롭게 목적지를 찾고, 점심을 먹지 않으니 시간 여유가 생긴 것이다. 아이들은 이야기 나누기를 통해 저녁으로 먹으려던 국수집을 가기로 했다. 국수집도 쉽게 찾았다. 고기국수와 비빔국수를 시켜 먹고 나오니 오후 5시밖에 되지 않았다.

이른 시간이지만 숙소로 돌아가기로 했다. 그런데 버스 정류장에 가 보니 숙소로 가는 버스가 서지 않는 곳이다. 이야기 끝에 교사 찬스를 한 번 더 써서 숙소로 돌아왔다.

"우리끼리 다니다 보니 진짜 여행을 한 거 같아요."

다른 모둠 아이들도 숙소로 돌아왔다. 1모둠 아이들은 들어오자마자 컴퓨터를 켜고 인터넷 검색을 시작한다. 아마도 많이 헤맸나 보다.

"깨달은 게 있어요. 철저하게 준비해야겠어요."

저녁 9시에 전체 모임을 했다.

먼저 '오늘 하루 가장 기억에 남는 경험과 음식'에 대해 모둠별로 이야기를 나누고 나서, 모둠에서 한 명이 일어나 이야기를 했다. 아이들은 오늘 하루 재미있었던 일, 아이들끼리 가까워진 일, 어떤 음식을 맛있게 먹었는지 등을 이야기했다. 서로의 이야기를 들으며 공감하고 즐거워했다.

다음은 '아쉽거나 제안할 것'에 대해 이야기를 나누었다. 역시 모둠별로 먼저 이야기를 나눈 다음 한 명이 일어나 이야기를 했다. 그리고 같은 방법으로 '고마웠던 사람과 그 까닭'을 이야기했다. 진지하게, 재미있게 이야기를 나누는 아이들의 얼굴에서 즐거움과 뿌듯함이 보였다.


### 2019. 5. 30. 목

아침에 3모둠 아이들이 출발 준비를 마치고 방으로 나를 찾으러 왔다. 출발하면서 보니 어제보다 발걸음이 가볍고, 분위기도 활기차다.

어제의 경험을 살려 바로 제주 버스터미널 안으로 들어가 대기하고 있던 211번 버스를 탔다. 원래 가고자 하는 '메이즈랜드'는 260번을 타야 하는데, 환승하면 된다며 바로 올라탔다.

환승하는 송당초등학교 정류장에서 내렸다. 그런데 어느 방향에서 몇 번 버스를 타는지 헷갈리는 모양이다. 옆에 있는 건물 복지관에 들어가더니, 아저씨 한 분께 메이즈랜드 가는 방법을 물었다(작년 아이들은 둘째 날부터 제주도민에게 물었는데, 올해는 첫날부터 제주도민에게 물어보았다).

"이쪽으로 걸어가면 30분 정도 걸릴 거야. 버스 타려면 기다려야 하고."

"30분 별거 아닌데 걸어가자."

아이들은 도로를 따라 걷기 시작했다. 이정표에 3.3km라 되어 있다. 처음에는 씩씩하게 걸었지만 몇 분 지나자 슬슬 힘들어지기 시작한다. 한참을 걷다 보니 짜증이 나고, 언제 도착하느냐고 투덜거린다. 보기 좋게 260번 버스도 휙 지나간다. 조금 기다려 260번 버스를 탔으면 정문까지 바로 가는 건데 말이다.

한참을 가다 보니 메이즈랜드 안내판이 나타났는데, 메이즈랜드 글씨 밑에 있는 CU라는 편의점 광고가 더 눈에 들어온다. 편의점에서 간식과 물을 사 먹고 메이즈랜드에 들어갔다.

미로찾기 놀이를 어떻게 할지, 팀을 어떻게 나눌지 상의하고, 미로찾기를 시작했다. 기다리기로 한 곳에서 기다리니 아이들이 한 명 두 명 돌아온다. 그런데 한 명이 나오지 않는다. 한참 기다리니 얼굴이 사색이 돼 나타난다. 미로에서 길을 잃어 헤매다가 고등학생 누나들과 같이 나왔단다.

점심 먹을 식당(○○이 고모네)에 가기 위해 버스를 한 시간이나 기다렸다. 기다리기 힘들었지만 편의점에서 기다리고, 편의점 아주머니가 가는 방법을 알려 주셔서 그나마 다행이었다. 작년 아이들은 버스를 기다리며 자기들끼리 놀이를 했는데, 올해는 그렇지 않다.

260번 버스, 평대초등학교에서 환승하여 201번 버스를 타고 ○○이 고모님이 운영하는 작은 분식점(?)에서 점심을 먹었다. 고모님이 와플,

김밥, 뽑기 상품을 주셔서 아이들이 좋아했다.

201번 버스를 타고 '공백'이라는 카페에 갔다. 도착하니 1모둠이 와 있었고, 뒤이어 2모둠도 왔다. '공백'은 방탄소년단 멤버의 형이 운영하는 곳으로 알려져 사람들이 많이 찾는데, 아직도 공사 중이라서 특별히 볼 것은 없었다. 그보다 1모둠 ○○이가 버스에서 내리지 못하고 몇 정거장 더 갔다가 돌아온 이야기가 더 흥미진진했다.

"다들 버스에서 내렸는데 ○○이가 안 보여서 버스를 쫓아 달려갔지만 결국 놓치고 말았다. ○○이는 친구들이 모두 내린 걸 나중에야 알고 버스에서 내려, 주변에 있는 어른에게 전화기를 빌려, 아빠에게 연락해 담임선생님 전화번호를 알아내고, 담임선생님과 연락이 돼 찾아왔다."

○○이가 현명하게 대처해서 오래 기억에 남을 추억이 됐지만, 사실 큰일 날 뻔했다. 그렇게 대처할 수 있었던 것은 그동안 송남초등학교의 여러 가지 교육활동을 통해 단련됐기 때문일 거란 생각도 든다. 위급한 상황에서 현명하게 대처하는 능력.

다시 201번 버스를 타고 함덕해수욕장에 갔더니 4모둠도 와 있었다. 4모둠 아이들과 놀다가 여행 중 과제인 '외국인과 사진 찍기, 점프 샷 찍기'를 했다. 여행학교에서는 아이들끼리 돌아다니면서 함께 해결해야 할 과제가 있다. 인증샷 찍기, 여러 가지 포즈로 사진 찍기, 뮤직비디오 영상 만들기 등. 아이들은 과제를 해결하며 여행을 한다.

원래 저녁 먹을 식당은 차를 타고 가야 하는데,

"그냥 여기서 4모둠과 같이 먹어요."

"점심을 많이 먹어서 배가 안 고파요. 저기 기념품 가게 들렀다 저녁 먹어요."

기념품 가게에 가 보니 사고 싶은 물건이 많다. 저녁 먹을 돈은 남겨 놓고 사라고 했지만, 우선 눈에 보이는 것을 집어 든다. 결국 흑돼지 식당에 가서 한 명은 안 먹는다 하고, 두 명은 냉면만 먹었다. 배가 고프지 않아서 먹지 않는다고 했지만, 돈이 없어서 먹지 못한 거라 생각한다.

저녁 8시경 숙소에 도착하고, 9시경 전체 모임을 했다.

먼저 오늘 하루 중 기억에 남는 일 '베스트 3'를 모둠별로 이야기했다. 그리고 돌아가며 발표를 했다. 모둠마다 기억에 남을 만한 이야기들이 나왔다. 주로 재미있는 이야기들이 많아 즐거운 분위기 속에서 이야기를 나누었다. 다음에 모둠에서 '배려를 많이 한 사람', '고마운 사람', '기여한 사람' 등을 이야기하면서 고마움을 나누고, 다른 사람의 수고를 알아주며 칭찬하는 시간을 가졌다. 잘못한 것에 대해 사과를 요청하는 아이도 있었다.

이야기를 나누며 하루를 정리하는 시간을 갖는 것. 여행학교가 그냥 여행이 아니라 교육과정의 한 부분임을 보여 주는 것이라 생각한다.


### 2019. 5. 31. 금

새벽 5시에 일어나 공항으로 출발. 공항에서 김밥으로 아침을 먹고, 청주공항에 도착. 학교 버스로 학교에 왔다.

여행학교 준비부터 마무리까지 담임선생님들이 너무 고생하셨고, 덕분에 우리 아이들은 한 뼘 더 자랐음을 확인하는 시간이었다.

# 모두가 주인공!
# 함께 만드는 졸업식!

"올해 졸업식은 어떻게 할까요?"

옆 반 선생님의 말씀에 처음에는 의아한 생각이 들었다. 학교 행사라고 하면 정해진 식순이 있기 마련인데 '왜 고민을 하시지?'라는 생각을 했다. 특히 졸업식이라면 '졸업장 수여, 교장 선생님 말씀, 재학생 송별사, 졸업생 답사' 등의 미리 짜인 형식과 순서가 있고, 지금까지 그런 졸업식을 경험해 온 나로서는 당황스럽기도 하고, 고민도 되었다.

형식적이고 획일적인 졸업식이 아닌 ① 모두가 주인공이 되는 졸업식, ② 6년 동안의 학교생활을 돌아볼 수 있는 졸업식, ③ 감사와 감동이 함께하는 졸업식, ④ 교육공동체가 함께 즐기고 참여하는 졸업식, ⑤ 우리가 함께 만들어 가는 졸업식.

그동안 송남초등학교는 이렇게 다섯 가지 원칙을 가지고 졸업식을 준비해 왔다고 한다. 나는 다섯 가지 원칙에 고개를 끄덕이며, 초등학교생활을 마무리하는 졸업식이 선물과 같은 졸업식이 되었으면 하는 마음으로, 아이들과 함께 기억에 남는 졸업식을 만들고 싶다는 생각을 했다.

# 2018학년도 졸업식

샛별관(체육관)에는 과자, 떡, 물이 놓여 있는 테이블이 있고, 각 테이블마다 졸업하는 학생과 가족이 앉는다(두 가족이 한 테이블). 가족끼리 앉아 다과도 먹고, 대화도 하며 졸업식을 즐기는 모습은 졸업식을 한층 더 따뜻하게 만든다. 자리 배치 하나도 세심하게 배려하는 선생님들의 노력이 돋보인다.

샛별관 뒤쪽에는 아이들이 직접 만든 개인 앨범, 문집, 소설집 등을 전시해 놓는다. 저마다의 개성이 드러나는 앨범과 문집을 보면서 감탄하지 않는 사람이 없다.

졸업식은 ① 친구 손잡고 입장, ② 졸업장, 상장, 꽃다발, 졸업 선물 전달, ③ 졸업생, 가족 소감 말하기, ④ 교장 선생님 축사, ⑤ 축하 공연(학부모 공연, 교직원 축가)의 순서로 진행한다.

졸업식장-가족 테이블, 개인별 앨범과 문집 전시

학부모 축하 공연-카드섹션

아이들이 두 명씩 연단에 올라오면 교장 선생님과 담임선생님이 졸업장, 상장, 꽃다발을 전해 준다. 그리고 아이들은 마이크를 잡고 소감을 말한다. 미리 써 온 것을 보고 말하는 아이도 있고, 바로 말하는 아이도 있다. 대부분 부모님과 선생님께 고맙다는 말을 많이 한다. 6년 동안 함께해 준 친구들에게, 학교에게, 가족에게 고마움을 전하며 울컥해서 우는 아이도 있고, 재치 있는 말투로 재미있게 마음을 풀어낸 아이들도 있다. 아이들은 각자 나름대로 자신의 생각과 마음을 전달한다.

상은 '전인상'만 준다. 전인상은 아이들이 받고 싶은 상의 이름과 내용을 정해서 받는다. 모둠별로 서로에게 주고 싶은 상, 나에게 주고 싶은 상의 이름과 문구를 정한 후, 다른 친구들에게 자유롭게 상의 이름과 문구를 추천받는다. 추천받은 것 중에 자신이 받고 싶은 상을 스스로 선택한다. 아이들을 순서대로 나열하지 않겠다는 신념으로 상장 문구와 이름을 아이들이 스스로 정한 전인상만 주고, 장학금도 공평하게 나누어 전달한다. 교장 선생님은 직접 쓰신 '축시'를 낭독해 주시고, 나와 옆 반 선생님께 꽃다발을 전해 주셨다. 교장 선생님의 권유로 갑작스럽게 소감도 말했다. 첫 발령에 첫 제자들을 떠나보내는 마음, 아쉬움을 말했던 것 같다.

선생님들은 〈내가 찾는 아이〉라는 노래에 아이들 이름을 한 명 한 명 넣어 축가를 불러 주셨다. 졸업하는 아이들은 단소 합주로 졸업을 축하했고, 학부모님들은 6학년 아이들 이름을 적은 스케치북을 가지고 카드섹션, 노래로 졸업을 축하해 주셨다. 아이들 졸업을 축하해 주시는 여러 분들 덕분에 졸업식이 더욱 빛났다.

아이들은 학교 선생님들께 상의 이름과 문구를 직접 만들어 상을 전달해 드리는 깜짝 이벤트를 준비했다. 서로 감동과 감사를 나누며 서로가 서로에게 선물과 같은 졸업식이 되었다.


## 2019학년도 졸업식


2019학년도에는 모두가 주인공으로 함께 만드는 졸업식, 색다르고 기억에 남는 졸업식을 하고 싶어 준비를 시작했다. 그래서 '졸업캠프', 팀을 정해 다양한 공연하기 등 2019학년도 2학기부터 아이들과 함께 졸업식의 구성과 내용을 계속 고민하게 되었다.

2018학년도에는 졸업캠프를 하지 않았다. 옆 반 선생님께서 제안해 주셨지만 해야 할 일도, 마무리해야 할 일도 많았기 때문에 엄두가 나지 않았다. 2019학년도에는 아이들의 열화와 같은 성원에 힘입어 또,

아이들에게 더 많은 추억을 남겨 주고 싶다는 마음으로 졸업캠프를 하기로 했다.

송남초등학교는 캠프가 있을 때마다 가능하면 아이들이 원하는 시간, 원하는 활동을 스스로 정하게 한다. 뿐만 아니라 준비, 진행까지 아이들의 자치력으로 해낼 수 있도록 지원하고 응원한다.

먼저 캠프에서 하고 싶은 활동을 브레인스토밍으로 함께 나누며, 칠판에 기록한다. 대부분 교실놀이, 경찰과 도둑, 보물찾기, 영화 보기, 간식타임, 댄스타임 등이 자주 등장한다. 식사 시간, 정리 시간 등 기본적으로 정해진 시간을 제외한 후, 나머지 시간에 어떤 활동을 하면 좋은지 내용과 순서, 시간을 함께 정한다.

캠프 시간표가 정해지면 팀별로 구체적인 내용, 진행 방법, 필요한 준비물 등을 회의를 통해 결정하고 정리한다. 또한 친구들이 준비해야 할 물건들, 선생님들이 준비해 주어야 하는 물건들을 정리해 안내한다.

단, 저녁에 '마음 나누기 서클'은 선생님들에게 주어진 시간이다. 이 시간은 선생님들의 제안과 진행으로 이루어진다. 또한 캠프를 하며 생기는 사소한 문제부터 평소에 표현하지 못한 고마움이나 미안함 등을 자유롭게 나누며, 서로에게 한 걸음 더 다가가는 시간이 된다. 친하기 때문에 오히려 말하지 못했던, 서로에게 생긴 보이지 않는 벽을 무너뜨리는 시간이 되기도 한다.

처음에는 '졸업캠프'를 하면서 '학부모 다모임'도 함께 진행할 계획이었다. 송남초등학교 학부모 다모임은 시간과 방법을 학년별로 정한다(물론, '다모임'에서 어떤 이야기를 하면 좋을지, 어떻게 마음 나누기를 했는지 등 내용과 정보를 서로 공유한다). 이번 다모임은 2019학년도 마지막 다모임인 만큼 부모님, 아이들, 교사가 마음을 나누고 표현하는 시간을 가지려고 했지만, 역시 계획대로 되지 않는 것이 계획의 묘미일까?

교사의 마음으로는 아이들이 부모님께 고마운 마음을 표현하는 시간이 있었으면 하는 바람이었다. 하지만 아이들은 온전히 자신들을 위해 시간을 쓰고 싶어 했고, 부모님께 마음을 표현하는 것은 졸업식 때 하자는 의견이 많았다. 결국 졸업캠프와 다모임을 동시에 진행하려던 야심찬 계획은 포기하고, 졸업캠프에 집중하기로 했다.

평소였다면 직접 요리를 해 먹겠지만 마지막이기도 하고, 아이들이 함께 짜장면과 치킨을 먹어 보고 싶다고 이야기해서 요리는 하지 않고, 저녁과 간식은 사 먹기로 결정했다.

아이들이 좋아하는 활동들이 비슷해서일까? 6학년 '시작캠프'와 일정이 비슷했다. 그런데 아이들의 모습이 많이 변했다는 생각이 들었다. 시작캠프에서는 서로의 의견을 들어주지 않아, 참여자는 즐거운 마음에, 진행자는 시간 안에 활동을 진행할 마음에 서로 기다림이 어려웠고, 참여자와 진행자의 갈등들이 많았다. 하지만 졸업캠프에서는 어느새 다들 성장해 조금씩 의견을 조율하고, 자잘한 다툼도 잘 해결해 나가는 모습들이 보였다.

캠프에서 항상 가장 기억에 남는 것은 대화와 공감의 시간이 아닐까 싶다. 졸업캠프의 대화와 공감의 시간 또한 의미 있는 시간이었다. 잔잔한 음악을 들으며 서로에게 하고 싶은 말들을 표현했는데, 아이들보다 먼저 눈물이 난 건 나였다. 원래 눈물이 많은 편이기도 하지만, 서로 고마움과 미안함을 표현하는 아이들의 마음이 너무 예뻤고, 무엇보다 졸업 준비의 바쁨 때문에 아이들을 잘 챙겨 주지 못한 것이

미안했다.

평소에 친구들이 우는 것을 마음속으로 웃으면서 바라보던 몇 명의 아이들도, 이 시간만큼은 같이 공감해 주고 이해하는 모습이었다. 졸업캠프 때 미리 울어서인지 졸업식 당일에는 우는 친구가 많지 않았고, 담백하게 끝낼 수 있었다.

'담력 테스트' 시간에는 유리창을 하나 깨는 바람에 새벽 2시에 유리를 치운 일도 있었다. 다행히 아이들이 다치지 않았고, 감사하게도 그 반의 선생님이 이해를 해 주셔서 이 또한 하나의 추억이 될 수 있었다. 그 아이도 유리창을 깬 건 정말 잊지 못할 추억이 되었으리라 생각한다.

2019학년도의 졸업식과 2018학년도 졸업식의 가장 큰 차이점은 부모님들께 편지와 상장을 전달하며 부모님을 위한 깜짝 서프라이즈 시간이 있었다는 점과, 모든 아이들이 12월 한 달 내내 준비한 팀별 공

졸업 공연

연으로 더 볼거리가 풍성했던 점이다.

선생님의 아이디어, 그해 아이들이 좋아하는 것, 아이들의 의견에 따라 졸업식의 모습은 해마다 달라진다. 내가 송남초등학교에서 경험한 2년 동안의 졸업식 모습처럼 말이다. 하지만 모두가 주인공이 되어 즐기고 참여할 수 있는, 사랑과 고마움을 나누는 졸업식의 모습은 변하지 않을 것이다. 올해는 또 어떤 졸업식이 우리를 기다릴까?

# 작가와의 만남,
# 책 읽는 즐거움

    예전부터 송남초등학교는 다른 학교보다 생태교육, 문화교육, 독서교육을 강조했다. 독서를 통해 내가 모르던 인물과 세계를 끝없이 넓혀 가고 알아 갈 수 있도록 하였다. 그러면서 다양한 감정을 느끼고, 그 감정 안에서 타인을 이해하도록 교육하는 데 중점을 두었다. 책을 읽으며 이야깃거리를 주고, 내가 좋아하는 분야나 작가를 선택하고 읽을 수 있도록 하여 독서의 기회와 욕구를 늘리며, 생활 속에 녹아들 수 있도록 다양한 방안을 생각했다.

    초기에는 학교 예산과 작가 선택, 학사일정 등 여러 가지 고려할 점이 많아 일부 학년에서 진행되었으나, 해가 거듭될수록 아이들의 요구와 교사들 간의 협의를 통해 학년별 소규모로 진행되고, 학년성에 맞게 작가를 선정하게 되었다. 작가를 선정하는 과정에서 학생들이 원하는 작가를 이야기하고, 작가의 책이 학년성과 교육과정에 맞는지 교사가 살펴본 후, 작가와의 연락을 통해 활동이 이루어졌다.

    같은 날, 동시에 진행되던 활동이 좀 더 자율성을 주게 되면서 날짜와 시간, 장소, 학년 등 선택의 폭이 넓어졌다. 또한 단기간에 한두 권 작가의 책을 읽고 작가의 이야기를 듣는 활동으로 끝났던 만남이, 오랜 시간을 두고 그 작가의 책을 여러 권 읽으며 시나리오 쓰기, 미술 작품으로 표현하기, 연극, 영화 같은 영상매체로 나타내기 등 다양한 방법으로 표현하게 되었다.

2019학년도에 송남초등학교에 온 작가는 1학년 유하정, 2학년 송춘섭, 3학년 송미경, 4학년 이규희, 5학년 서성자, 6학년 윤숙희 작가이다. 5, 6학년의 경우 작가의 책을 읽고, 책 속 주제와 관련된 인권, 역사에 대한 토의와 생각 나누기 등 여러 과정을 거치고, 그것을 영상으로 만들며 영화제까지 이루어지는 활동을 통해, 작가와의 만남이 긴 프로젝트의 중요한 도화선이 되기도 했다.

작가가 정해지거나 읽을 책이 정해지면 한 학급이 읽을 수 있을 정도의 책을 사고, 작가의 나머지 책은 도서관에서 대여를 하거나 직접 구입하였다. 그동안은 그 책들이 작가와의 만남이 끝난 후, 각 교실에 있거나 도서관에 보관하여 어떤 책이 어디에 있는지 공유하는 기회가 적어 활용도가 낮았는데, 2019학년도부터는 학년별 '온책읽기' 책 수납상자에 정리하여 다른 학년에서도 활용할 수 있도록 하고 있다.

요즘에는 다른 학교나 기관에서도 작가와의 만남이 많이 이루어지고 있어, 아이들이 관심을 갖고, 만나고 싶어 하는 작가는 일정을 잡기 어렵다. 그래서 3, 4월부터 아이들에게 의견을 묻고, 장기간 계획을

온책 수납상자

세워 긴 호흡으로, 교육과정과 연계하여 진행하고 있다. 책을 읽으며 궁금했던 점을 미리 정리하고, 작가가 쓴 여러 가지 책을 읽으며, 작가의 평소 생각이나 의도를 상상해 본다. 그러면서 책에 더 가까워지고, 스스로 읽게 되며, 생각하는 과정이 학기 중 내내 아이들에게는 큰 즐거움으로 다가온다.

2018학년도 6학년은 '하신하' 작가와 『바늘 장군 김돌쇠』라는 책을 만났다. 작가님이 학급 친구의 어머니(작가의 딸이 송남초등학교에 다니다 전학을 감)였기 때문에 아이들은 더 재미나게 몰입해서 읽었다. 특히 작가님이 등장인물을 설정하실 때, 딸아이의 친구들을 대입해서 주인공들을 만들어 낸다고 말씀해 주셨는데, 우리 반에서 어떤 친구가 책 속의 등장인물이 되었는지 생각해 보며 읽어 보면, 같은 책을 여러 번 읽어도 새롭다고 말하는 친구들이 많았다.

또한 추측과 상상이 아니라 작가의 의도와 글 속에 담긴 의미를 작가에게 직접 들음으로써, 책을 읽으며 생긴 궁금증을 더 정확히 파악할 수 있었다. 추측과 상상으로 이야기를 이해하는 것도 좋지만 작가의 시선에서 이야기를 바라보는 것은 아이들에게 또 다른, 새로운 경험이 되었다.

『바늘 장군 김돌쇠』를 쓰게 된 배경부터 시작해 작가가 어떤 과정을 거쳐서 글을 써 오셨는지, 작가 노트까지 직접 가지고 오셔서 보여 주시며 세세하게 알려 주셨다. 글의 흐름, 이야기의 전개, 긴장감 등을 곡선으로 표현해 놓은 부분을 보여 주실 때는 작가를 꿈꾸는 아이들의 눈빛이 빛나며 질문도 많이 하는 모습을 볼 수 있었다. 6학년의 프로젝트 중 하나인 소설 쓰기를 할 때, 작가의 경험을 기억하며 이야기의 큰 흐름을 기록하고, 고민하며 글을 쓰는 아이들도 있었다. 작가가 꿈인 아이들에게는 정말 소중한 경험 중 하나이지 않았을까?

2019학년도에는 윤숙희 작가의 『그날 아이가 있었다』라는 작품을 만났다. 아이들이 5학년 때, 온책읽기와 작가와의 만남을 통해 이미 인연을 맺은 작가였다. 작가님이 새로 출판한 책을 5학년 선생님들께 선물로 보내 주셨고, 5학년 선생님들은 6학년 사회의 3·1운동 부분과 연결 지으면 좋을 것 같다고 추천해 주셨다. 그렇게 해서 작가님과 두 번째 인연을 이어 갈 수 있었다.

아이들은 작년에 만나 뵈었던 작가님이라는 것만으로도 집중하면서 글을 읽어 나갔다. 무엇보다 영화로 만들 책이라는 사실과 3·1운동 100주년의 시기가 맞아떨어지며, 책을 더 깊이 있게 읽을 수 있었다. 또한 역사적인 사실들이 소설 속에 묻어나 있다는 것을 정말 신선하게 느끼며 소설 속에서 실제 일어났던 사건과 작가의 상상이 더해져 전개된 사건들을 찾아가며 읽는 재미가 쏠쏠했다.

작가와의 만남 당일, 에스코트는 작가가 꿈인 아이들에게 맡겼다. 아이들은 연예인의 매니저가 된 듯한 느낌이 들었는지 진지하게 임하는 모습이었다. 무엇보다 작년에 한 번 뵈었던 분이어서인지 더 편안하게 작가님과 소통하는 모습이 기특했다. 작가가 꿈인 아이들은 언젠가 자신도 많은 사람들에게 사랑받는 작품을 만들어야지 하는 다짐을 하는 시간이 아니었을까?

6학년은 온책읽기를 통해 읽은 책들을 영화로 만들어 내며 프로젝트를 구성해 왔다. 2016학년도와 2017학년도에는 아산의 위인인 곽한일 장군에 대해서, 교과서 수록 작품인 『방구 아저씨』의 뒷이야기를 상상해서 영화를 찍어 왔다. 2018학년도와 2019학년도에는 온책읽기를 한 후, 작가와의 만남을 통해 작품에 대한 이해도를 높였고, 그 작

작가와의 만남

품으로 영화까지 만드는 활동을 통해 프로젝트를 마무리했다.

한편, 6학년으로 지금까지 '작가와의 만남'을 통해 다양한 활동을 해 보고, 작가에게 질문하는 방식을 여러 번 해서 그런지, 조금 지루해하는 아이들도 있다. 특히, '책'이나 '독서'를 좋아하지 않는 아이들은 흥미도가 많이 떨어졌다. 모든 아이들이 좋아하고 잘하는 것이 다르기 때문에 당연한 모습이라는 생각도 들지만, 교사의 욕심인지, 작가를 만나는 시간을 소중히 여기고 아이들에게 배움이 있는 시간이었으면 하는 마음이 크다. 작가와의 만남을 통해 아이들이 배우고 싶은 것이 무엇인지 알아보는 방식에 대해 고민하고, 작가와 미리 상의하고서 조금 더 구체적인 활동을 계획해야겠다는 생각도 든다.

"우리가 문학에서 바람, 풀, 흙 등 생명 없는 것을 마치 생명이 있어서 감정을 느끼고, 어떤 마음을 가지고 있는지에 대해 언급함으로써, 사람들의 공감대가 확산된다. 이전에 교감하지 않았던 것과도 교감하게 해 준 것이 문학의 힘이다."

언젠가 텔레비전 프로그램에서 들은 이야기이다. 작가와의 만남이 지속되면서 문학의 힘, 독서의 중요성을 다시 느끼고, 더불어 송남초등학교에서 강조하던 생태교육, 문화교육이 독서교육과 함께 어우러진다는 것을 깨달을 수 있었다.

아이들은 작가와의 만남이 끝나고 유명 연예인에게 환호하듯이 작가의 사인을 받은 후, 급식실에서 작가에 대해, 책에 관해 서로 이야기를 한다. 작가의 이야기는 어떻고, 책 속 인물은 누굴 닮았으며, 내년에는 어떤 책을 쓴 작가를 만나고 싶다고, 점심시간 내내 왁자지껄하다. 책에 관심이 없던 아이들도, 반 아이들 대부분이 작가와의 만남에 대해 이야기하고, 그 책과 관련한 이야기를 나누면서, 자연스럽게 책에 빠지고 스며들게 된다. 책 읽는 것을 즐겁게 느끼고 경험하며 아이들의 관심과 호기심을 이끌 수 있는 작가와의 만남. 내년에는 어떤 작가와 만나, 어떤 이야기꽃을 피울까?

# 자연과 함께,
생태 감수성

송남초등학교에서는 아이들의 '생태 감수성'을 기르기 위해 1학년부터 6학년까지 위계성을 가지고 생태교육을 한다. 1, 2학년은 '영인산 숲 체험 교육', 3학년은 학교 텃밭을 활용한 '텃밭 교육', 4학년은 마을의 냇가와 계곡에 사는 생물을 탐구하는 '수서 생태', 5학년은 '원예체험', 숲길을 걸으며 치유와 감성을 자극하는 '숲길 프로젝트', 6학년은 '논 생태' 교육을 실시한다.

## 1, 2학년 '영인산 숲 체험'

영인산 숲 체험은 3~11월까지 총 8회기로 운영되며, 영인산 숲에 살고 있는 동식물을 찾아보고, 여러 가지 숲 체험활동을 통해 자연과 사람은 함께 공존해야 함을 배운다.

1학년 3월 첫 수업. 아직은 매서운 바람을 맞으며 영인산을 오르는 아이들의 표정은 야외로 나왔음에 들떠 있다. 영인산 생태 선생님과 함께 계곡으로, 연못으로, 개구리 알과 도롱뇽 알을 찾아다니는 아이들의 얼굴이 사뭇 진지하다.

"선생님, 여기 개구리 알 찾았어요. 이거 개구리 알 맞지요?"

"선생님, 아기 올챙이가 나오려고 해요!"

여기저기서 신기함의 탄성이 터져 나온다.

"애들아, 개구리 알 속에는 올챙이가 잠자고 있어요. 그리고 이 친구들은 찬 물속에서 살고 있지? 그런데 우리의 손은 이 물의 온도보다 높아요. 우리가 느끼기에는 따뜻하지만 이 친구들이 느끼기에는 우리 손이 뜨겁다고 느낀데. 그래서 알을 손으로 잡거나 하면 안 돼요."

개구리 알을 손으로 잡아서 들려던 아이들은 숲 선생님의 주의 사항을 듣고, 개구리 알과 도롱뇽 알로 향하던 손 대신에 커다란 눈으로, 여기저기 자리를 옮겨 가며 관찰한 후, 무사히 무럭무럭 자라기를 바라며 다시 제자리로 돌려보낸다.

숲 생태교육 첫 시간 후 아이들은 영인산에 가는 날을 손꼽아 기다린다. 영인산에 사는 새를 알아볼 때는 사진으로 배우고, 교육장에 숨

영인산 숲 체험-가을 열매로 만들기

겨진 사진을 찾아보는 활동을 신나게 했다.

"어, 선생님, 저기 새가 날아가요. 저건 무슨 새예요?"

새를 배우고 난 후에는 학교 운동장 위를 날아가는, 마을에서 만난 새에 관심을 가지고 물어본다.

여름철 대표 곤충, 매미의 삶을 알아본 후, 숲 여기저기를 다니며 매미 유충 허물을 직접 찾아보고, 매미 장난감도 만든다. 우리 둘레에서도 흔히 볼 수 있는 거미를 찾아보며, 털실을 가지고 거미줄을 꾸며 보는 활동도 한다.

"거미는 징그러워요."

"거미가 생긴 게 징그럽기는 하지요. 하지만 거미는 모기처럼, 우리에게 해가 되는 곤충을 잡아 주기도 해요."

"아하, 거미야, 고마워."

가을에는 개미집 꾸미기, 가을 열매 찾기, 숲에 사는 동물과 식물들이 겨울을 나는 방법을 끝으로 일 년의 숲 교육이 마무리된다.

아이들은 영인산을 누비며 일 년, 사계절이 변해 가는 산의 모습을 몸으로 느낀다. 풀, 나무, 매미, 개미, 거미 등 숲에 사는 동물과 식물도 우리와 같은 소중한 생명임을, 다치지 않게 조심해야 됨을 마음으로 느낀다. 또한 숲에 사는 동식물과 우리 사람과의 삶도 함께 이어짐을 자연스럽게 배운다.


## 3학년 '텃밭 교육'

송남초등학교 3학년은 정규 수업 안에 텃밭 생태교육을 녹여 넣어 교육과정을 재구성하고, 텃밭 농사를 짓는다. 텃밭이라고 해 봐야 다섯 평 정도 되는 작은 밭이지만, 아이들이 직접 농부가 되어 흙을 만지며 고랑과 이랑을 만들고, 감자도 심고, 열매채소도 심어 따 먹고, 무, 배추, 파 등 김장거리를 심고 거두기까지 일 년 주기를 다 체험할 수 있는 제대로 된 텃밭 농사다.

수업은 매달 1회 전문 텃밭 생태 선생님과 함께하고, 다음 수업 때까지 한 달 동안 아이들은 어린 농부가 되어 물을 주고, 잡초도 뽑아 주며, 막걸리로 만든 천연 농약으로 벌레를 잡아 주는 등 정성 들여 텃밭을 가꾼다. 물론, 아이들마다 텃밭 농사에 대한 관심과 정성의 차이가 있다. 따라서 특별히 텃밭 생태에 정성과 관심을 보이는 친구들이 앞장서고, 다른 아이들이 함께하며 텃밭을 가꿔 나간다.

봄과 여름, 가을을 거치면서 아이들은 싹을 틔우고, 열매를 맺는 텃밭을 체험하고, 직접 심어 가꾼 감자로 감자전과 무와 배추로 겉절이

텃밭 교육-감자 캐기

요리까지 만들어 먹는다. 아이들의 미소 속에 뿌듯함이, 그리고 정성 들여 키운 먹거리의 소중함도 직접 느낄 수 있는 소중한 교육이 이루어진다. 농사짓기에 정성을 들이고, 힘을 합쳐 가며, 따뜻한 감수성을 가진, 함께 어울릴 줄 아는 송남인으로 자란다.

## 4학년 '수서 생태'

4학년은 학교 옆 '새말냇가(외암천)'와 강당골 계곡에 사는 동식물의 생태를 마을교사와 함께 배운다. '새말냇가(외암천)' 하류에서는 그곳에 어떤 생물들이 살고 있는지 찾아보고, 물가에 있는 민들레, 애기똥풀, 씀바귀, 미나리, 두릅 등을 찾아 먹을 수 있는 식물은 뜯어서 맛도 본다. 또 물에 들어가 물속에 살고 있는 피라미, 얼룩동사리, 거머

수서 생태-수서 생물 관찰하기

리, 새우, 잠자리 애벌레 등을 잡아 살펴본다.

처음에는 물속에 들어가기 꺼리던 아이들도 나중에는 바지를 걷고, 맨발로 물에 들어가 경쟁적으로 여러 가지 생물들을 잡아 오느라 바쁘다. 학교로 돌아오는 길에 민들레, 풀, 버드나무 등으로 피리를 만들어 불기도 한다.

'새말냇가(외암천)'의 시작이라고 할 수 있는 강당골 계곡에서는 계곡에 살고 있는 여러 가지 생물을 잡아 보고, '새말냇가(외암천)' 하류에서 보았던 물고기도 있는지 살펴본다. 그러고 나면 강당골에 살고 있는 물고기가 냇가 하류까지 고르게 분포되어 있음을 알게 된다.

'새말냇가(외암천)'에 살고 있는 물고기를 잡아 석쇠에 구워 먹기도 한다. '수서 생태' 선생님이 물고기를 잡아 내장을 제거하기 시작하면 여기저기서 고함 소리가 들린다.

"으익! 징그러워."

그래도 자기도 한번 해 보겠다는 아이들도 나타나고, 처음에는 징그럽다고 난리 치던 아이들이 나중에는 신나서 더 하겠다고 나서기도 한다.

불을 피우고 석쇠 위에 올린 물고기들이 지글지글, 고소한 냄새를 폴폴 풍기자 아이들은 저마다 서로 먼저 먹겠다고 모여든다.

"우와~ 이거 진짜 맛있어요. 또 주세요."

동공이 커지는 맛에 모두 깜짝 놀라 조심스럽게 한 입 떼던 아이들도 새끼 새처럼 입을 벌리고 빨리 달라고 성화다.

"지금부터 10년 전만 해도 새말냇가에 살고 있는 물고기들의 종류는 더 많았단다. 그런데 물이 오염되면서 물고기들이 많이 없어졌지. 그 후 마을 사람들이 논에 농약도 안 하면서 차츰 물이 되살아나 다시 살게 된 물고기들도 생겼지. 새말냇가를 지키기 위해서는 앞으로도 계속해서 환경을 보호하는 노력이 필요하단다."

"지난번에 아빠들이 여기 쓰레기도 주웠어요. 저도 와서 같이 했어요."

"선생님, 다음에는 여기 쓰레기 주우러 와요."

아이들은 '수서 생태'를 통해 우리 마을에 살고 있는 수서 생물에 대해 알아보면서, 그들과 함께 살기 위해 우리가 해야 할 일을 스스로 찾고, 실천하려는 의지도 다진다.


## 5학년 '숲길 프로젝트'

2019학년도에 시작한 '숲길 프로젝트'는 배움의 울타리인 학교에서 벗어나, 배움을 멈추기보다 더 나아가기 위해 달려야 하는 시점에서, 숲속 걷기를 통해 버리기와 채우기를 시도해 보고자 기획했다. 산에 오르며 느끼는 도전감과 성취감, 그리고 숲속 자연과의 대화로 나를 되돌아보며, 쉼을 통해 앞으로 나아갈 수 있는 힘을 얻는 시간으로, 아이들과 숲을 들여다보고 싶었던 게 더 큰 이유다.

송남초등학교 5학년은 2018학년도까지 꽤 오랫동안 아이들의 심리적 치유를 위해 '원예체험' 활동을 해 왔다. 송남초에 전입한 2018년, 동학년 교사의 교육과정 기획 단계 나눔에서 리더력, 협력, 자치력만큼이나 마음의 힘을 키우고, 아픈 마음을 달래고 회복하는 데 많은 고민을 하고 있다는 것을 알게 되었다.

어느 학교나 아픈 아이는 많다. 그러나 학교 전체 구성원이 아이들의 1년, 아니 6년을 내다보고, 학년별 특성을 고려한 '치유 활동'을 알차게 기획하기는 이곳 송남초등학교가 처음이다. 특히 예민성, 고립, 무리 지음 등 5학년 단계 아이들의 특별한 행동 특성이 나타날 때, 이 아이들의 마음 회복을 위해 '스쿨가드닝(화단 꾸미기, 스톤 아트)'과 '꽃꽂이', '야생화 키우기'를 통한 활동이 인상적이었다.

1년을 보내고 나니 숲을 학교로 가져오는 형태가 아닌, 아이들과 함께 숲에 들어가 보자는 생각이 들었다. 동학년 교사와 고민을 나눴고, 마을의 사회적 기업인 '담뿍'과 연결해 '숲길 프로젝트'를 시작했다.

1회기 '숲길 프로젝트'는 '자연의 '나무'는 무엇일까? 어떤 존재일까? 자연은 인간과 어떻게 공존해야 할까?'에 대한 생각을 긴 호흡으로 나눈다. 또한 끈 하나로 우리의 마음을 테스트해 보기도 한다.

"선생님, 누워요? 괜찮을까요? 무서운데…."

"친구를 믿어요. 준비됐죠? 하나, 둘, 셋!"

친구를 믿고 누워 보기, 서로서로 믿지 않으면 우리는 모두 무너져 버린다는 것을 알게 된 놀이, 그리고 끈으로 얽힌 우리를 서로의 지혜를 모아 풀어내는 활동 등으로 새소리, 나무 냄새가 가득한 공간, 숲에서 우리는 서로를 본다. 그리고 자신을 들여다본다.

숲길을 걷는 내내 마주하게 된 뱀과 개구리 등 죽음의 흔적들. 숲길이었지만 숲에, 저수지를 들른 사람들의 자동차에 깔린 흔적들을 아이들이 신기하게, 그리고 혐오스럽게 생각할 즈음, 마을교사는 이렇게 말을 꺼냈다.

"자연의 생태, 그들이 편안하게 살 공간에 인간이 들어와 그들을 방해했네요."

"말벌, 날파리가 우리의 숲길 체험을 방해하고 있다고 생각이 들겠지만, 어쩜 우리가 그들이 살고 있는 삶의 공간에 들어와 그들을 방해하고 있는지도 몰라요."

이 말은 아이들에게 충격적으로 다가왔다. 그렇다. 숲에 우리가 왔지. 우리가 살고 있는 곳에 숲이 만들어진 게 아니다. 자연생태 그대로 두어야 할 것을 우리는 그들이 우리를 힘들게 하고 있다고, 착각하고 있다는 것을 깨닫는 순간이었다. 자연에 대해 그동안 생각했던 틀을 깨는 의미 있는 시간이었다.

3회기 숲길 프로젝트는 하늘을 거울에 담아 걸었다. 작은 거울이지만, 파란 하늘이 거울 면에 가득 차니, 그 위를 걷는 느낌이 특별하다. 혹시나 만날 돌덩이에 걸릴까, 웅덩이에 빠질까, 짝 친구는 친구의 어깨에 손을 얹고, 안전한 걸음이 되도록 서로에게 도움을 준다. 처음 걸어 보는 하늘길이라 신비롭기도 하고, 두렵기도 했으나 친구와 선생님,

천년비손길-끈을 잡고 누워 보기

마을교사가 함께라서, 인생의 추억 하나가 생겨 행복하다.

4회기 숲길 프로젝트는 10월의 마지막 날, 가을바람을 느끼며 아쉬운 숲길 걷기를 함께했다. 그동안 걸었던 마을 숲 여러 길 중에서 가장 짧게 걸었다며, 더 걷자고 했던 유일한 길이다. 아마, 아쉬움 때문에 더 짧게 느꼈으리라 생각한다. 마지막이라서 아이들은 완주 메달을 목에 걸었다. '천년의 숲길 원정대'라고 새겨진 나무 메달을 목에 걸고 성공의 인증샷을 찍었다.

그러고 나서 그동안 함께한 마을교사에게 감사의 편지를 전달했다. 네 번의 만남, 네 번의 특별한 자연 속 배움을 아이들은 매우 특별하게 기억한다. 자연 그 자체로의 배움도 있지만, 자연과 자신을 연결시켜 준 '담뿍' 네 명의 선생님들께 매우 고마워했다. 숲길 프로젝트만큼은 두 담임도 교사가 아니라, 아이들과 함께한 숲속 친구로 활동했기에, 좀 더 아이들 속으로 들어간 경험이었다.

"몸과 마음을 편안하게 해 준 숲에게 고맙다."

"자연을 아껴야겠다는 마음도 생겼다. 그리고 숲속에서 친구들과 함께한 놀이는 우리에게 '협동'을 알게 했다."

'숲길 프로젝트'를 마치며 아이들이 말했다. 또한 '우리가 걸었던 숲길을 가족과 함께하겠는가?'라는 질문에 '다시 한 번 더' 마을의 숲길을 혼자가 아닌 가족과 걷겠다는 아이들이 많았다.

"걷는 것을 싫어하거든요. 우리 마을에 이렇게 좋은 숲이 있다는 것도 알았고, 산책이란 것이 이렇게 좋은 줄 이제 알았어요. 엄마와 함께 걸어 보고 싶어요."

2019학년도 12월, 숲길 프로젝트에 대한 평가를 했다. 프로젝트 운영에 대한 평가로 아쉬운 점을 집중적으로 이야기했다. "시간이 짧았어요", "좀 더 난이도를 올려 주세요"라는 의견도 많았다. 그래서 2020학년도에는 2시간으로 진행했던 작년보다 2시간을 연장 운영하기로 했다. 오전 4시간으로 좀 더 긴 호흡과 느린 속도로 숲을 걸어 볼 계획이다.


## 6학년 '논 생태'

1학년 때부터 다양한 생태 수업을 경험해 온 송남초등학교 6학년 아이들. 생태 수업의 최고점을 찍는 '논 생태'. 그 발자취를 따라가 본다.

### 3월 첫 번째 '논 생태' 봄맞이

봄이 찾아오는 소리가 들리는 3월 말. 아이들의 발걸음은 학교의 소중한 마을자원인 '외암민속마을'로 향한다. '논 생태'의 첫 시작은 겨울 동안 논이 어떻게 지내 왔는지, 봄을 어떻게 맞이하고 있는지 알아보는 시간과 함께 시작된다.

봄이 조금씩 깨어나듯, 길가에 피어난 작은 꽃들에 대해 설명을 들으며, 논과 밭의 차이는 무엇인지 알아보며, 아이들은 논을 향해 걸어 간다. 빈 논에는 고여 있던 물이나, 얼었다가 녹은 물이 올챙이의 삶의 터전이 되어 주고 있었다.

고여 있는 물에는 올챙이 알과 알에서 깨어나 꼬물거리는 올챙이들이 정말 많았다. 논에 들어갈 생각에 야심차게 장화를 챙겨 온 아이들은 더욱더 신이 난 표정이다. 운동화를 신고 온 친구들과는 다르게,

장화를 가져온 아이들은 위풍당당하게 조금씩 녹아 질퍽질퍽한 논 속으로 걸어 들어간다. 그리고 친구들을 위해 뜰채로 올챙이 알과 올챙이를 조금씩 떠서 샬레에 물과 함께 조심히 담아 친구들에게 건네주었다. 아이들은 샬레에 올챙이와 올챙이 알을 놓고 루페로 관찰한다. 정말 작은 올챙이가 꼬물꼬물하는 모습을 보며, 징그럽다고 하는 아이들도 있지만 귀여워하고, 신기해하는 아이들도 눈에 띈다.

한참 쭈그려 앉아서 올챙이와 알을 관찰하던 장화 신은 그 위풍당당한 아이들. 이제 나오려고 한 발을 디디는 순간. 무엇인가 잘못되었다는 것을 깨닫고 만다. 발이 빠지지 않는 것이다.

"도와주세요. 선생님."

"잠깐 기다려. 선생님이 갈게."

하지만 아이를 꺼내 주고 다시 논에 빠지는 것은 나였다. 아이들과 함께 서로서로를 꺼내 주며 올챙이 관찰을 마무리하고, 올챙이 알 2개만 조심히 교실로 데리고 가 올챙이 알이 부화하는 과정을 살펴보기로 한다. 아이들은 서로 자기가 가져가겠다고 실랑이하다가 조심스럽게 올챙이 알을 가지고 간다.

올챙이 관찰이 끝나면 미션 임파서블이 시작된다. 올챙이 관찰이 끝나고 발걸음을 옮기는데, 갑자기 모든 아이들이 언덕을 기어 올라가는 진풍경이 펼쳐진다. 처음 '논 생태'를 함께한 나는, 천천히 뒤따라가는 아이들을 챙기며 늦게 발걸음을 옮기던 중, 갑자기 풀 언덕을 엉금엉금 기어 올라가는 아이들의 모습이 신기했다.

"왜 기어서 올라가고 있니?"

"언덕 위 저수지에 있는 오리나 철새가 인기척이 들리면 날아간대요."

언덕을 올라가서 엎드려 저수지를 관찰하니, 정말로 철새가 가까이에 있었다. 하지만 어느새 인기척을 느끼고 저수지의 반대쪽으로 떠나가던 철새들을 보며 아쉬움을 느낄 수밖에 없었다. 저수지를 떠나려고 하니 저수지 주변에는 수없이 많은 쓰레기들이 있었다. '쓰레기를 치우고 가는 것은 어떨까?'라는 말에 아이들은 두 팔 걷고 쓰레기를 하나둘씩 주워 모았다. 저수지를, 자연을 삶의 터전으로 살아가고 있는 새들을 관찰한 후여서 그런지 학교에서 쓰레기를 줍는 것과는 다른 모습이었다. 플라스틱 쓰레기를 친구들 대신 하나하나 밟아 부피를 줄이고 있는 아이, 구석진 곳에 있는 쓰레기까지 찾아와 함께 쓰레기를 모으는 아이까지. 많은 아이들의 예쁜 마음씨가 느껴졌다.

쓰레기를 줍고 다시 학교로 돌아가는 길, 이번에는 호미와 삽을 꺼내 든 아이들. 바로 봄이 오면 고개를 내미는 쑥과 냉이를 캐기 위해서이다. 아이들에게 쑥과 냉이를 찾는 것은 보물찾기와 같은 미션이었을 것이다. 쑥과 냉이는 워낙 향이 강하기 때문에 잡초와 쑥, 냉이를 구분하기 어려운 아이들은 하나 캐고 향을 맡고, 또 하나 캐고 향을 맡으며 하나하나 쑥과 냉이를 모았다.

아이들이 캔 냉이와 쑥은 많은 양은 아니었지만, 급식실에 깨끗하게 씻어서 전달해 드렸더니, 감사하게도 냉잇국을 끓일 때 같이 넣어 주셔서 아이들은 자신의 노력이 급식에 더해졌다는 뿌듯함을 함께 얻을 수 있었다.

### 5월 두 번째 '논 생태' 모내기

두 번째 '논 생태' 활동은 '모내기'이다. 우리 학교 같은 경우에는 마을의 논을 일부분 빌려서 모내기를 하고, 나중에 추수까지 이어서 활동하게 된다. 마을에 있는 논이기 때문에, 종종 아이들이 지나쳐 가며 벼가 어느 정도 자랐나 살펴보기도 한다.

첫 번째 논 생태와는 다르게 정말 물이 가득 찬 논에 들어가는 것은 또 다른 문제였다. 모내기를 하러 가면 아이들은 제일 먼저 거머리 걱정을 한다. 거머리에 물려 본 나의 경험을 들려주면, 아이들은 더욱 당황한 얼굴로 준비물을 꼭 잘 챙겨 와야겠다는 다짐을 하며 하교한다.

마실 물, 모자, 샌들 종류의 신발, 갈아입을 옷. 이 정도면 모내기를 할 수 있는 기본적인 준비가 된다. 거머리를 피하고 싶은 사람은 스타킹을 신고 오면 가능하다고 꿀팁도 하나 전수해 준다. 장화가 있으면 좋지만, 오히려 짧은 장화의 경우 발이 빠졌을 때 발은 뺄 수 있으나 장화는 뺄 수 없는 연속된 참사가 일어나기 때문에 맨발을 추천하는 편이다.

모내기

신나게 걸어 논에 도착한 아이들은 생태 마을 선생님께 모내기하는 법에 대해 배운다. 모내기 방법을 익힌 아이들은 신발을 벗고 논 속으로 들어가 본격적으로 모내기를 시작한다.

"선생님 못 들어가겠어요."

"선생님 발이 안 빠져요."

"선생님 발가락 사이로 흙이…."

논에 들어가는 것이 가장 큰 문제인지, 선생님이라는 소리를 잔뜩 하고서야 아이들은 논에 들어갔다. 발에 느껴지는 논의 낯선 촉감에 적응한 아이들은 모판에서 모를 꺼내 자기 앞의 공간에 모를 심는다. 선생님들이 못줄을 잡고 "못줄 넘어가유~" 하면 아이들도 한 발자국 뒤로 함께 물러나 다음 모를 심어 간다. 처음에는 발가락 사이로 진흙이 지나가는 것이 이상하다던 아이들은 어느새 진흙이 주는 시원함과 촉촉함을 느끼고 있었다.

기계로 모를 심는 지금, 아이들이 예전의 모내기 방식을 직접 경험해 볼 수 있는 기회가 많지 않을 것이다. 우리가 주식으로 먹는 '쌀'이 어떤 과정을 통해 우리의 식탁까지 올 수 있는지 알아보는 경험은 농부들에 대한 감사함으로 이어지지 않을까? 모내기를 끝내고 아이들은 삐뚤삐뚤하기는 하지만 자신들이 직접 모를 심었다는 것에 만족하고 신기해했다.

### 7월 세 번째 '논 생태' 물이 찬 논에는 어떤 생물이?

세 번째 '논 생태' 활동은 모내기를 했던 논에 다시 찾아가 물이 가득 찬 논에는 어떤 생물이 살고 있을지 관찰하기로 한다. 여전히 논에 들어가는 것을 꺼리는 한두 명의 아이들도 있지만, 대부분의 아이들은 논에 들어가 본 경험을 살려 성큼성큼 거침없이 논에 들어간다. 모내기를 했던 그때의 논과는 다르게 벼가 어느덧 아이들의 무릎까지 자라 다니기가 힘들 법도 한데, 아이들은 경중경중 신나게 뛰어다닌다.

작은 뜰채와 컵이 아이들의 채집 도구가 되어 준다. 잠시 자연을 빌리는 것이기 때문에 컵에 물을 함께 떠서 담아 주는 것도 잊지 않았다. 친구와 함께 줄지어 채집하러 다니는 아이들, 혼자서도 여기저기 보물찾기를 하듯 다양한 생물을 찾아나서는 아이들, 무엇인지는 모르지만 움직이기에 우선 잡아 본 아이들까지. 아이들은 각자의 방법으로 논과 친해지고 있었다. 대부분의 아이들이 익숙한 논우렁이나 여치는 거리낌 없이 만지고 채집했다.

채집을 끝내고 어떤 생물들이 논에 살고 있는지 모아 보니 논우렁이, 미꾸라지, 땡땡이 물방개, 큰 잠자리 유충, 우렁이 알 등이 있었다. 직접 채집하고, 그 생물에 대해 설명을 들으니 아이들은 사진과 영상으로 보던 것과는 다른 집중력을 보여 줬다.

무엇보다 새로운 모습은, 학교에서 다양한 프로젝트 속에서도 흥미를 찾지 못하던 아이가 생태 수업에서는 다른 친구들을 위해 관찰할 수 있는 곤충들을 잡아 주며, 설명까지 해 주는 모습을 보여 주는 것이었다. 정말 아이들이 각자 잘하는 것이 모두 다르다는 것을 다시금 깨닫게 됨과 동시에, 내가 이 아이의 흥미를 더 고려하지 못했던 것 같아 반성과 아쉬운 마음도 들었다. 아이들에게 '생태 감수성'뿐만 아니라 몇몇 아이들에게는 '자존감과 스스로에 대한 자신감을 기를 수 있는 소중한 기회가 되어 주지 않을까?'라는 생각이 들었다.

### 10월 네 번째 '논 생태' 풍년이 왔네~

이 순간을 위해, 우리는 그렇게 달려왔던가? '추수'라는 낱말에 아이들의 표정도 지금까지의 '논 생태'와는 다르게 조금 더 들뜬 모습이었다. 드디어 수확을 거두는 것인가 하는 표정에 기대감도 함께 묻어난다.

가을걷이 4종 세트! '메뚜기 잡기', '벼 베기', '떡메치기', '밤 구워 먹기'로 아이들은 그 어떤 농부보다 추수의 즐거움을 느끼게 된다.

아이들은 빨간 양파망을 하나씩 가지고 메뚜기를 잡으러 다닌다. 메뚜기도 뛰고, 아이들도 뛰다 보면 어느새 빨간 망을 조금씩 채워 메뚜기를 튀겨 먹을 시간이 다가온다. "어떻게 메뚜기를 먹어요"라며 이상해하던 아이들도 메뚜기를 튀기는 고소하고 짭짤한 냄새에 하나둘 고개를 내밀어 관심 있는 표정을 보인다. "안 먹을래", "맛있는데 하나만 먹어 봐"라는 친구들의 대화도 들려온다.

탈곡하기

메뚜기를 맛본 아이들은 이제 안전하게 앞부분을 테이프로 감은 낫을 들고 벼 베기를 시작한다. 아이들이 직접 심은 벼이기 때문일까? 아이들 모두 신나게 참여하는 모습이었다.

벼를 벤 후 탈곡을 하기 위해 기계 탈곡기가 아닌 홀태, 호롱기를 사용해 본다. 처음 보는 도구에 신기해하며 "우와"라는 감탄사를 내보이곤 한다. 수확한 벼는 도정 작업까지 거쳐 아이들이 흰 쌀을 집으로 가지고 간다. 쌀 한 톨도 소중히 하라는 말은 직접 농부가 되어 보지 않으면 이해할 수 없는 말일 것이다. 평소 급식시간에 밥을 남기던 아이들도 탈곡 과정에서는 떨어지는 한 톨도 아까워하며 소중히 여기는 모습이었다. '새가 먹을 밥도 조금 남겨 주자'라는 말에 '아차' 하면서 다시 조금씩 뿌려 주고 오기도 하는 아이들이 예뻐 보였다.

벼 베기가 끝나면 아이들은 떡메치기를 해 보고, 맛있는 인절미도 먹고, 밤을 구워 맛있는 군밤도 먹어 본다. 가을걷이 4종 세트로 가을을 온전히 느끼고, 수확한 쌀을 들고, 학교로 돌아가는 아이들의 발걸음에 흥겨움이 묻어난다.

아이들에게 '모내기'를 할 때 모든 선생님들이 더운 날 체험학습을 나갈 때 그러하듯, "얘들아. 날이 더우니까 조심해야 해. 꼭 시원한 물과 챙 넓은 모자 챙겨 오고"라며 신신당부했던 나의 모습이 무색하게, 모내기를 마치고 돌아와 더위에 지쳐 쓰러진 것은 나였다. 아이들과 함께 학교로 돌아가다 어지러움을 느낀 나는 결국 더위를 먹고 '병조퇴'를 할 수밖에 없었다.

다리를 다친 아이도 '논 생태'를 함께하고 싶은 마음에 동학년 선생님이 아이를 업고 가기도 하고, 차에 휠체어와 아이를 태우고 논에 가기도 하고, 지금 생각해 보면 재미있는 추억이 아닐까 싶다.

아이들에게도 네 번의 '논 생태' 경험 동안 각자의 에피소드가 생겼을 것이다. 처음 해 본 경험이었을 것이고, 또 어쩌면 살면서 다시 하지 못할 경험일 수도 있을 것이다. 기계로 농사를 짓는 지금, 과거 농부들이 어떤 과정을 거쳐 쌀을 생산해 냈는지, 우리가 주식으로 먹는 쌀 한 톨 한 톨이 어떤 과정을 거쳐 우리의 식탁까지 올 수 있는지, 자연 속에는 어떤 생명들이 함께하고 있는지, 직접 몸으로 체험한 아이들에게도 소중한 경험이 되었으면 하는 바람이다.

# 4부

# 여럿이 함께 가면
# 험한 길도 즐겁다

송남교육공동체 이야기

# 졸업해서
# 송남초를 돌아보다

이연학_2018학년도 졸업생

일단 내 소개부터 하자면 두정초와 송남초를 거쳐 송남중학교 1학년에 재학 중인 이연학. 한가롭게 학교에 다니던 중 송남초 교감 선생님께 부탁을 받는다. 송남초가 어땠는지에 대해서 써 달라고. 그래서 내가 지금 이 자리에 있는 거다. 송남초가 어땠는지 되돌아보려고.

위에서 말한 것처럼 내가 다닌 초등학교는 두 곳이다. 송남초는 2학년이 끝나 갈 때 전학을 왔다. 두정초와 송남초 중 어디가 더 좋으냐고 하면, 나는 고민 없이 바로 송남초를 택할 거다. 왜냐고? 그건 송남초가 '예술꽃 씨앗학교'나 '혁신학교'여서가 아니다. 다른 여러 가지 이유가 있다.

첫 번째는 다양한 경험을 할 수 있다. 우리 학교는 조금 시골에 있다. 그래서 싫으냐고? 아니, 물론 아니다. 나는 우리 학교가 시골에 있어서 좋다. 특히 엎어지면 코 닿을 거리에 '외암민속마을'이 위치해 있어 더 좋다.

우리는 학교에 다니면서 여러 가지 활동을 한다. 그중에 하나는 텃밭에서 작물을 기르는 거다. 물론 나를 비롯한 대다수는 그렇게 좋아하지 않는 활동이지만 말이다. 사실 텃밭에 가면 하는 거라곤 거의 잡초 뽑기랑 물 주기밖에 없다. 더군다나 하늘에는 해가 쨍쨍 떠 있는

데, 어떻게 좋아할 수가 있는가? 그래도 텃밭에서 작물을 수확해 먹을 때는 내 몸속에 뿌듯함이 넘쳐흐르는 기분이다. 그리고 맛있다. 이 활동은 6학년 때 '논 생태'로 연결된다.

논 생태는 또 뭐냐면, 아이들에게 논에 사는 생물의 징그러움을 충분히 보여 주고 난 후에, 논에 들어가게 시켜 상상력과 촉각을 최대치로 상승시키는 활동이다. 그것도 모자라 그 조그맣고 꼬물거리는 것들을 잡아 오라고까지 시키다니, 정말 너무하다. 그다음 시간에는 우리를 비닐하우스에 몰아넣고 메뚜기를 잡으라고 시킨다. 비닐하우스 안에는 풀숲이 무성해서 내가 메뚜기를 밟아서 터트리는 상상을 100번도 더 하게 만든다.

논 생태의 메인은 벼를 키우는 일인데 모내기와 추수(벼 베기), 탈곡을 체험한다. 솔직히 이것들은 좀 재미있다. 특히, 추수(벼 베기)와 탈곡을 할 때쯤엔 논이 다 말라 있어서 내 상상력이 저절로 커질 여지가 없어서 좋다. 탈곡은 아이들이 바닥에 떨어뜨린 낟알을 줍는 게 너무 재미있다. 그런데 떨어뜨린 낟알들이 너무 많아서 세 명이 했는데도 다 못 주웠다. 어디서 뭉텅이로 갖다 버린 건가? 논 생태는 아주 재미있고, 끔찍하고, 의미 있는 경험이었다(난 '논 생태'를 하고 나서 웬만하면 밥을 남기지 않는다).

'논 생태' 이야기를 하니까 '수서 생태'가 기억이 날 듯 말 듯하다. 하지만 이건 기억이 거의 나지 않으니 패스. 아마 '수서 생태' 시간의 대부분은 조그만 것들을 잡으며 보냈는데, 난 그걸 별로 좋아하지 않았던 것 같다. 그래도, 조그만 게 꼬물거리는 모습은 정말 흥미로웠다.

또 경험이라고 하면 빠질 수 없는 게 '영화 만들기'다. 영화는 주로 학교 옆의 '외암민속마을'에서 찍었다. 이 마을이 우리 학교 옆에 있었던 것은 천운이라고 말할 수 있다. 영화 만들기는 영화 시나리오 쓰기부터 편집, 심지어 상영회까지 우리 힘으로 마친다. 이건 진짜로 재미있다. 하지만, 재미있는 만큼 힘들다. 나는 영화를 만들 때 매니저 역할을 맡았는데, 하는 일이 현장과 학교 사이를 오가는 것밖에 없었다. 그거 아니면 일이 없다시피 했다. 하지만 영화 한 편이 만들어지는 데 몇 년이 걸리는 것을 이해하게 되었고, 영화 관련 종사자는 대단하다는 생각을 했다.

그리고 내가 6학년에서 제일 재미있는 활동이라고 자부하는 '여행학교'. 여행지에서의 일정 계획, 실제 여행까지 거의 모두 우리 손으로 직접 하는 것이다. 심지어 길을 찾을 때조차 선생님 찬스를 쓰는 횟수가 제한되어 있어서 우리 손으로 찾아가야 한다. 물론 팀마다 가는 곳은 다 다르고(지역은 똑같지만), 가기 전과 후에 할 일이 엄청나게 많다. 우리 팀은 다행히도 길을 많이 잃어버렸다. 원래는 여기 가기로 했는데 저기 가기도 하고, 뭐 이렇게. 여기서 내가 왜 '다행이다'라고 표현했느냐면, 길을 잃으면서 얻은 게 많기 때문이다. 느긋한 마음가짐과 처음 보는 사람에게 길을 물을 수 있는 용기. 느긋한 마음가짐은 지금도 그 덕을 많이 보고 있다.

경험이라고 해서 말이 좀 길어졌지만, 뭐 어쨌든 이렇게 다양한 경험을 할 수 있다. 여기서는 내가 안 좋게 표현한 활동이 좀 많은데, 이것들도 모두 좋은 경험이었을 뿐만 아니라, 지금은 내가 모르지만 이 활동이 내게 준 것들이 생각보다 훨씬 많을 것 같다. 그것들은 미래에 알 수 있겠지? 그렇게 나는 생각한다.

두 번째로, 친구들과 우정이 돈독해진다. 요즘 도덕 시간에 진정한 친구의 중요성에 대해 배운다. 진정한 친구는 내가 어쩌다 나쁜 길로 들었을 때 바로잡아 주는 게 좋은 친구라고 한다. 송남초의 경우엔 유치원부터 중학교까지 같이 다니는 경우가 많다. 게다가 한 학년에 사람도 별로 없으니까 그야말로 한 학년 안에 모르는 사람은 없다. 거의 없다가 아니라 아예 없다. 적어도 내 학년의 경우엔 그렇다. 그래서 진정한 친구를 한 명 정도는 만들 수 있지만, 이건 반대로 말하자면 사이가 안 좋은 친구가 있다면 학교 다니기는 좀 힘들 것이다. 뭐, 어떻게든 다른 애들과 친해지긴 하겠지만.

세 번째, 자율적인 분위기에서 스스로 하는 법을 익히며 공부할 수 있다. 우린 5학년쯤 되면 구글 사용법을 배운다. PPT를 공유해서 우리가 배워야 할 것들을 우리가 조사하고 발표하는 것. 또 어떤 프로젝트를 하기 전, 혹은 하고 나서 PPT를 만들어 배운 걸 공유한다. 그래서 한 개를 하면 여러 개를 배울 수 있는 거다. 우리는 '전국시도 답사'나 '여행학교', '해외여행 프로젝트' 등 여러 가지를 하며 PPT를 만들었다.

'해외여행 프로젝트'가 뭐냐면, 자기가 가고 싶은 나라를 골라 조사하는 거다. 그다음에 조사한 내용을 바탕으로 PPT를 만든다(여기서 신기한 현상이 일어난다. 팀마다 보면 거의 모두 남자애들은 놀고 있고, 여자애들만 열심히 하고 있다). PPT에 들어갈 내용은 기본적으로 정해져 있다. 더 넣고 싶으면 더 넣을 수도 있겠지만, 기본적인 내용도 워낙 많아서 더 넣고 싶어 하는 아이들은 눈 씻고 찾아봐도 없다. 그리고 우리끼리 PPT를 공유한다. 아직 남았다. 바로 그 나라의 전통 음식을 만들어 전교생들과 공유한다. 물론, 음식을 먹으려면 PPT를 봐야 한다. 6학년을 제외한 전교생들은 자유롭게 돌아다니며 음식을 먹고 PPT를 본다. 6학년은 열심히 설명한다. 점심시간이 다 되면 끝난다.

또 이건 내가 있을 때의 이야기지만, 6학년과 5학년이 같이 수학문제를 푼 적이 있다. 난이도는 5학년 것도 있고, 6학년 것도 있었다. 내가 6학년 때 꾸쌤이 분수의 사칙연산의 원리를 알려 주셨다. 그건 지금도 감사하게 생각한다.

네 번째로, 이건 장점이라고 하기엔 5, 6학년들이 너무 힘들지만, 어쨌든 우리 학교는 전교자치회가 있다. 회의 진행 절차를 설명해 보자면, 처음으로 전교자치 모둠에서 회의의 주제를 가지고 의견을 나눈다. 그 의견은 선생님들에 의해 실시간으로 공유된다. 회의의 진행은 6학년이 맡고, 샛별관에 모여서 다시 전체 회의를 한다. 그래, 여기까진 누구나 할 수 있다. 그런데 우리 학교 전교자치 모둠은 여러 학년이 골고루 들어간다. 전교자치회를 하는 동안 저학년들을 돌보는 건 5, 6학년의 일이다.

우리 학교에선 매년 '다함께캠프'를 한다. 학교에서 캠프를 하는 거지만, 모든 학년이 힘을 합쳐 텐트도 치고 밥도 하고 놀기도 하고 그러는 캠프다. 그런데 이게 또 묘한 게 다함께캠프라지만 제일 힘든 건 5학년, 두 번째로 힘든 게 6학년이다. 텐트 치기 같은 건 문제가 아니다. 진정한 문제는 저학년들의 말썽. 상대하다 보면 앉아 있을 시간도 모자란다. 하루에 앉아 있을 때가 다섯 번이면 많은 거다. 여기서 6학년은 좋은 게, '미니 올림픽'을 한다는 거다. 기획에서 실천까지 거의 모두 6학년이 하는 건데, 6학년들은 여기서 조금 쉴 수 있고 5학년들은 6학년 대신 팀을 이끌어야 한다. 사실상 이 시간이 제일 힘든 시간이라고 할 수 있다. 나는 이 힘든 걸 부정할 생각이 티끌만큼도 없다. 하지만, 돌이켜 보니까 이런 것도 장점이라고 할 수 있을 것 같아서 넣는다.

생각해 보면 단점도 없진 않겠지만 지금은 생각이 나지 않는다. 이

걸로 나에게 송남초가 어땠는지는 충분히 설명이 되었으리라 생각한다. 내가 너무 안 좋게 쓴 경험들이 많은 것 같은데, 실제로 해 보면 그렇게 끔찍하지 않을 수도 있다. 그러니까 내가 쓴 표현에 너무 연연하지 말고 그냥 객관적인 사실만을 바라보기 바란다. 내가 말했듯이 저 활동들이 준 선물을 내가 모르고 있을 수도 있는 거니까. 실제로도 그럴 거라고 생각하고. 그럼 내가 할 말은 여기서 끝이다. 지금까지 송남중에서 이연학이었다.

# 내가 사랑하는
## 송악 마을, 송남초등학교

강종운_2016학년도 졸업생

처음 초등학교에 입학했을 때 나는 많이 떨렸었다. 학교 친구들은 서로 같은 유치원에 다녔거나 같은 동네라 서로 다 아는 것 같았는데, 나만 아무도 모르는 것 같아 처음엔 좀 무섭고 힘들기도 했다. 그런데 지내다 보니 친구들과도 친해지고 친구들도 나를 친구로 대해 주는 게 너무 좋았다. 다른 학교를 가 보지 않아서 모르겠지만, 우리 학교 선생님들이 엄청 대단하신 분들이라는 것도 알 수 있었다.

선생님들은 항상 학생들을 위해 열심히 일해 주셨다. 친구들도 좀 까불면서 초등학생다운 모습을 보여 주긴 했지만, 그래도 선생님들과 친하게 지내면서, 서로 장난도 치고, 웃고 떠들며 공부도 하는, 그런 착한 학생들이었다. 초등학교 때부터 중학교 때까지 우린 친구들과 함께 서로의 단점이라면 단점이고 장점이라면 장점일 부분들을 칭찬하고, 때론 더 발전도 시켜 주며 지냈다.

솔직히 초등학교 저학년 때 어떤 걸 배웠었는지 자세히 기억나진 않는다. 그저 초등학교 고학년이나 중학교에 가면서는 배우지 않는, 기초적인 예절 등을 배웠을 거라고 짐작할 뿐이다. 하지만 정확히 무엇을 배웠는지는 기억하지 못하더라도 매우 많은 걸 배웠고, 그 덕분에 지금의 내가 있다는 것만큼은 똑똑히 알 수 있다.

초등학교 때부터 선생님들과 부모님, 그리고 마을 사람들이 우리의 교육에 엄청난 신경과 관심을 쓰셨다. 우리들을 위해 하기 힘든 체험활동이나 우리가 필요로 하는 물건들이나 장소, 진로를 위한 여러 활동을 하게 해 주시려고 참 많이 노력하신 게 보였다. 선생님들은 우리의 잘못이나 실수를 우리 스스로 돌아보게 하여 우리가 스스로, 또 서로의 문제를 찾고 해결 방안을 찾게 하곤 하셨고, 친구들끼리도 어떨 때는 서로 싸우고 욕하면서도, 다시 웃으며 서로를 돌아보게 했다. 그러면서 우리는 서로 성장하고, 또 다른 사람들의 성장으로 이어졌다.

학생들이 공부를 싫어하지 않게 하려고 학생 개개인의 진도에 맞춰 공부를 가르쳐 주셨고, 이런저런 체험을 하러 계곡부터 시작해 BCPF 콘텐츠학교, 역사탐방, 다함께캠프, 스키캠프나 졸업여행 등 여러 체험 센터나 캠핑들을 주도해 주셨다. 그 덕에 여러 가지 경험과 능력을 쌓을 수 있었다. 또한 선생님들은 학생들이 서로 가르치고 배우면서 성장할 수 있도록 도와주셨고, 부모님들은 선생님들의 교육을 열심히 지지하고 도와주셨으며, 마을 사람들은 교육에 필요한 것이라면 무엇이든 마다하지 않으셨다.

다른 학교에서는 그리 흔하다는 성적 비교를 포함한 여러 비교나 공부 등에 관한 압박감도 송악에서는 거의 찾아볼 수 없었다. 뭐 아예 없었다고 장담할 수는 없겠지만 적어도 나만큼은 공부 때문에 스트레스를 받은 적은 없는 것 같다. 학생들이 서로를 이기려 노력하기보단 서로를 도우려 노력했고, 부모님들은 학생들의 성적을 보고 학원 개수를 늘리기보다 자녀들이 잘하고 좋아하는 것을 도와주셨다. 선생님들은 뒤처진 학생들이 있으면 포기하기보다 그 학생들을 성장시키려 노력하셨다. 그 덕분에 우리들은 공부뿐만 아니라 자신이 좋아하는 것이나 잘하는 것, 자신의 적성에 맞지 않는 것 등을 잘 알 수 있었다. 물론 너무 공부를 안 한 친구들도 있었지만, 그때 공부를 무서워하지 않게 해 주신 덕분에 지금이라도 서로를 목표 삼아 노력하고 있고, 그 노력의 성과들이 보이기 시작하고 있다.

우리는 중학교에 가서도 학교생활을 잘 해냈고 공부를 어려워하는 친구가 있으면 같이 돕고 알려 주면서 서로 성장해 나갔다. 나도 초등학교 때부터 선생님들과 마을 분들 덕에 알게 된 취미나 보완할 점 등을 통해, 밴드부 부장이나 전교회장 같은 자리도 도전해 보게 되었다. 만약 어릴 때부터 공부에 매달려 지내 왔다면 나는 아마 지금도 열심히 문제만 푸는 기계가 되었을 것이다. 아니, 어쩌면 결국 버티지 못하고 뒤처졌을지도 모른다.

마을에서 지내면서 선생님들뿐만 아니라 여러 곳에서 무엇인가를 얻을 수 있었다. 마을 분들과 마을 어르신들, 학교 축제나 캠프, 마을 축제와 송악이라는 마을 자체에서도 여러 가지를 얻어 갈 수 있었다. '마을학교', 마을 전체가 학교이면서 삶의 터전이 되는 것, 난 '마을학교'란 말이 참 마음에 든다. '마을학교'야말로 송악의 장점인 것 같다.

송악에서 지내면서 참 많은 것을 배웠고, 경험했으며, 마을 자체가 학교이자, 마을 사람들 모두가 학생이자 선생님이었다. 난 내 마을을 지금까지 사랑해 왔고 앞으로도 계속 사랑할 것이다.

# 송남초등학교
# 학부모로 산다는 것

박용희_학부모

2009년 첫째 아이 8살, 아이의 아토피로 인하여 친환경 급식을 하고 있는 학교를 찾아 아산 송남초 근처로 이사를 왔다. 처음에는 아이가 학교생활을 잘하기만, 아이의 아토피가 심해지지 않기만 바랄 뿐이었다.

아이의 입학식 날, 다른 학교처럼 학부모 모임을 통해 반 대표와 부대표를 뽑는 시간이 있었고, 다른 분들이 바쁘신 이유로 그리 바쁘지 않던 나는 부대표를 맡게 되었다. 그때부터 학부모로서 고민이 시작되었던 것 같다.

그즈음 우리 송남초등학교는 변화를 꿈꾸는 분들이 주변에 계셨고, 변화를 기다리고 있는 중이었다. 학부모들은 학교와 같이 진행할 수 있는 부분을 함께했으나, 조심스러운 부분도 있었다. 학교라는 곳이 공공기관이었기에 지켜야 할 선이 있었고, 학부모로서 무작정 손을 내밀기에는 어려운 부분이 있었다.

학창 시절, 있는 집 아이의 부모님들이 학부모회 활동을 하는 것을 보았고, 학부모회 활동을 하는 부모의 아이들에게 특혜가 주어지는 치맛바람 형태의 활동은 거부감이 있었다. 그런 학부모회가 아니라 '진정한 학교교육의 주체로 자리매김하기 위해서는 어떻게 해야 할

4부•여럿이 함께 가면 험한 길도 즐겁다 | 333

까?'에 대한 생각을 계속했다.

우리 송남초등학교에는 '솔향글누리도서관'이 2006년도에 만들어져 도서관을 중심으로 학교와 협력하는 분위기가 만들어져 갔다. 나는 아이를 입학시키자마자 도서관 지원단으로 활동을 시작하여 여러 학부모님들을 만날 수 있었다.

정말 다행스러운 것은 같은 고민을 하는 학부모님들이 주변에 많았다는 것이다. 우리는 우리 아이들이 좋은 상급 학교에 진학하고 넉넉한 삶을 살아가기를 바라기보다, 함께 사는 즐거움을 느끼고 자신의 삶을 당당하게 살아갈 수 있는 어른으로 자라나기를 바란다는 암묵적인 합의를 했다.

지역 주민이자 학부모인 어른들과 선생님들은 함께 고민을 시작했다. '지역에서 학교의 역할은 무엇인가? 그 속에서 학부모는 어떤 역할을 할 것인가?' 정기적인 모임을 하면서 함께 고민하고 이야기를 나누면서 우리들의 상을 잡아 나갔다. 특히, 학교 선생님들이 함께하면서 학교도 조금씩 변화하기 시작했다. 이제 학교는 학부모가 신뢰하는 교육기관으로 자리를 잡았고, 학부모는 학교를 받쳐 주는 든든한 버팀목이 되었다.

돌이켜 보면, 고민을 함께 나누고 해결하기 위해 노력한 선생님, 마을 주민과 학부모님들이 함께했기에 가능한 일이다. 지금도 지치고 힘들 때 서로 지지해 주고 격려해 준다. 아이들 교육, 마을의 미래와 삶을 함께 고민한다. 학부모로서의 고민과 개인으로서의 삶을 함께 나눌 수 있기에 큰 힘이 된다. 이처럼 함께할 수 있는 기회를 준 곳이 바로 학교이다. 학교가 매개체가 되어 개인의 삶을 같이 고민하면서 성장할 수 있었고, 우리는 그 힘으로 아이를 키울 수 있었다.

송남초 학부모로서 자신 있게 말할 수 있는 것은 학부모로서의 고민이 바탕이 되어 개개인의 삶을 고민하게 되었고, 그 고민이 학부모 개인의 성장에 큰 힘이 되었다는 것이다. 이제 우리는 송남초 10년의 역사를 다시 쓰려 한다. 나는 지난 10년 동안 송남초 학부모로서 삶을 살았고, 다시 여러 마을 주민과, 학부모들과 새롭게 시작하고 싶다. 우리 교육도 살리고, 더불어 내 삶의 성장을 위해!

# 송남초등학교
# 학부모로 지낸 7년

이상욱_학부모

2013년 3월, 큰아이가 입학을 하여 인연을 맺게 된 송남초등학교, 이제 한 달 정도 후면 둘째 아이가 졸업을 한다. 그러면 송남초등학교 학부모, 아빠로서 7년의 시간을 마무리하게 된다.

다른 학교에 아이를 보내 본 적이 없어 정확히 알 수는 없지만, 시내 아파트에 살 때 밤 10시 다 되어 퇴근하고 집에 올라가는 엘리베이터에서 가방 메고 집에 돌아가는 어린아이들을 마주칠 때가 가끔 있었다.

"친구 집에 놀러 갔다 오니?"

"학원 다녀오는데요."

그럴 때면, '뉴스에서 보던 모습이 실제구나.' 하는 생각에, 괜히 나까지 초라해지고 우울해지곤 했다. 어릴 때 놀지 않으면 언제 노나?

이제는 아파트 단지가 되어 버린 큰길 건너 한참 너머에 있는 뒷산 (엄밀히 말해 뒷산은 아니지만)에 놀러 가 뜀박질도 하고, 겨울에는 연도 날리던 기억. 학교가 끝나면 집에까지 걸어오는 동안 한 개에 얼마씩(십 원이었던가?) 팔던 떡볶이 한두 개나, 할머니들이 광주리에 놓고 팔던 덜 익은 풋복숭아를 사 먹던 일. 두셋이 걸어오다 골목에서 구슬치기 하는 친구들에게 끼워 달라고 하며 한참을 보내던 일. 집에 오면 동네 친구들과 자치기, 땅따먹기를 하고 놀던 어릴 때가 지금도 가끔 생각난다. 지금은 8차선 도로가 된, 당시에는 도로 확장을 위해 터만 닦아 놓은 가로수 옆 흙바닥이 우리 놀이터였는데….

학교를 마치면 어딘가로 사라져 밤늦은 시간이 되어서야 집에 돌아오는 모습을 보고, 우리 아이들은 그렇게 어린 시절을 보내지 않게 해야겠다는 생각을 했다. 그런 안타까움이 아이들을 송악골어린이집과 송남초등학교에 보내게 된 이유 중 하나가 되었을 것이다.

사실 아이들이 송남초등학교를 다녀서, 다른 학교를 다니는 아이들보다 어떤 혜택을 받았는지 가늠하기는 힘들 것 같다. 몸소 체험해 볼 수 없었으니까…. 하지만 우리 아이만 놓고 보았을 때 티 없이 잘 자라고 있고, 가끔 친구들과 티격태격하기도 하지만 큰 말썽 없이 지내는 것을 보면, 아이를 위해서도 좋은 결정이었으리라 믿는다. 세월이 지난 후, 오랜만에 만난 친구들과 학교 다닐 때 있었던 얘기들을 좋은 추억으로 되새길 수 있으면 되는 것 아니겠는가?

처음에 다른 아빠들과의 만남은 그리 쉽지 않았다. 아이들이 송악골어린이집에 다닐 때는 엄마들끼리 자주 만나 얘기도 나누며 지냈지만, 아빠들은 운동회 때나 한 번씩 얼굴을 보고 인사 나누는 게 다였으니까. 3월 말, 처음 맞는 신입 아빠와 아이들 환영 행사 때도 어머님 생신 모임 때문에 잠시 인사를 나누기만 했다. 다른 행사에서도 몇몇 분들과 짧은 얘기를 나누는 정도로 지냈다.

그러다가 늦가을 추적추적 비가 내리는 어느 주말, 느티나무 아래에서 장학금 주점 행사를 하며 좀 더 많은 분들과 함께할 수 있었다. 그날은 아침부터 저녁까지 분주히 뛰어다니는 아빠들 틈에 섞여 어떻게 하루가 갔는지 모르게 보냈다. 저녁에 반디 마당에 불을 피워 놓고 뒤풀이를 하며 마을에 대해, 아이들을 위해 아빠들이 무엇을 할 수 있는지 얘기를 나누면서 자연스럽게 아빠들 틈에 스며들 수 있었다. 덕분에 다음 해부터는 송남초등학교 아빠들이 자랑하는 아빠모임의 다양한 행사들에 수월하게 참여할 수 있었다.

아빠모임은 새 학년이 시작되면 신입 아빠 환영 행사부터 도서관캠프, 여름이면 선생님들과의 천렵 행사, 가을이면 장학금 행사를 한다. 또 아이들이 쉴 벤치, 평상, 텃밭 정원도 선생님들과 함께 만든다. 이렇게 함께하며 아빠들 사이의 유대감도 커지고, 일회성이 아닌 모임으로 자리매김했다.

도서관캠프를 위해 200인분이 넘는 저녁 식사와 야식을 준비해 나눠 주고, 다음 날 아침에는 아무 일 없었던 듯 뒷정리까지 깔끔하게 해낸다. '이번엔 이거 하나 만들어 볼까요?' 하면 삽질하고, 나무 자르고, 못질하여 뚝딱뚝딱 뭐든 금세 만들어 낸다. 송남 아빠들은 못하는 것 없는, 한 분 한 분이 모두 홍반장이다.

송남의 학부모님들은 다들 참 대단하시다. 매사에 열정적이고, '도대체 이분의 직업은 뭐지?' 싶을 때가 많다. '분명 이런 일을 하실 거야'라고 짐작해 보지만, 나중에 알고 보면 전혀 다른 일을 하시는 경우도 많았다. 내 아이를 아끼기 때문에 다른 아이들도 아끼고, 또 아끼는 만큼 더 많이 공부하고 노력하신다.

송남의 교직원분들도 모두 존경스럽다. 쉽게 편하게 갈 수 있는 길이 있는데, 굳이 힘들게 새로운 길을 가신다. 사실, 그 길이 새로운 길은 아니다. 우리가 점점 잊고, 가지 않았던 길일 뿐이다. 아이가 아이답도록, 기다리고 밀어 주는 길인데, 쉽게 빨리 가려고만 했던 것이다. 아이들을 위해 누가 시키지 않아도 본인의 시간과 열정을 쏟는 송남

선생님들에게서 진짜 교육자, 참스승의 모습을 본다.

송남의 학부모(아빠)로 보낸 7년. 돌아보면 조금은 후회되고, 또 부끄럽다. 좀 더 열심히 살 수 있었는데, 좀 더 행복하게 해 줄 수도 있었는데, 다른 부모님들처럼 좀 더 열정적일 수도 있었는데….

이제 한 달 후면 송남초등학교 학부모를 졸업하게 되지만, 영원히 송남초등학교의 울타리를 벗어날 수는 없을 것 같은 불길한 기분이 드는 건 뭘까? 왜 내 모교도 아닌 송남초등학교의 100주년이 기대될까? 아마 송남초등학교를 거쳐 간 많은 학생, 교직원, 부모님들도 비슷한 감정을 느끼시리라.

# 나를 성장시킨
## '학부모 생태지원단'

올해 큰아이가 송남초등학교를 졸업하고, 형님 학교인 송남중학교에 입학한다. 송악에 들어온 지 10여 년, 송남초등학교 병설유치원을 입학하던 때가 엊그제 같은데 유치원, 초등학교를 졸업하고 중학교에 간다니 시간이 참 빨리 지나간 것을 새삼 느끼게 된다.

초등학교에 입학하고 나서 담임선생님과의 첫 상담이 있었다. 산골 저 외딴 곳에 홀로 살고 있는 아이는 친구가 좋다며, 자연과 나무는 내 친구가 아니라고 그랬단다. 적잖은 충격이 아닐 수 없었다. 생태 감성을 맘껏 느끼리라 믿었는데, 운동장에서 공놀이하고 함께 뛰어놀 친구가 더 좋았나 보다.

잠시 흔들렸던 순간이었다. 놀이터만 가도 아이들이 많은 아파트로 다시 이사 가야 하나 싶을 때, 송남초등학교 '학부모 생태지원단' 소개를 받고 활동하게 되었다. 어렵게만 느껴지던 생태, 아니 자연이라고 해야 하나? 내가 엮이고 살아가고 있는 주변의 모든 것들이 생태임을 5년이라는 시간 동안 생태지원단으로 활동하면서 알게 되었다.

처음엔 한 달에 한 번, 영인산 숲 체험을 갈 때 학부모 도우미로 가게 되었고, 점점 자연을 알아 갈수록 느끼는 생태에서 배움의 생태로 바뀌게 되었다. 내가 알아야 아이에게도 말이라도 해 줄 수 있지 않을까? 논길을 걸어가며 피어 있는 수많은 들꽃의 이름을 다 외우고 설명할 필요는 없을지라도 아이가 궁금해하는 것에 공감하고 함께 이야기 나눌 수 있어야 한다고 느꼈다.

더 많은 배움을 위해 '생태지원단원'과 함께 예산의 '내포생태연구소'에서 개강한 '엄마는 가장 좋은 생태 선생님' 수업도 1년여 가까이 듣게 되고, 시기별로 아산 YMCA에서 모집한 '생태안내자 양성과정'을 몇 해 동안 꾸준히 들었다. 그러면서 우리가 살고 있는 주변에서 흔히 볼 수 있는 꽃, 나무, 곤충을 만나 함께 놀며 공존하는 법을 조금은 배웠다고 할까? 어렵게만 느껴지던 생태를 꼭 책으로 익히고, 식물도감을 알아야 아는 것이 아니라는 것을….

나아가 생태지원단으로 활동하면서 아이들과 학교 주변의 환경을 꾸미고 화단도 가꾸면서 원예에 깊은 관심을 가지게 되었고, 제1기 '아산시민 정원사 양성과정'을 수료하여, 식물과 공기청정 기능을 결합한 '수직정원'을 교실에 만들어, 아이들과 함께 관리할 수 있는 환경을 만들어 볼 수 있도록 계획하고 있다. 미세먼지 때문에 갈수록 외부 활동이 어려워지는 상황에서, 직접 아이들과 함께 교실 안 식물을 가꾸고, 자라는 모습을 보며, 이해하는 과정에서 자연환경에 대한 바른 인식을 키울 수 있을 것이라 생각한다.

나무는 친구가 될 수 없다는 큰아이는 '바람이 불면 두 볼을 간지럽히는 듯하다'는 감성을 지니게 되었고, 생태를 어렵지 않게 접하게 되었다. 비단 내 아이뿐만 아니라, 우리 아이들은 '송악'이라는 자연이 주는 선물 속에서 살고 있다는 걸 송남초등학교를 다니면서 알게 될 것이다.

큰아이의 성장과 동생들 둘을 송남초등학교에 보내면서 부모인 나의 성장도 함께 이뤄지는 듯싶다. '아이 한 명을 교육하는 데 온 동네 사람이 필요하다'라는 말이 있다. 그만큼 한 아이를 성장시키고 교육하는 일이 쉬운 일이 아니라는 이야기겠지만, 송악에 살면서 아이들이 학교뿐 아니라 마을에서 쉼과 놀이를 통해 즐겁게 성장할 수 있게 지원하는 건 매우 기쁜 일이 아닐 수 없다. 내 아이뿐 아니라 마을의 아이들이 다 다르다는 것을 인정하게 되고, 말로 교육하는 모습이 아닌 실천하는 모습을 보여야 함을 아이를 통해 배우게 되었다. 아이들을 가르치는 선생님께서 그러하듯이, 더뎌도 함께하는 송남초등학교와 함께 아이를 존중하고 배려하는 법을 알게 되었다.

몇 해가 지나 막내가 졸업할 때면 송남초등학교가 개교 100주년을 맞이한다. 막내가 커서 "나 때는 말이야~"라고 할 때도 여전히 송남초등학교는 마을과 하나 되어 아이들을 지켜 주고, 마을에서 아이들의 웃음소리가 떠나지 않게, 함께해 주리라 믿는다.

# 연극이라는
# 느낌표

윤혜영_마을교사

송남초등학교와의 인연을 어디서부터 어떻게 풀어 가야 할까요? 송남초등학교와의 인연을 거슬러 추억하다 보니 수많은 선생님들과 아이들의 모습이 스쳐 가네요. 송남초등학교에서는 일개 연극 강사이지만, 저 개인적으로는 제 인생의 전환기에서 만난 소중한 인연이 송남초등학교이고 송악이라는 곳이었습니다.

저는 대학을 졸업하고 곧바로 극단에 들어가 연극 생활을 시작했습니다. 극단의 궂은일부터 스태프, 그리고 주인공까지 차근차근 단계를 밟았고, 연극배우로 활동하면서 다양한 기량을 갈고닦으며 연극에 푹 빠져 살았지요. 공연을 하며 전국 방방곡곡을 돌아다니기도 했습니다. 또 연극 활동으로는 수입이 거의 없던 터라, 경제생활을 위해 막 백화점 문화센터에서 생기기 시작한 연극놀이 강사를 하게 되었는데, 당시는 마땅한 '연극놀이' 커리큘럼이 없던 때라, 프로그램 개발을 위해 도서관 자료실을 뒤지고 동료들과 프로그램을 개발하면서 연극 교육에 관심을 갖게 되었습니다.

이후 '문화예술교육진흥원'에서 체계적인 예술 강사 교육이 이루어졌습니다. 이렇게 시작된 연극 교육 활동은 생계를 위한 것이었지만, 꽤나 나와 잘 맞는 일이었습니다. 그러면서 어린이, 청소년, 노인 등을 대상으로 다양한 경험을 쌓아 나갔고, 이러한 경험들이 이후 송악이란 마을에서 마을교사로서의 인연으로 이어질 줄은 그땐 정말 몰랐습니다!

송악으로 이사를 온 건 2006년 여름이었습니다. 남편의 직장을 따라오면서 아이가 송남초등학교 3학년으로 전학을 하게 되었습니다. 전학하던 날 수줍게 반겨 주던 친구들의 얼굴이 떠오릅니다.

송남초등학교를 다니는 동안 아이의 담임선생님이셨던 이수진 선생님, 장종천 선생님, 강진필 선생님, 유은상 선생님 모두 생생하게 떠오릅니다. 다시 한 번 감사의 인사 전합니다. 당시 한 학년이 열 몇 명 남짓의 작은 학교였지만, 아이는 풍성한 자연환경에서 뛰놀며 건강하게 자랐습니다.

내 아이를 연결고리로 학교와 학부모, 마을과 관계를 맺으면서 내가 가진 재능을 나누겠다는 마음으로 제일 먼저 반딧불이 지역아동센터 아이들과 연극으로 만나기 시작했습니다. 그리고 송남초등학교에서 방과후 연극을 개설하면서 아이들을 만나고…. 송남초등학교를 졸업한 아이들은 송남중학교를 가서 청소년 연극을 하게 되고…. 놀기 좋아하는 어른들은 마을 극단을 만들고…. 이렇게 점차 마을에서 연극 교사로서 어떤 역할을 시작하게 된 것 같습니다.

송남초등학교는 처음에 방과후 연극으로 시작을 했는데, 지금도 가장 기억에 남는 친구는 지금은 고3이 된 ○○라는 친구입니다. 당시 4학년이던 ○○는 또래 친구들보다 작은 체구로, 샛별관을 뛰어다니며 아이답지 않은 쩌렁쩌렁한 목소리로 "펜 사요, 펜 사세요!" 하며 펜을 팔던 모습이 아직도 눈에 선합니다. 작은 거인 같았다고나 할까요? 또 '강아지똥' 역할을 맡아 자신의 몸을 내놓아 꽃을 피우는 애잔한 감성을 잘도 표현하던 2학년 ◇◇이도 이제 중학생이 되었고요.

방과후 프로그램이 다양해지면서 방과후 연극은 없어졌는데, 이후 송남초등학교가 '예술꽃 씨앗학교'로 선정되면서 3학년 친구들과 매년 연극놀이를 통한 창의적 표현과 연극 만들기 수업을 하게 되었고, 4학년 친구들과는 글쓰기 수업과 연계하여 아이들이 책을 읽은 후 연극 대본으로 글쓰기 작업을 한 후, 연극으로 만들어 보는 활동으로 연결하여 〈어린 왕자〉, 〈밥데기 죽데기〉 등 연극 만들기 수업을 했습니다.

열심히 대본을 쓰고 대사도 열심히 수정하면서, 의상은 무얼 입을지 소품은 어떻게 만들지, 열성으로 준비하다가 끝내는 무대 공포증으로 배우 역할을 하지 않았던 ○○이도 기억에 남습니다. 송남초등학교 때부터 연극을 무척 좋아하고, 중학교에 가서도 3년 내내 청소년 연극을 했던 □□이는 연극을 정말 재밌어하여, 연습할 때 굉장한 집중력과 진지한 모습을 보여 주었는데, 산만한 남학생들도 활동에 몰입하게 만들고 연습 분위기를 이끌어 주는, 연극을 진정 즐겼던 친구로 남아 있습니다.

최근에 또 기억에 남을 만한 일이 있었습니다. 작년에 청소년 연극을 하면서 만난 △△이란 친구가 있습니다. 연극을 하고 싶다고 친구 따라왔는데, 보니 송남초등학교 4학년 때 연극 수업에서 만난 친구였습니다. 그때는 발표할 때 머리카락으로 얼굴을 최대한 가리고, 목소리도 거의 들리지 않을 정도로 굉장히 심각하고, 수줍음이 많았던 친구로 기억하는데, 연극을 한다고 오다니…? 그런데 중학생이 되어 만난 △△이는 아주 유쾌하고 장난기가 많은, 유머러스한 표현에 능한 친구였습니다. 마치 그때 마음껏 하지 못한 한풀이를 하는 것처럼 연습도 성실히 하며, 분위기 메이커 역할을 해 주었습니다. 마을축제 때 청소년 연극 〈변기〉 공연을 본 4학년 때 담임선생님이셨던 정○○ 선생님은 △△이를 보고 깜짝 놀랐다고 하실 정도였습니다.

이 외에도 6학년 친구들의 영화 작업에서 배우 파트를 맡아 연기 지도를 한다든지, 아이들이 직접 창작한 대본의 연극 만들기를 돕는다든지 하면서 만난 많은 친구들을 기억합니다. 그도 그럴 수밖에 없는 것이 학교에서 만난 친구들을 마을에서도 볼 수 있기 때문입니다. 4학년 때 만난 친구를 중학생이 되어 만나고, 또 어느새 고등학생이 된 그 친구를 버스정류장에서 만나고… '어, 어디서 본 것 같은데…. 누구지?' 하는 아이의 표정 속에서 아이의 어릴 적 앳된 얼굴을 떠올리며 웃어 주곤 합니다. 아이들의 역사를 아이들과 조금씩은 공유하고 있는 거지요. 마을에서 마을교사의 역할을 하다 보니, 마을에 사는 그런 재미가 있답니다!

이렇게 마을과 송남초등학교에서 아이들과 연극으로 인연을 맺으며 살아가고 있습니다. 송남초등학교에서 거의 매년 연극 수업을 하고 있습니다만, 송남초등학교에서는 연극뿐만 아니라 영화, 춤, 음악 등 다양한 예술교육이 항상 이루어지고 있습니다. 송남초등학교는 예술을 사랑하는 선생님이 많은 것 같습니다. 송남초등학교에서는 아이들이 예술적 경험을 할 수 있는 장들이 다양하게 펼쳐지고 있습니다. 예술교육을 중요하게 생각하고 실천하는 학교죠.

제 경험으로 보면 학교에 예술에 관심이 있고, 예술교육을 중요하게 생각하는 선생님이 있어야 아이들에게 예술교육의 기회가 더 제공될 수 있습니다. 아이들이 예술교육을 누리려면, 그런 선생님들의 관심과 노력이 많이 쏟아져야 하는 부분인데요. 송남초 선생님들의 예술교육에 대한 의식과 노력은 최고 수준이 아닐까 생각합니다.

특히, 복준수 선생님은 예술적 감각이 아주 뛰어나신 분인데요. 수년 전에 마을 극단 '우정공'에서 함께 공연을 한 적이 있는데, 〈신新 홍도야 우지 마라, 홍도 뚝!〉이라는 마당극 작품이었습니다. 거기서 홍도 오빠 철수 역을 맡아 신파 연기의 정수를 선보이며 폭발적인 인기를 끌었었죠. 공연을 보던 아이들이 떼창으로 "뽁샘! 뽁샘!"을 외치며 환호하던 기억이 납니다. 마을 극단에서도 함께 연극을 할 정도로 열정이 가득하신 분이지요. 아이들과도 연극, 영화를 만들면서 고군분투하시던 모습이 생각납니다.

연극이나 영화 만들기 수업은 공이 많이 들어가는 활동입니다. 연극이나 영화는 종합예술이어서 주제, 내용, 인물 분석 등의 연기 분야뿐만 아니라 미술 분야로는 무대, 의상, 소품, 분장, 조명 등의 영역이 있고, 음악 분야로는 노래, 음악과 음향의 영역, 그리고 뮤지컬인 경우 춤의 분야까지 함께 준비하고 고민해야 하는 광범위한 예술 활동이기에, 이를 지도하고 인솔하려면 굉장한 에너지와 고민의 시간, 육체적 노동이 동반하는 힘든 일임을 알고 있는데, 이것을 아이들과 만들어가는 선생님들의 모습을 보면 참으로 감동스럽지 않을 수가 없습니다. 왜냐하면 아이들이 이런 다양한 분야들까지 경험하려면 선생님이 뒤에서 모든 분야를 준비하고, 지원하고, 정리하는 부분들이 반드시 있어야 아이들의 활동이 다듬어져서 결과물로 만들어지기 때문입니다.

작년 2019년 겨울에는 5학년 친구들의 감동적인 역사 뮤지컬 〈돌던지는 아이〉가 무대 위에 올랐습니다. 비교적 늦은 시점에 대형(?) 뮤지컬 준비에 들어가 준비 기간이 충분하지 못했지만, 최선을 다해 준비했고, 아이들은 원작에서 받은 감동을 진정성 있게 무대 위에 펼쳐 보여 관객의 박수갈채를 받았습니다. 아이들이 직접 대본을 쓰고(연극 교사가 아이들이 쓴 대본의 3분의 1 정도 분량을 수정, 편집하였음), 연기를 하고, 가사를 쓰고, 노래를 녹음하고, 안무를 만들고, 춤을 추고, 소품을 만들고, 조명 큐시트를 만들고, 인물에 맞는 분장을 연구하는 등 분야별 분업을 통해 두 반의 50여 명 친구들이 대작을 준비해 나갔습니다.

공연이 끝난 후 가장 가슴이 벅찬 사람은 누구였을까요? 제 생각에는 이권옥, 박진호 두 분의 담임선생님이셨을 것 같습니다. 무대와 소품 제작, 의상과 영상, 음향과 음악 등 모든 준비 과정을 진두지휘하시고 총 연출, 제작, 무대 감독, 영상, 음악의 오퍼레이팅까지 1인 다역을 하며, 아이들의 노력을 헛되이 하지 않기 위해 밤을 새워 가며 공연의 틈새를 커버해 주셨습니다. 아이들과 동선을 만들고, 장면 연습을 하고, 공연 연습을 하면서 지켜본 두 분 선생님의 열정에 여러 번 감탄을 하고, 존경의 마음을 전했습니다. 올해는 지난해의 경험을 바탕으로 아이들과 본격적으로 대형 뮤지컬을 만들어 보신다고 하니, 참 송남초등학교 친구들은 복도 많습니다!

연극 수업의 백미는 앙상블, 즉 조화라고 생각합니다. 아이들이 자유로운 표현과 창의적인 아이디어들을 발산하면서, 표현력과 창의력을 확장시키는 것이 연극 수업의 중요한 목표 중 하나입니다. 연극은 혼자서 할 수 없는 집단 활동이고, 공동체 활동인데요. 공동체 속에서 위의 활동이 가능하려면 일련의 질서가 필요하고, 여기에는 서로에 대한 배려와 협력이 밑바탕이 되어야 합니다.

전체가 하나의 표현을 만들기 위해 의견 충돌을 하고, 몸으로 부딪쳐 가며 대화와 타협, 배려와 협력, 이해와 소통이 이루어지는 인문학적 과정을 경험하는 것이 연극 수업의 가장 큰 장점이 아닐까 합니다. 예술적 감수성을 키우고, 작품 속의 인물과 내용에 대한 이해와 간접 경험이라는 측면도 있지만, 연극을 만들어 가는 협력 과정 속에서 어떤 친구는 너무 적극적이어서 자신의 뜻대로 하고 싶어 부딪히고, 어떤 친구는 하기 싫어서 소극적인 태도 때문에 부딪히고! 그러면서 해야 할 것과 하지 말아야 할 것을 스스로 조절하며 맞춰 가는 방법을 터득하게 됩니다. 사람 관계에서의 소통을 배우게 됩니다.

분장은 어떻게 할지, 음악은 어떤 분위기로 할지, 소품은 어떻게 만들지, 무대 뒤에서는 서로 어떻게 도와줄지, 무대 전환은 누가 할지 등등을 하나하나 함께 결정해 나가야 합니다. 모든 과정이 소통의 과정입니다. 이러한 시간과 과정을 거쳐 조화로운 지점을 만들어 내고, 하나의 결과물(공연, 발표)로 하모니를 이루어 전체가 하나가 되었을 때, 혼자 이루어 낸 것보다 더 큰 성취감과 카타르시스를 경험하게 됩니다. 연극은 이렇게 아름다운 과정을 품고 있습니다.

2006년도에 우연히 이 송악 마을과 인연을 맺게 되면서, 나의 마을 살이는 아이들과의 만남에도, 사람들과의 만남에도, 연극이 그 중심에 있었고, 그 속에 아름다운 과정들도 있었습니다. 연극은 나의 소통 도구이자 방식입니다. 이 아름다운 과정이 쭉 지속돼야겠죠?

천안, 아산 지역에서 여러 수업 의뢰를 받곤 하는데, 이런저런 이유로 거절을 하는 상황도 있게 됩니다. 그래도 송남초등학교와 반딧불이 지역아동센터는 꼭 수업을 하려고 노력을 합니다. 그만큼 내게는 각별한 애정이 있기 때문입니다. 내 아이의 모교이기도 하고, 또 부족한 나에게 계속 연극 수업을 맡겨 주시니 감사하기도 할뿐더러 가장 중요한 부분은 이 송악 마을과 사람들에 대한 애정 때문입니다. 이 송악 마을과 여기서 만난 사람들은 내게 나눔의 삶과 함께하는 삶의 즐거움을 가르쳐 주었기 때문입니다. 그래서 나는! 이 마을에서 계속 함께 늙어 갈 것입니다!

# 내가 겪은 송남초등학교의 변화 모습

이택규_전 학교운영위원장

송남초등학교 일을 안 한 지 벌써 10년 가까이 되었습니다. 이제는 학생들도 선생님들도 학부모들도 대부분 모르는 사람들입니다. 예전에 비해 너무나도 발전한 송남초등학교의 모습을 길 건너편에서 조용히 보고 있습니다.

지난주에 학교에서 책을 만든다면서 글을 써 달라는 부탁을 받고 학부모, 지역 운영위원(2004~2006년)과 학부모대표(2007~2008년), 운영위원장(2009~2011년)을 하면서 송남초등학교가 오늘날과 같이 변화하고 발전한 과정에 참여한 것을 기쁘게 생각하며, 제가 학교 일을 했을 때 학교에서 일어난 일들을 연도별로 하나씩 풀어 보겠습니다.

큰아이가 송남초등학교에 입학한 2004년 3월 말쯤, 당시 이원훈 교장 선생님(전 서천 교육장님)께서 저를 찾아오셔서, 학교 학부모 운영위원을 하겠다는 사람이 없으니 운영위원을 해 달라고 간곡히 부탁하여, 아무것도 모른 채 학교 운영위원으로 학교 일을 시작하게 되었습니다.

지금도 기억에 남는 그 당시의 본교인 송남초와 분교인 거산초의 사이는 이상하게도 좋지 않았습니다. 운영위원회 구성도 송남초 운영위원과 거산분교 운영위원이 따로 있었습니다. 운영위원회를 열면 거산분교 운영위원들은 송남초와 거산분교의 학생 수는 별반 차이가 없는데, 왜 송남초에만 돈을 쓰고 거산분교에는 투자를 하지 않느냐면서 교장 선생님께 항의하고, 학교 측은 이를 해명하곤 했습니다. 송남초와 거산분교의 학생들이 합동으로 야외학습을 나갔을 때, 거산분교 학생이 넘어졌는데 참 고소하다는 내용을 일기에 쓴 송남 학생이 있을 정도였습니다. 그런 상황에서 학교 운영위원을 시작하였는데, 송남초가 변화할 수밖에 없는 일들이 매년 생겼습니다.

2004년 여름쯤 되자 2005년에 송남초 입학생이 4명이라는 소문(나중에 보니 헛소문입니다)이 나기 시작하였습니다. 내년(2005년)에 거산분교는 본교로 승격(실제로 2005년 3월 1일 자로 거산초등학교로 바뀜)되면 학생 수가 늘어나고, 반대로 송남초는 학생이 적어서 2006년쯤에는 거산초등학교 송남분교로 바뀐다는 기가 막힌 이야기가 돌자, 그 당시 운영위원들(오영근 위원장, 김영미 위원 등)은 학생 수를 어떻게 늘려야 하나를 고민하였습니다.

이때 장존동 청솔아파트가 입주를 시작하였기에 청솔아파트를 공동학구로 지정하여 아이들을 받자는 서명운동을 벌였습니다. 전체 학생들의 집을 방문하여 학부모들의 서명을 받아서 공동학구를 추진했습니다만, 여러 가지 사정으로 실패했습니다. 하지만 교장 선생님이 청솔아파트로 학교 버스를 보내는 용단을 내려서 이후에 청솔아파트 아이들이 송남초등학교로 올 수 있었습니다.

2005년에는 친환경 쌀을 급식했습니다. 일반 급식 쌀에 비해 4배나 비싼 유기농 쌀값의 80%는 '아산 한살림 생산자연합회'와 '푸른들 영농법인'에서 부담하고 나머지 20%는 학부모가 부담했습니다. 여기에 졸업생이자 학부모인 '안복규' 씨의 도움으로 '송악골 영농조합'으로부터 친환경 콩나물을 무상으로 제공받았습니다. 이는 아산시 학교 가운데 최초라서 언론의 주목을 받았고, 송남초등학교가 유명해지는 계기가 되었습니다.

2006년에는 '솔향글누리도서관'을 개관하고 학교 운동장이 도로에 편입되는 일을 막았습니다. 솔향글누리도서관은 '한겨레신문'이 주관하고 '삼성사회봉사단'이 후원하는 '희망의 작은 도서관 만들기 사업'에 조선희 운영위원이 공모하여 당선되어 지금의 도서관으로 탄생했습니다. 일과 시간에만 문을 여는 일반 도서관이 아니라 저녁때는 물론 토요일에도 문을 여는 복합문화공간을 만들자는 의견이 많아서, 학부모들과 지역 주민들에게 후원금을 걷어서 사서 선생님을 자체적으로 고용한 전국 유일의 도서관으로 찬사를 받았습니다.

어느 날 아산시에서 '외암리 민속마을'로 가는 길을 넓히고자 학교 운동장을 축소시킨다는 공문을 보냈습니다. 가뜩이나 운동장이 좁은데 더 좁히는 것은 말이 안 된다기에 학생, 학부모, 지역 주민들의 서명을 받고 반대 운동을 펼쳤습니다. 학교 부지는 교육청에서 해결할 문제라고 처음에는 소극적인 모습을 보인 학교를 설득하였습니다. '학교 땅 좀 팔아서 교육청 살림살이가 픽도 나아지겠나요? 누가 교장일 때 학교 땅을 팔아먹었다는 이야기가 이 학교 없어질 때까지 지역 주민 입에서 회자될 것이라고….' 결국 여러분이 도와줘서 학교 운동장을 지켜 냈습니다.

2007년에는 '자모회'를 '학부모회'로 바꿔, 아버님들이 학교 활동에 참여할 수 있도록 만들었습니다. 시대가 변화했고 학교 일에 참여하고 싶은 아버님들도 많은데, '자모회'라는 명칭으로는 아버님들의 참여를 유도할 수 없어, 학부모는 누구나 참여할 수 있는 학부모회를 만들어제가 초대 회장을 하였습니다. 이것도 아산시 최초랍니다.

2008년에는 유기농 급식을 확대하고 김장김치 1,000포기를 담갔습니다. 유기농 쌀에 이어서 전체적인 친환경 급식을 하자는 학부모들의 의견이 많아서 송남초, 거산초, 송남중 학생들과 학부모들의 설문조사를 통해 압도적인 찬성으로 전체적인 유기농 급식을 아산시 최초로 시작하였습니다. 가을에는 내년에 먹을 김장김치를 '송악골 영농조합'의 후원으로 학부모들이 모여서 직접 담갔습니다.

2009년에는 학부모회 활동을 강화하고 학부모 간의 소통을 위해 학부모 카페(http://cafe.daum.net/songnam09)를 만들었습니다. 지금은 스마트폰을 통한 모바일밴드를 이용하는 시대이지만, 그 당시는 인터넷카페가 대세였고 모든 것을 인터넷카페로 소통하던 시대였습니다. 송남초 학부모 카페는 '김지선' 학부모회장이 만들었습니다. 인터넷카페를 통해 학교에서 일어난 일, 운영위원회 심의 내용, 여러 가지 정보 등을 공유하여 학부모들은 물론 우리 학교로 아이들을 보내려는 예비 학부모들도 많이 가입하였습니다. 한때는 제가 인터넷카페 활동을 열심히 하여 특별한 메뉴(행복한 아이를 위해, 송악동네 나눔, 이 책을 추천합니다 등)와 회원 등급(쥔장보조, 진짜 친구 등)을 만든 기억이 납니다.

2010년에는 '송악 희망교육 네트워크'를 만들었습니다. 송악의 3개 학교의 학생, 학부모는 물론 지역 주민들이 모여서 '아이들이 행복한 송악'을 통해 지역의 새로운 교육의 희망을 만들기 위해 네트워크를 출범시켰습니다. 당시 김지철 충남도교육위원님(현 충남교육감)이 지도위원으로 참여하여 많은 도움을 주셨습니다. 이 '송악 희망교육 네트워크'를 계기로 송악 교육이 전국적으로 유명해졌습니다.

2011년에는 '아빠와 함께하는 캠프'를 실시하였고, 충남도청 및 충남교육청에서 공모한 '행복공감학교'를 신청했습니다. 아버지들이 모여서 캠프 계획을 짜고, 학생들이 모둠을 지어서 학교 운동장에서 텐트를 치고, 식사도 직접 준비하고, 밤에는 교실에서 귀신놀이를 하고, 풍등을 날려 보고, 다음 날 아침에는 비가 오는데도 설화산과 외암리 민속마을을 다녀오는 일정으로 진행했습니다. 이 캠프를 계기로 송남초는 매년 캠프를 통해 아이들이 행복한 학교로 거듭나게 되었습니다. '행복공감학교'는 선생님들이 많은 준비를 하여 응모했으나, 안타깝게도 떨어졌습니다. 하지만 나중에 '행복나눔학교'를 운영하는 밑거름이 되었습니다.

위에서 설명한 일 이외에도 이른바 지면<sub>紙面</sub>으로는 다 표현할 수 없는 일들이 많았습니다. 다 지나간 일이지만, 학교와 보이지 않는 갈등을 겪기도 했고 학부모 간에도 의견 충돌이 있었습니다. 그럼에도 학부모들이 소통하고 학교 일에 참여하여 학교가 이만큼 발전한 것은 저뿐만 아니라 같이 활동한 '오영근 씨, 김영미 씨, 조선희 씨, 우미경 씨' 등 많은 분들이 노력하여 이룬 결과물이라고 생각합니다.

학교 일을 했던 수많은 기억들이 주마등처럼 지나갑니다. 운영위원회 또는 학교행사 전날 밤이면 우리 집에 모여서 같이 회의와 행사를 준비하고, 맥주 한잔하던 그 기억들은 내 인생에서 다시 못 올 행복했던 한때입니다.

끝으로 학교가 지역사회를 바꾼 모델이 된 송남초등학교가 더욱 발전하기를 기원합니다.

# 삶의 행복을 꿈꾸는 교육은 어디에서 오는가?

● **교육혁명을 앞당기는 배움책 이야기** 혁신교육의 철학과 잉걸진 미래를 만나다!

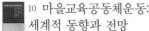

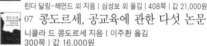

## ● 비고츠키 선집 시리즈 발달과 협력의 교육학 어떻게 읽을 것인가?

 **생각과 말**
레프 세묘노비치 비고츠키 지음
배희철·김용호·D. 켈로그 옮김 | 690쪽 | 값 33,000원

 **도구와 기호**
비고츠키·루리야 지음 | 비고츠키 연구회 옮김
336쪽 | 값 16,000원

 **어린이 자기행동숙달의 역사와 발달 I**
L.S. 비고츠키 지음 | 비고츠키 연구회 옮김
564쪽 | 값 28,000원

 **어린이 자기행동숙달의 역사와 발달 II**
L.S. 비고츠키 지음 | 비고츠키 연구회 옮김
552쪽 | 값 28,000원

 **어린이의 상상과 창조**
L.S. 비고츠키 지음 | 비고츠키 연구회 옮김
280쪽 | 값 15,000원

 **비고츠키와 인지 발달의 비밀**
A.R. 루리야 지음 | 배희철 옮김 | 280쪽 | 값 15,000원

 **수업과 수업 사이**
비고츠키 연구회 지음 | 196쪽 | 값 12,000원

 **비고츠키의 발달교육이란 무엇인가?**
비고츠키교육학실천연구모임 지음 | 412쪽 | 값 21,000원

 **비고츠키 철학으로 본 핀란드 교육과정**
배희철 지음 | 456쪽 | 값 23,000원

 **성장과 분화**
L.S. 비고츠키 지음 | 비고츠키 연구회 옮김
308쪽 | 값 15,000원

 **연령과 위기**
L.S. 비고츠키 지음 | 비고츠키 연구회 옮김
336쪽 | 값 17,000원

 **의식과 숙달**
L.S 비고츠키 | 비고츠키 연구회 옮김
348쪽 | 값 17,000원

 **분열과 사랑**
L.S. 비고츠키 지음 | 비고츠키 연구회 옮김
260쪽 | 값 16,000원

 **성애와 갈등**
L.S. 비고츠키 지음 | 비고츠키 연구회 옮김
268쪽 | 값 17,000원

 **흥미와 개념**
L.S. 비고츠키 지음 | 비고츠키 연구회 옮김
408쪽 | 값 21,000원

 **관계의 교육학, 비고츠키**
진보교육연구소 비고츠키교육학실천연구모임 지음
300쪽 | 값 15,000원

 **비고츠키 생각과 말 쉽게 읽기**
진보교육연구소 비고츠키교육학실천연구모임 지음
316쪽 | 값 15,000원

 **교사와 부모를 위한 비고츠키 교육학**
카르포프 지음 | 실천교사번역팀 옮김
308쪽 | 값 15,000원

---

 **혁신교육, 철학을 만나다**
브렌트 데이비스·데니스 수마라 지음
현인철·서용선 옮김 | 304쪽 | 값 15,000원

 **혁신교육 존 듀이에게 묻다**
서용선 지음 | 292쪽 | 값 14,000원

 **다시 읽는 조선 교육사**
이만규 지음 | 750쪽 | 값 33,000원

 **대한민국 교육혁명**
교육혁명공동행동 연구위원회 지음
224쪽 | 값 12,000원

 **경쟁을 넘어 발달 교육으로**
현광일 지음 | 288쪽 | 값 14,000원

 **독일 교육, 왜 강한가?**
박성희 지음 | 324쪽 | 값 15,000원

 **핀란드 교육의 기적**
한넬레 니에미 외 엮음 | 장수명 외 옮김
456쪽 | 값 23,000원

**한국 교육의 현실과 전망**
심성보 지음 | 724쪽 | 값 35,000원

## ● 4·16, 질문이 있는 교실 마주이야기 통합수업으로 혁신교육과정을 재구성하다!

**통하는 공부**
김태호·김형우·이경석·심우근·허진만 지음
324쪽 | 값 15,000원

**내일 수업 어떻게 하지?**
아이함께 지음 | 300쪽 | 값 15,000원
2015 세종도서 교양부문

**인간 회복의 교육**
성래운 지음 | 260쪽 | 값 13,000원

**교과서 너머 교육과정 마주하기**
이윤미 외 지음 | 368쪽 | 값 17,000원

수업 고수들
**수업·교육과정·평가를 말하다**
박현숙 외 지음 | 368쪽 | 값 17,000원

**도덕 수업**, 책으로 묻고 윤리로 답하다
울산도덕교사모임 지음 | 320쪽 | 값 15,000원

**체육 교사, 수업을 말하다**
전용진 지음 | 304쪽 | 값 15,000원

**교실을 위한 프레이리**
아이러 쇼어 엮음 | 사람대사람 옮김
412쪽 | 값 18,000원

**마을교육공동체란 무엇인가?**
서용선 외 지음 | 360쪽 | 값 17,000원

**교사, 학교를 바꾸다**
정진화 지음 | 372쪽 | 값 17,000원

**함께 배움**
학생 주도 배움 중심 수업 이렇게 한다
니시카와 준 지음 | 백경석 옮김 | 280쪽 | 값 15,000원

**공교육은 왜?**
홍섭근 지음 | 352쪽 | 값 16,000원

자기혁신과 공동의 성장을 위한
**교사들의 필리버스터**
윤양수·원종희·장군·조경삼 지음 | 280쪽 | 값 14,000원

**함께 배움 이렇게 시작한다**
니시카와 준 지음 | 백경석 옮김 | 196쪽 | 값 12,000원

**함께 배움 교사의 말하기**
니시카와 준 지음 | 백경석 옮김 | 188쪽 | 값 12,000원

**교육과정 통합, 어떻게 할 것인가?**
성열관 외 지음 | 192쪽 | 값 13,000원

**미래교육의 열쇠, 창의적 문화교육**
심광현·노명우·강정석 지음 | 368쪽 | 값 16,000원

**주제통합수업,**
아이들을 수업의 주인공으로!
이윤미 외 지음 | 392쪽 | 값 17,000원

수업과 교육의 지평을 확장하는 **수업 비평**
윤양수 지음 | 316쪽 | 값 15,000원
2014 문화체육관광부 우수교양도서

**교사, 선생이 되다**
김태은 외 지음 | 260쪽 | 값 13,000원

**교사의 전문성, 어떻게 만들어지나**
국제교원노조연맹 보고서 | 김석규 옮김
392쪽 | 값 17,000원

**수업의 정치**
윤양수·원종희·장군 지음 | 280쪽 | 값 14,000원

**학교협동조합,**
현장체험학습과 마을교육공동체를 잇다
주수원 외 지음 | 296쪽 | 값 15,000원

**거꾸로 교실,**
잠자는 아이들을 깨우는 수업의 비밀
이민경 지음 | 280쪽 | 값 14,000원

**교사는 무엇으로 사는가**
정은균 지음 | 292쪽 | 값 15,000원

**마음의 힘을 기르는 감성수업**
조선미 외 지음 | 300쪽 | 값 15,000원

**작은 학교 아이들**
지경준 엮음 | 376쪽 | 값 17,000원

**아이들의 배움은 어떻게 깊어지는가**
이시이 준지 지음 | 방지현·이창희 옮김
200쪽 | 값 11,000원

**대한민국 입시혁명**
참교육연구소 입시연구팀 지음 | 220쪽 | 값 12,000원

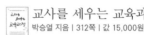
**교사를 세우는 교육과정**
박승열 지음 | 312쪽 | 값 15,000원

**전국 17명 교육감들과 나눈 교육 대담**
최창의 대담·기록 | 272쪽 | 값 15,000원

**들뢰즈와 가타리를 통해 유아교육 읽기**
리세롯 마리엣 올슨 지음 | 이연선 외 옮김
328쪽 | 값 17,000원

### 학교 혁신의 길, 아이들에게 묻다
남궁상운 외 지음 | 272쪽 | 값 15,000원

### 프레이리의 사상과 실천
사람대사람 지음 | 352쪽 | 값 18,000원
2018 세종도서 학술부문

### 혁신학교, 한국 교육의 미래를 열다
송순재 외 지음 | 608쪽 | 값 30,000원

### 페다고지를 위하여
프레네의『페다고지 불변요소』읽기
박찬영 지음 | 296쪽 | 값 15,000원

### 노자와 탈현대 문명
홍승표 지음 | 284쪽 | 값 15,000원

### 선생님, 민주시민교육이 뭐예요?
염경미 지음 | 244쪽 | 값 15,000원

### 어쩌다 혁신학교
유우석 외 지음 | 380쪽 | 값 17,000원

### 미래, 교육을 묻다
정광필 지음 | 232쪽 | 값 15,000원

### 대학, 협동조합으로 교육하라
박주희 외 지음 | 252쪽 | 값 15,000원

### 입시, 어떻게 바꿀 것인가?
노기원 지음 | 306쪽 | 값 15,000원

### 촛불시대, 혁신교육을 말하다
이용관 지음 | 240쪽 | 값 15,000원

### 라운드 스터디
이시이 데루마사 외 엮음 | 224쪽 | 값 15,000원

### 미래교육을 디자인하는 학교교육과정
박승열 외 지음 | 348쪽 | 값 18,000원

### 흥미진진한 아일랜드 전환학년 이야기
제리 제퍼스 지음 | 최상덕·김호원 옮김 | 508쪽 | 값 27,000원
2019 대한민국학술원우수학술도서

### 폭력 교실에 맞서는 용기
따돌림사회연구모임 학급운영팀 지음
272쪽 | 값 15,000원

### 그래도 혁신학교
박은혜 외 지음 | 248쪽 | 값 15,000원

### 학교는 어떤 공동체인가?
성열관 외 지음 | 228쪽 | 값 15,000원

### 학교 민주주의의 불한당들
정은균 지음 | 276쪽 | 값 14,000원

### 교육과정, 수업, 평가의 일체화
리사 카터 지음 | 박승열 외 옮김 | 196쪽 | 값 13,000원

### 학교를 개선하는 교장
지속가능한 학교 혁신을 위한 실천 전략
마이클 풀란 지음 | 서동연·정효준 옮김 | 216쪽 | 값 13,000원

### 공자뎐, 논어는 이것이다
유문상 지음 | 392쪽 | 값 18,000원

### 교사와 부모를 위한
### 발달교육이란 무엇인가?
현광일 지음 | 380쪽 | 값 18,000원

### 교사, 이오덕에게 길을 묻다
이무완 지음 | 328쪽 | 값 15,000원

### 낙오자 없는 스웨덴 교육
레이프 스트란드베리 지음 | 변광수 옮김
208쪽 | 값 13,000원

### 끝나지 않은 마지막 수업
장석웅 지음 | 328쪽 | 값 20,000원

### 경기꿈의학교
진흥섭 외 지음 | 360쪽 | 값 17,000원

### 학교를 말한다
이성우 지음 | 292쪽 | 값 15,000원

### 행복도시 세종,
### 혁신교육으로 디자인하다
곽순일 외 지음 | 392쪽 | 값 18,000원

### 나는 거꾸로 교실 거꾸로 교사
류광모·임정훈 지음 | 212쪽 | 값 13,000원

### 교실 속으로 간 이해중심 교육과정
온정덕 외 지음 | 224쪽 | 값 13,000원

### 교실, 평화를 말하다
따돌림사회연구모임 초등우정팀 지음
268쪽 | 값 15,000원

### 학교자율운영 2.0
김용 지음 | 240쪽 | 값 15,000원

### 학교자치를 부탁해
유우석 외 지음 | 252쪽 | 값 15,000원

### 국제이해교육 페다고지
강순원 외 지음 | 256쪽 | 값 15,000원

**교사 전쟁**
다나 골드스타인 지음 | 유성상 외 옮김
468쪽 | 값 23,000원

 **시민, 학교에 가다**
최형규 지음 | 260쪽 | 값 15,000원

 **학교를 살리는 회복적 생활교육**
김민자·이순영·정선영 지음 | 256쪽 | 값 15,000원

 **교사를 위한 교육학 강의**
이형빈 지음 | 336쪽 | 값 17,000원

 **새로운학교 학생을 날게 하다**
새로운학교네트워크 총서 02 | 408쪽 | 값 20,000원

 **세월호가 묻고 교육이 답하다**
경기도교육연구원 지음 | 214쪽 | 값 13,000원

 **미래교육, 어떻게 만들어갈 것인가?**
송기상·김성천 지음 | 300쪽 | 값 16,000원
2019 세종도서 교양부문

 **교육에 대한 오해**
우문영 지음 | 224쪽 | 값 15,000원

 **혁신교육지구 현장을 가다**
이용운 외 4인 지음 | 344쪽 | 값 18,000원

 **배움의 독립선언, 평생학습**
정민승 지음 | 240쪽 | 값 15,000원

 **선생님, 페미니즘이 뭐예요?**
염경미 지음 | 280쪽 | 값 15,000원

 **평화의 교육과정 섬김의 리더십**
이준원·이형빈 지음 | 292쪽 | 값 16,000원

 **수포자의 시대**
김성수·이형빈 지음 | 252쪽 | 값 15,000원

 **혁신학교와 실천적 교육과정**
신은희 지음 | 236쪽 | 값 15,000원

 **삶의 시간을 잇는 문화예술교육**
고영직 지음 | 292쪽 | 값 16,000원

 **혐오, 교실에 들어오다**
이혜정 외 지음 | 232쪽 | 값 15.000원

 **혁신교육지구와 마을교육공동체는
어떻게 만들어지는가?**
김태정 지음 | 376쪽 | 값 18,000원

 **선생님, 특성화고 자기소개서
어떻게 써요?**
이지영 지음 | 322쪽 | 값 17,000원

**학생과 교사, 수업을 묻다**
전용진 지음 | 344쪽 | 값 18,000원

 **혁신학교의 꽃, 교육과정 다시 그리기**
안재일 지음 | 344쪽 | 값 18,000원

---

● **살림터 참교육 문예 시리즈** 영혼이 있는 삶을 가르치는 온 선생님을 만나다!

 **꽃보다 귀한 우리 아이는**
조재도 지음 | 244쪽 | 값 12,000원

 **성깔 있는 나무들**
최은숙 지음 | 244쪽 | 값 12,000원

 **아이들에게 세상을 배웠네**
명혜정 지음 | 240쪽 | 값 12,000원

 **밥상에서 세상으로**
김흥숙 지음 | 280쪽 | 값 13,000원

 **우물쭈물하다 끝난 교사 이야기**
유기창 지음 | 380쪽 | 값 17,000원

 **선생님이 먼저 때렸는데요**
강병철 지음 | 248쪽 | 값 12,000원

 **서울 여자, 시골 선생님 되다**
조경선 지음 | 252쪽 | 값 12,000원

 **행복한 창의 교육**
최창의 지음 | 328쪽 | 값 15,000원

 **북유럽 교육 기행**
정애경 외 14인 지음 | 288쪽 | 값 14,000원

 **시험 시간에 웃은 건 처음이에요**
조규선 지음 | 252쪽 | 값 15,000원

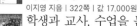

## ● 교과서 밖에서 만나는 역사 교실 상식이 통하는 살아 있는 역사를 만나다

**전봉준과 동학농민혁명**
조광환 지음 | 336쪽 | 값 15,000원

**남도의 기억을 걷다**
노성태 지음 | 344쪽 | 값 14,000원

**응답하라 한국사 1·2**
김은석 지음 | 356쪽·368쪽 | 각권 값 15,000원

**즐거운 국사수업 32강**
김남선 지음 | 280쪽 | 값 11,000원

**즐거운 세계사 수업**
김은석 지음 | 328쪽 | 값 13,000원

**강화도의 기억을 걷다**
최보길 지음 | 276쪽 | 값 14,000원

**광주의 기억을 걷다**
노성태 지음 | 348쪽 | 값 15,000원

선생님도 궁금해하는
**한국사의 비밀 20가지**
김은석 지음 | 312쪽 | 값 15,000원

**걸림돌**
키르스텐 세룹-빌펠트 지음 | 문봉애 옮김
248쪽 | 값 13,000원

**역사수업을 부탁해**
열 사람의 한 걸음 지음 | 388쪽 | 값 18,000원

진실과 거짓, 인물 한국사
하성환 지음 | 400쪽 | 값 18,000원

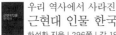
우리 역사에서 사라진
**근현대 인물 한국사**
하성환 지음 | 296쪽 | 값 18,000원

**꼬물꼬물 거꾸로 역사수업**
역모자들 지음 | 436쪽 | 값 23,000원

**즐거운 동아시아사 수업**
김은석 지음 | 240쪽 | 값 15,000원

**노성태, 역사의 길을 걷다**
노성태 지음 | 324쪽 | 값 17,000원

**교과서 밖에서 배우는 역사 공부**
정은교 지음 | 292쪽 | 값 14,000원

**팔만대장경도 모르면 빨래판이다**
전병철 지음 | 360쪽 | 값 16,000원

**빨래판도 잘 보면 팔만대장경이다**
전병철 지음 | 360쪽 | 값 16,000원

**영화는 역사다**
강성률 지음 | 288쪽 | 값 13,000원

**친일 영화의 해부학**
강성률 지음 | 264쪽 | 값 15,000원

**한국 고대사의 비밀**
김은석 지음 | 304쪽 | 값 13,000원

**조선족 근현대 교육사**
정미량 지음 | 320쪽 | 값 15,000원

**다시 읽는 조선근대 교육의 사상과 운동**
윤건차 지음 | 이명실·심성보 옮김 | 516쪽 | 값 25,000원

**음악과 함께 떠나는 세계의 혁명 이야기**
조광환 지음 | 292쪽 | 값 15,000원

**논쟁으로 보는 일본 근대 교육의 역사**
이명실 지음 | 324쪽 | 값 17,000원

**다시, 독립의 기억을 걷다**
노성태 지음 | 320쪽 | 값 16,000원

**한국사 리뷰**
김은석 지음 | 244쪽 | 값 15,000원

**경남의 기억을 걷다**
류형진 외 지음 | 564쪽 | 값 28,000원

**어제와 오늘이 만나는 교실**
학생과 교사의 역사수업 에세이
정진경 외 지음 | 328쪽 | 값 17,000원

● **더불어 사는 정의로운 세상을 여는 인문사회과학** 사람의 존엄과 평등의 가치를 배운다

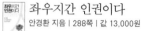

**밥상혁명**
강양구·강이현 지음 | 298쪽 | 값 13,800원

**좌우지간 인권이다**
안경환 지음 | 288쪽 | 값 13,000원

**도덕 교과서 무엇이 문제인가?**
김대용 지음 | 272쪽 | 값 14,000원

**민주시민교육**
심성보 지음 | 544쪽 | 값 25,000원

**자율주의와 진보교육**
조엘 스프링 지음 | 심성보 옮김 | 320쪽 | 값 15,000원

**민주시민을 위한 도덕교육**
심성보 지음 | 500쪽 | 값 25,000원
2015 세종도서 학술부문

**민주화 이후의 공동체 교육**
심성보 지음 | 392쪽 | 값 15,000원
2009 문화체육관광부 우수학술도서

**교과서 밖에서 배우는 인문학 공부**
정은교 지음 | 280쪽 | 값 13,000원

**갈등을 넘어 협력 사회로**
이창언·오수길·유문종·신윤관 지음
280쪽 | 값 15,000원

**오래된 미래교육**
정재걸 지음 | 392쪽 | 값 18,000원

**동양사상과 마음교육**
정재걸 외 지음 | 356쪽 | 값 16,000원
2015 세종도서 학술부문

**대한민국 의료혁명**
전국보건의료산업노동조합 엮음 | 548쪽 | 값 25,000원

**교과서 밖에서 배우는 철학 공부**
정은교 지음 | 280쪽 | 값 14,000원

**교과서 밖에서 배우는 고전 공부**
정은교 지음 | 288쪽 | 값 14,000원

**교과서 밖에서 배우는 사회 공부**
정은교 지음 | 304쪽 | 값 15,000원

**전체 안의 전체 사고 속의 사고**
김우창의 인문학을 읽다
현광일 지음 | 320쪽 | 값 15,000원

**교과서 밖에서 배우는 윤리 공부**
정은교 지음 | 292쪽 | 값 15,000원

**카스트로, 종교를 말하다**
피델 카스트로·프레이 베토 대담 | 조세종 옮김
420쪽 | 값 21,000원

**한글 혁명**
김슬옹 지음 | 388쪽 | 값 18,000원

**일제강점기 한국철학**
이태우 지음 | 448쪽 | 값 25,000원

**우리 안의 미래교육**
정재걸 지음 | 484쪽 | 값 25,000원

**한국 교육 제4의 길을 찾다**
이길상 지음 | 400쪽 | 값 21,000원
2019 세종도서 학술부문

**왜 그는 한국으로 돌아왔는가?**
황선준 지음 | 364쪽 | 값 17,000원
2019 세종도서 교양부문

**마을교육공동체** 생태적 의미와 실천
김용련 지음 | 256쪽 | 값 15,000원

**공간, 문화, 정치의 생태학**
현광일 지음 | 232쪽 | 값 15,000원

**교육과정에서 왜 지식이 중요한가**
심성보 지음 | 440쪽 | 값 23,000원

**인공지능 시대의 사회학적 상상력**
홍승표 지음 | 260쪽 | 값 15,000원

**동양사상과 인간 그리고 사회**
이현지 지음 | 418쪽 | 값 21,000원

## ● 평화샘 프로젝트 매뉴얼 시리즈 학교폭력에 대한 근본적인 예방과 대책을 찾는다

 학교폭력 어떻게 만들어지는가
문재현 외 지음 | 300쪽 | 값 14,000원

 아이들을 살리는 동네
문재현·신동명·김수동 지음 | 204쪽 | 값 10,000원

 학교폭력, 멈춰!
문재현 외 지음 | 348쪽 | 값 15,000원

 평화! 행복한 학교의 시작
문재현 외 지음 | 252쪽 | 값 12,000원

 왕따, 이렇게 해결할 수 있다
문재현 외 지음 | 236쪽 | 값 12,000원

 마을에 배움의 길이 있다
문재현 지음 | 208쪽 | 값 10,000원

 젊은 부모를 위한 백만 년의 육아 슬기
문재현 지음 | 248쪽 | 값 13,000원

 별자리, 인류의 이야기 주머니
문재현·문한뫼 지음 | 444쪽 | 값 20,000원

 우리는 마을에 산다
유양우·신동명·김수동·문재현 지음
312쪽 | 값 15,000원

 동생아, 우리 뭐 하고 놀까?
문재현 외 지음 | 280쪽 | 값 15,000원

 누가, 학교폭력 해결을 가로막는가?
문재현 외 지음 | 312쪽 | 값 15,000원

---

## ● 남북이 하나 되는 두물머리 평화교육 분단 극복을 위한 치열한 배움과 실천을 만나다

 10년 후 통일
정동영·지승호 지음 | 328쪽 | 값 15,000원

 선생님, 통일이 뭐예요?
정경호 지음 | 252쪽 | 값 13,000원

 분단시대의 통일교육
성래운 지음 | 428쪽 | 값 18,000원

 김창환 교수의 DMZ 지리 이야기
김창환 지음 | 264쪽 | 값 15,000원

 한반도 평화교육 어떻게 할 것인가
이기범 외 지음 | 252쪽 | 값 15,000원

---

## ● 창의적인 협력 수업을 지향하는 삶이 있는 국어 교실 우리말 글을 배우며 세상을 배운다

 중학교 국어 수업 어떻게 할 것인가?
김미경 지음 | 340쪽 | 값 15,000원

 토론의 숲에서 나를 만나다
명혜정 엮음 | 312쪽 | 값 15,000원

 토닥토닥 토론해요
명혜정·이명선·조선미 엮음 | 288쪽 | 값 15,000원

 인문학의 숲을 거니는 토론 수업
순천국어교사모임 엮음 | 308쪽 | 값 15,000원

 어린이와 시
오인태 지음 | 192쪽 | 값 12,000원

 수업, 슬로리딩과 함께
박경숙 외 지음 | 268쪽 | 값 15,000원

 언어던
정은균 지음 | 268쪽 | 값 15,000원
2019 세종도서 교양부문

 민촌 이기영 평전
이성렬 지음 | 508쪽 | 값 20,000원

감각의 갱신, 화장하는 인민
남북문학예술연구회 | 380쪽 | 값 19,000원

# 참된 삶과 교육에 관한
## 생각 줍기